JN070818

# 映画を、いま、つくるということ

日本映画の担い手たちとの21の対話

Masters of Cinema

早稲田大学講義「マスターズ・オブ・シネマ」
是枝裕和＋土田環＋安藤紘平＋岡室美奈子＋谷昌親＋長谷正人＋藤井仁子――編

FILM ART
フィルムアート社

目次

# II 映画撮影という労働
## ——撮影現場で起きていること



# III 俳優と作劇
## ——登場人物とは誰か

# IV 現実と虚構、時代と社会
## ――ドキュメンタリー／フィクションの境域

139

# 映画について教えるということ

## ——講義「マスターズ・オブ・シネマ」について

是枝裕和・土田環・岡室美奈子・谷昌親・藤井仁子＝談

二〇二三年二月一三日

**土田**　「マスターズ・オブ・シネマ」は、安藤紘平先生によって早稲田大学で開講された科目で、すでに十五年を超える歴史をもっています。この講義は現在どのような授業の場なのか、ご担当されているみなさんに率直な思いをうかがいたいと思います。

**是枝**　こういう現役の作り手を呼んで、現在進行形の話を聞き出すという時間というのは、大学の授業ではたぶん多くないですよね。僕が早稲田の学生だったときにもこういう授業があったらいいのになって思うような授業で、安藤先生に呼ばれたときにもできるだけ行くようにしていました。その後、早稲田に勤めるようになって運営を引き受けた後も、とても準備の大変な授業なので先生方にはご苦労をおかけしていると思いますが、これからもできる限り継続したいと考えています。

**土田**　是枝さんはこの講義について、基本的には教員とゲストの映画人の方々との対話で進んでいく授業ですが、できるだけ学生にも、短い時間ですが質疑応答の形でそのキャッチボールに加わってほしいとお話しされていますよね。

**是枝**　学生に限らずですが、世の中の対話の力というのが落ちてる気がするんですよね。一番落ちてるのは政治家かもしれないけど。人の話をちゃんと聞いてそれに応答することで、一人では生まれない何かが生まれる。これって社会で仕事をしていても一番大事なことなのではないかと思ってるんです。意識しないとそういう力はどんどん衰えていく。この授業で僕は、自分が喋るときも人に話を聞くときも、あまり準備をしないんです。一つ目の質問をして、相手の話を聞いて、そこから次の質問を考える。そういう状況に自分の身を置くのが、自分にとってもプラスになってるなという気がしている。映画の現場では反射神経とか動体視力が大事だという話を役者によくするんだけど、映画の作り手たちにとってそれはすごく必要な能力なんですよね。ゲストの方のそういう対応力を見聞きして、そこに学生の人たちも入ってきてもらって、その三者間のやり取りになっていくと、より充実した時間になるのかなと思ってるんですが、なかなかそこまでは届かないという気もします。

**土田**　僕自身が大学に入学した頃、原一男監督の主宰するＣＩＮＥＭＡ塾の公開イベントが毎月行われていて、田原総一朗から始まり、今村昌平、新藤兼人、土本典昭といった作り手の方々の作品を上映して、観客も交えて本人とディスカッションを行う催しに年間パスを買って参加していました。是枝さんとはそこで初めて観客同士として出会いましたね。誰かに出会うことは、求めて得られるものではない。しかし、求めずして得られるものでもない。今でもそういった場所へ自主的に赴く学生がもちろんいるわけで、わざわざ大学でこういう機会を設けるというのは贅沢なことなのかもしれません。上映者として場を作る仕事に携わっている人間としては、授業を担当していて複雑な思いもあります。

**藤井**　一昔前の大学だと、学生が自分たちで企画した講演会や座談会が盛んに開かれていました。私自身、大学時代に受けた授業のことは忘れてしまっても、そういう場で聴いた話はすごく記憶に残っていて、人格形成にも強い影響を与えたと思います。そういう大学のカルチャーが以前に比べると衰退してしまったように感じる中で、教員がすべてお膳立てしてしまっていいものか悩むところはありますが、座学の講義とは違う何かが伝わればいいなとは考えています。

今回の本に採録されたものを活字で読み返していると、本当によく喋るインタビュアーだなと自分で自分が嫌になったのですが(笑)、同時に、映画のインタビューってもともとはこういうものだったはずだという確信を強くしました。映画監督や俳優へのインタビューはもちろん今も盛んに行なわれていますけど、ほとんどがもはや宣伝の一環なんですよね。かつて「カイエ・デュ・シネマ」でゴダールやトリュフォーといった批評家たちが始めた、「我々はあなたの映画をこう見た」と作り手に意見をぶつけて、そこから何かを引き出すような批評の一環としてのインタビューは、すっかり減ってしまった。作り手と批評家の真の「対話」が、今どれだけあるかということです。ですから、この本のサブタイトルにある「対話」というものの価値を改めて考える機会になってほしいと願っています。

**土田**　蓮實重彥さんの『光をめぐって』(筑摩書房、一九九一年)や、上野昂志さんが聞き手になって録音技師の橋本文雄さんにインタビューをした『ええ音やないか——橋本文雄・録音技師一代』(リトル・モア、一九九六年)のように、それが時代に対する貴重な証言であると同時に、表現の生まれる瞬間を批評がとらえようとするスリリングな試みに惹かれて映画にのめり込んでいく経験が、それぞれの教員のなかにもあるのだと思います。映画制作に対して批評の視点から考えることを谷先生も強調されていましたよね。

**谷** 僕は所属が法学部で、もともと映画の授業なんてなかったところなのですが、ある時期に表象文化という副専攻のコースをつくり、そこで映画の授業を始めたんです。その延長線上で——「マスターズ・オブ・シネマ」が開設されてからはやめてしまいましたが——映画監督の講演会を何回か企画したことがあるんですよ。どうしてそういうことをやろうとしたかといえば、映画を見るということに意識的になってもらいたかったからです。映画を見ると、作品のことはもちろん、作り手のことも、本を読んだりしていろいろと知りたくなる。そうした映画の見方の広がりというものをもっと学んでもらいたい気持ちがあったんです。いつだったか、藤井さんがこの授業のオリエンテーションのときに「映画はやはり芸術なんです」と力強く言われたことがありましたが、この授業に出席している学生たちでも、映画を芸術だと考えている人はすごく少ない。個人的には映画はあくまで映画で、あえて「芸術です」と言い切りたくない部分も僕にはあるのですが(笑)、しかしそれくらい言わないと、映画を作品として見るということをしないのではないか、という危機感があるんです。

**岡室** やはり私は「対話」とサブタイトルにつけていただいたのがすごく良かった

など。私自身としては、この講義は公開インタビューではなく、あくまでも対話だと考えています。学生の感想で「喋りすぎ」って言われたり、「先生はインタビューの仕方を知らないから教えてあげます」って言われることもあるんですが（笑）、この授業における私たち教員というのは、ある意味で作り手の人たちと学生を結ぶメディアだと思うんです。そしてメディアというのは、マクルーハンも言っているように透明ではない。だからこそ私たちは、そのメディアとしての責任を果たすためにも、自分の意見をきちんと伝えなければいけない。そうしないとゲストである作り手の皆さんにも失礼だと考えています。

**谷**　僕の授業では映画作品についてレポートを書かせたりもするのですが、読んでみると「これは自分が感動したからいい作品だった」とか、「ワクワクドキドキした」とかみたいな文章がとても多い。ここ数年のことで言えば、「没入感があってよかった」という表現が増えましたね。これはたとえばテーマパークやゲームで喧伝されるような価値観につながる表現で、本人たちは自分なりに映画を受けとめていると感じている。でもそれって本当に彼らの自由な関心に導かれた感想なのか。結局は与えられた枠組みの中で楽しんでいるだけなんじゃないか、と考えてしまう。もっと自分で身を乗り出してその作品のよさを見つける喜びも映画にはあるんじゃないか、そういう見方をしてほしい。だからこの授業の対話という形式では、映画について作り手がこんなふうに考えているということを引き出すとともに、映画にはこういう見方があるということを意識的に言葉にするようにしています。

**岡室**　講義の前には見られるだけの作品はできる限り見ていますし、映像を見せながらお話を聞くこともありますが、そういうふうに細部についての質問をすると、作り手の方は思った以上に喜んでくださって、思わぬ話が引き出せたりもする。一つの作品に対し、見る人が一〇〇人いればそこには一〇〇通りの受容の仕方がある。その受容のあり方を、できるだけ豊かなものにしていく場がこの授業だと思うんです。ふだん私は作品分析の仕事をしていますが、それは作品を批評する以上に、できるだけ豊かに受容することだと考えています。作品には本当にさまざまなものが込められていて、一回や二回見ただけではいろんなものを取りこぼしてしまう。この授業の受講者は必ずしも映画を専攻している学生ばかりじゃないので、作り手のことを全く知らない人がたくさんいる。そういう人たちにも作品をより豊かに受容してもらうための実践として、この授業をやっています。

**土田**　そうですね。ゲストの方にはどれくらいの割合で映画を専攻している学生がいるのか事前に訊かれることも多いのですが、参加する学生の学部や学年を問わないこの授業では、映画についてそれほど前提となる知識がなかったとしても、表現することの魅力が伝わるようにしたいと思っています。ですから、授業の前にお招きする方の手掛けられた作品をできる限り見てほしい、授業が終わった後に言及されていた作品へさらに手を伸ばして見てほしい。映画を見てそれを具体的に話すことは、誰にでも開かれているのですから。その一方で、今回の書籍には、どちらも藤井先生の担当ですが、二〇二二年に急逝された青山真治監督、それから最も年長の方では中島貞夫監督の授業回も収録されています。青山監督については――こんなにも早く別れが来るとは思いもよらなかったわけですが――

七年ぶりの監督作である『空に住む』(二〇二〇)について、中島監督には実に二十年ぶりの長編劇映画となる『多十郎殉愛記』(二〇一九)についてお話をうかがうことができて、今の学生にとっても、映画史との接続という意味で、非常に貴重な機会をつくることができたようにも感じています。

**藤井**　学生が呼んでほしい人をただ呼んでいるのとは違って、教員自身が話を聞きたい、今の学生に話を聞いてほしいと考えるゲストをお招きしているわけで、「マスターズ・オブ・シネマ」というすごい名前の授業ですけど(笑)、みなさん確かにマスター中のマスターであり、あるいは未来のマスター候補というべき豪華な方ばかりです。学生にはそういうゲストと空間を共有できる贅沢を噛みしめてほしいし、仮にゲストのことを知らなかったなら、こんなにすごい人がいるんだということを、この授業をきっかけに知ってほしい。あわせて、ゲストの方にも若い世代と直接対話する貴重な機会を提供できているのだとすれば、うれしく思います。

**土田**　今回の書籍には含まれていませんが、前回の『映画の言葉を聞く　早稲田大学「マスターズ・オブ・シネマ」講義録』(フィルムアート社、二〇一八年)に採録したイザベル・ユペールさんや、ナタリー・バイさん、是枝さんに聞き手になっていただいたペ・ドゥナさんなど、海外の方にもご登壇をいただいていて、学生以上に我々教員が興奮していましたね(笑)。来日と授業のタイミングを合わせることができるかどうか関係各所に連絡を取る必要があって大変なのですが、この科目を担当することになった際に、海外のゲストもできれば呼んでほしいというリクエストを是枝さんから受けまして。

**是枝**　外国の役者と話していて驚くのは、彼らが自分の言葉を持っているということなんですよね。やはり日本の役者はいろんな事情もあるんですが、あまり喋りたがらないし、やはり言葉を持ってないなと感じる人も多い。そこの違いはすごく感じますね。ペ・ドゥナなんかもやっぱり自分の芝居についての考えがあり、圧倒的に言葉を持っている。こういうふうに自分の演技というものを語る役者がいるということを学生にも知ってもらいたかったし、日本との違いを感じてもらいたいなと思うところでした。

**土田**　もちろん日本の方でも、この授業にお迎えした中でもオダギリジョーさんは、ご自身の言葉を強くお持ちの方でしたね。俳優に限らないですが、登壇されている方の言葉とその仕事に対する真摯な姿勢が重なり合って、教室全体が引き込まれるような強度を持った瞬間がこの授業には確かにあると思います。

**是枝**　授業に出ていた学生にとっては、自分が受けていた授業を文字にしてもう一度読み返してみると、気づくことがすごく多い気がします。もちろんそうじゃない人が手に取っても全然構わないんだけど。おそらく対話のいいところでもあり悪いところでもあるのは、現場ではスルーしちゃう言葉ってたくさんあるじゃないですか？　それが文字になったときに、そういうことだったのかと再発見できる、そこで初めて気づくことってあると思うんですよね。僕が対談集で好きなのはそういうところ。原一男さんのＣＩＮＥＭＡ塾でも、現場では「目の前に大島渚がいる！」みたいなことに興奮しちゃってたんだけどさ、文字になったものを読んでみると、そのときには自分に引っかからなかったいろんなところに改めて気づく。こういう話だったんだ、だったらあのときもっとこういう聞き方ができたのに、みたいなことを考えることがけっこうありました。

**岡室**　私は映画ではなくテレビや演劇が専門なので、この本に収録される岸善幸さんや大友啓史さんのように、テレビと映画と両方にかかわる方をお呼びすることが多いのですが、そうするとやっぱりメディア間の違いや、相互に影響を与える部分についてもお話を聞くことができて、たいへん楽しく幸せな気持ちでやらせていただいています。その中でも大友啓史さんは学生から非常に要望の多かった一人でした。ちょうど『るろうに剣心 最終章 The Final / The Beginning』(二〇二一)この公開直前だったこともあって学生も喜んでくれたんですが、私にとって大友さんは何よりNHK時代のテレビドラマ『ハゲタカ』の大友さんなんです。撮り方もめちゃくちゃかっこいいしこんなドラマがあるんだって本当に衝撃を受けた。学生は『るろうに剣心』への関心がやはり高かったと思うんですが、大友さんからはNHKでつくられた『龍馬伝』で佐藤健さんが演じられた岡田以蔵の延長線上に実は剣心という人物像があるというお話をうかがえた。作品単体だけじゃなく、その背後にある作り手の歴史の厚みを学生に聞いてもらえたことがとてもよかったですね。

**谷**　ちょうど去年(二〇二二年)、フィルムアート社から復刊された『作家主義 映画の父たちに聞く』(旧版＝リブロポート、一九八五年)というヌーヴェル・ヴァーグの作家たちによるインタビュー集や、フランソワ・トリュフォーがアルフレッド・ヒッチコックにインタビューしたものをまとめた『映画術』(晶文社、一九八一年)みたいな本に、この本がなっていればいいなと思いますね。学生や読者には余分に思えるかもしれない、そういう細かい部分こそが、実は作品に厚みをあたえていると思うのです。今回収録した黒沢清さんの回でも過去の作品の引用について細かくお話を聞いたり、大九明子さんの回ではロケーションの中の空間的な表現についてお尋ねして、お二人には丁寧に答えていただきましたが、そういう見方があるということ、それが実は作り手が大事にしているものにも通じるのだということが伝わってくれたらと思います。この作品で監督は何を言いたいんですか、といったかたちで、すぐに正解を求める傾向がありますが、そんな簡単に言葉で説明できるなら、そもそも作品を作ったりしなくていいはずです。

**岡室**　一番大事なことは言語化できないからこそ、作り手の方々は作品をつくるわけですよね。そういう言語化できない何かに、こちらはそれでもなお言葉で迫りたいという気持ちで、いろいろな細部について聞いている。そうすると作り手の人たちも、実際に制作されているときのことを思い出しながら語ってくださることがあって、そういうときに何かすごく大事なものに触れられた気持ちになります。正解を求めがち、という話は本当にその通りですが、それでも作り手が現場で感じた何か、言語を超えた作品の何かが、この本の対話の行間から滲み出てくることを願っています。

**藤井**　ふだん映画学の教員などやっていると、「そんな小難しいこと、別に作り手は考えてないでしょ」というような学生の反応に会うことがあります。もちろん「考えているに決まってるじゃないか」と答えるのですが、学生にはなかなか伝わらない。映画理論で使われるような言葉で作り手が考えていないのは事実だからです。でも、そういう言葉は使わないというだけで、作り手も実は批評家や研究者と同じことを考えているはずなんです。たとえばヒッチコックを見た批評家や研究者は、なんでこんなにハラハラドキドキするんだろうと考えて、それを理論的な言葉で説明しようとする。ヒッチコックだって、どうやって観客を飽きさせずに映画の中に引きずり込むかを制作の現場で実践を通して必死に考えていたわけです。先ほど谷先生が挙げられた『映画術』を読めば、ヒッチコックがどれほど映画のことを深く考えていたかがわかるでしょう。作り手としてのヒッチコックと批評家としてのトリュフォーは、同じことをただ違うやり方で考えていただけです。だから「対話」が成立する。

個人的なことを言えば、自分がふだん映画について孤独に考えていることと、作り手が実践の場で考えていることとが、そんなに違わないと実感できる、自分の立ち位置が確認できるというありがたさがこの授業にはあります。自分の考えていることはそんなに的外れじゃなさそうだぞ、と。この本の読者は、別に全員が映画に関わる仕事をされているわけじゃないでしょうが、何にだって当てはまる話だと思うんです。理論的に何かを考えることと、実践を通じて何かをつくりだすことは、実はそんなに遠くない。そこから何かを引き出してもらえればいいなと考えています。

# I

# 言葉で描く、言葉を撮る——脚本という息吹

⊙丸山昇一［脚本家］
⊙奥寺佐渡子［脚本家］

# 非日常を描くためには、どのくらい日常が書けているかが勝負だ

丸山昇一 Maruyama Shoichi［脚本家］

聞き手——土田環 Tsuchida Tamaki
二〇二一年四月二四日

**優れたフィクションの登場人物を描くにあたり、リアリティは確かに重要だ。しかしそれは必ずしも、作品を現実に似せるためだけに必要なのではない。非日常を生きるユニークな登場人物による驚くべき物語を紡ぐためにこそ、地に足をつけた現実感は必要なのだ。他の誰にも書けない、オリジナルで「ウェルメイド」な物語を紡ぎ続けてきた丸山昇一氏のメソッドを学ぶ。**

## ラストシーンは書きながら見つける

**土田**　今日はまず皆さんに丸山さんが脚本を手がけた阪本順治監督の『一度も撃ってません』(二〇二〇)を見ていただきました。これは丸山さんが以前から書きためていらっしゃった企画だったんでしょうか?

**丸山**　僕はこの世界に入って四十何年、B級ピクチャーを専門にやっているんですけど、大概は低予算で、撮影期間も短く、決められた俳優さんに当て書きで脚本を書くことが多い。はじめは、阪本順治監督が石橋蓮司さん主役の作品を考えており、何かネタはないですかと話があったんです。それで思い出したのが、かつて自分が書き下ろした、伝説の殺し屋が殺し屋志望の若者を預かって育て上げるというストーリー。ヒットマンの技をいろいろ仕込んでいくベテランの殺し屋が、実は一度も拳銃を撃ったことがなかったという話を以前に書いたことを思い出して。阪本監

督は自分でも脚本書く人なんでね、実際に企画が動いたら監督自身が書くんだろうと軽い気持ちでアイデアを伝えたんですけど、そうしたら僕に「書いてください」と連絡がきてびっくりしちゃって。いったい一度も撃ってない凄腕の殺し屋ってどういう人なんだろうといろいろ考えた結果、その正体は作家で、これまでずっと他の人に殺しを依頼していて、その過程だけを取材している人物だというところに落ち着いたんです。

**土田**　企画が決まってからは何稿くらいまで書かれたのですか。

**丸山**　オリジナル作品って脚本家が書いたもの以外に拠り所がないから、かなり直しをするものなんですが、この映画は意外と少なかった、ほとんど書いたまんま。珍しいことですけど。

基本的にシナリオは企画が決まってから書き始めます。特に僕なんかは俳優さんに合わせて書いていく、いわゆる当て書きですね。問題はキャラクターです。ストーリーも大切ですけど、一番大事なのは登場人物の設定が、監督が撮るに値するようにちゃんとつくれているかどうか。性格付けとか行動パターン、いろんな癖とかね。この映画の場合、まず決めたのは主人公の殺し屋で、年齢は七十四歳、後期高齢者寸前の超老人という設定。コロナの時代だったら「絶対外に出ないでください」と言われちゃうようなおじいちゃんが、夜な夜な新宿辺りをうろついて、よからぬことを企んでいる。むかし頑張っていた時の名前を何とか復活させたいという野望まで持っている、というふうにね。

その次に他の主要な登場人物たちをつくる。最初からほぼ出演が決まっていた大楠道代さん、岸部一徳さん、桃井かおりさんらいずれもベテランの俳優さんたちです。各シーンで彼らがどんなふうに登場して、どの人物とどの人物が触れ合うのか、その関係をつくることでキャラクターってできるわけです。たとえば、なにか主役がパッと突っ込んだもの言いをしたとき、つねにその脇の人が「そうじゃないでしょ」と返すようにすれば、そんなふうに自分の意見を押し通すキャラクター性を際立たせられる。そういう流れの中でストーリーが進んでいくようなつくり方を毎回しているわけです。

この映画は一〇〇分という尺ですけど、普通は必ず起承転結ってつけますよね。この映画で、初めて僕は起承転結の「起」を非常に長いつくりにしました。そこから「承」「転」「結」がパンパンと続いてね、お客さんにフィルムを観ながら遊んでもらうような感じにしたかった。いい歳したじいちゃんやばあちゃんが馬鹿なことやってるなと、くすっと、にやっと笑ったりしてもらいたい。ゆったりした非常に緩いリズムの中で展開していくのはそのためです。

**土田**　丸山さんは基本的に箱書き〔ブロックごとに構成を立ててシナリオを書いていく方法〕はされないとインタビューで何度もおっしゃっています。断片的なエピソードを書き留めて、それがどこかで線となって結ばれることを期して作業をされているのかなと想像するのですが、いかがでしょうか。

**丸山**　映画のシナリオ作法では箱書きが正解とされていますね。最初、中間、クライマックスがあって、最後には鮮やかに締めていく流れを構成するというような。最初のブロックで人物を出して、行動を見せたりセリフを聞かせて、そこにとある事件が起きる。それに続いて回想シーンとかいろいろなものを織り込むみたいなね。でも、映画のシナリオには正解、不正解はないんです。僕そういうの一切やらないんですよ。

　なぜかといえば、僕はラストを決めずに楽しみながらシナリオを書くからです。大概は自分でやりたいからってシナリオを書くわけじゃなくて、注文されて仕事をしていますから、アクションとかラブストーリーとか、依頼されたジャンルがまずある。そうしてストーリーもあまり決まっていない段階で、僕はまず主要なキャラクターがどういう人物なのか、その生い立ちを全部ひっくるめた履歴書をまず書いてみるんです。登場人物たちが最初にどこで出会うのか、いったんそういう目星をつけて、ファーストシーンをつくる。そのシーンが出るまでは、すごいのたうち回って苦しみます。ファーストシーンで印象が決まる。プロデューサーも監督も俳優さんも、シナリオの最初のシーンを読む時にいろんな思いを込めて見るんですよね。その最初の一行目を書き出すのは、ほとんどの場合は主人公が動き出す瞬間。その主人公に血が通う、そうするとね、ダーっと書いていけるんですよ。人物がこういう会話をしてこういう風に関係がこんがらがる、そこでお客さんがドキドキするサスペンスを考える。人と人の関係が変わっていく様、発展していく様が、ドラマで一番面白いわけで。そこを少しずつ紡ぎながらだんだん書いていって、中盤がきて、そして最後のクライマックスとなる。

　『一度も撃ってません』では、中盤辺りから撃つか撃たないかという話がだんだんと転がっていって、雪だるま式に話が膨らんでいく。最終的にクライマックスで主人公のおじいちゃんが、中国の本物と思われる殺し屋とバーで対決します。普通、どちらかが先に撃つってことになる、僕もそう考えていったんですよね。でも、そうしたらどうもね、何かが欠けていた。要するにテーマが決まってなかったのに気付いたんですよね。忘れ去られようとしているこの七十四歳の老人の生き様を見せるドラマにしようとしてたんですけど、そうじゃないと。結局、この人は何十年生きようが一度も撃たない、撃てない。それをわかっていながら生きてきて、だけど俺の人生はそんなにヘボくなかったよと思い直す、それが一つの人生だなと。こういうものを僕は書こうとしてたんだと思い直しました。そうして一晩二晩考えるうちに、相手の中国人も撃てない奴なんだと。こいつも結局撃つことをせずに詐欺をしながら生きてきた人なんだと思い至りました。でも、もしそういうふうに最初からラストシーンが決まってたら僕は書けないんですよね。面白くないから。僕の場合は本当に特殊で、よく言えば力業。駄目になった作品を考えたら何十本も書いてると思うんですけれど、ほぼ全部そのやり方なんです。

## すべてのキャラクターには名前がある

**土田**　登場人物のプロフィールをつくれというのはシナリオの教科書によく書いてあることだと思うんですが、丸山さんのシナリオづくりで大事なのは、それがただ設定に終わらずに、話が転がりだす契機になっていることですね。丸山さんは『太陽にほえろ』の刑事の設定が気に食わないとどこかでおっしゃっているのを思いだしました。

**丸山**　刑事ドラマの刑事が聞き込みをする場面というと、現場近くの食堂のパートの人に写真を見せたりしながら、「内緒にしてほしいんだけど、こんな男が来ませんでした？」と刑事が言って、そこで「あ、見ました」とパートの人が言ったりしますよね。「いつ頃来ましたか」「○日の○時ごろだったと思うけどよく覚えてません」「誰か一緒でしたか」みたいな、誰でも考え付きそうなやり取りがあるじゃないですか。でもそうじゃないだろうと。刑事にせよ、食堂の人にせよ、その一日の中でその人が背負っている人生がある。そのパートの人は、その日は子どもの調子が悪くて休みたかったんだけれども店長に来いって言われて気分悪いなかで仕事しているのに、刑事がやってきて何か嫌なことに巻き込まれそうだと感じている、とか。数秒のカットにしても、人間と人間が一瞬会った時の感情の摩擦があるはずなんです。

そんなふうなワンシーンしか出ない脇役専門の役者さん

もいるんですが、台本では店員Aとか B とかっていう扱いになっている。でも撮影が終わって打ち上げなんかで挨拶に来られて「私は店員Aで出たんですけど、私の本当の名前は何でしょうか」って聞かれることがあるんですよ。その俳優はこの脇役をやるために賭けている。そういうのを僕はこの世界入るまで全然わかっていなかった。だからどんなに簡単な役でも、通行人1、2、3とかは絶対やらない。必ず姓名のある名前をつける。一事が万事、聞き込みのたったワンシーンでも、普通見逃がしちゃうけど、そこにほんのかすかに芝居がある。刑事に何かを見せられたときに「ちょっと待って」と老眼鏡を探すとかね。そういうこと。人と人が会話をする、その脇にディテイルがある。何でもないようなシーンを血の通ったものにしたいんです。

**土田**　『一度も撃ってません』で面白いのは、殺しの肩代わりをしている妻夫木聡が普段は井上真央演じるシングルマザーに引きずられていたり、「夜は酒がつれてくる」なんて言う石橋さんが、家に帰ればだらしないおじいさんで、朝はしじみ汁を飲んでいる(笑)。物語を動かしている人物に二面性があって、裏面にある日常生活のディテイルが多く書かれていることですね。

**丸山**　つくりごとを面白おかしくやりたい人間なので、非

『一度も撃ってません』©2019「一度も撃ってません」フィルムパートナーズ

日常の世界をつくるのも僕はわりと好きなんですよ。だけど大きな嘘をつくには、本当っぽいことをいくつかやっておかないとならない。だいたい殺し屋なんて、日本には絶対にいない。実際にはいないものを石橋さんにやってもらうわけで、そのとっかかりとして、この人物は多分こういう日常を過ごしているみたいなことを、ものすごい想像力を発揮して何とかして書くんです。朝はどんなごはんを食べているか、他の作家が書いた小説を読んでいるのか、この人はほかに何をして日中を過ごしているのか。

非日常を描くためには、どのくらい日常が書けているかどうかが勝負だって気がするんですよね。暗い重いテーマを書く時に、ずっと暗かったら面白くないでしょ。重さがわからない。どこかに明るいところがないと、本当の暗さっていうのがわからないじゃないですか。そういうメリハリには気を付けてますね。

**土田**　寛一郎さん演じる若い（出版社の）編集者に、主人公がちょっとした悪態をつかれる場面があります。「売れたいんですよね、もう一度。だったらもっと作者の感情こめて、情感いれて、泣かすか笑わかすか、一から考え直して物語をつくってくださいよ」と言う。これは一般的な書籍の売り方の論理だと思うんですけど、それに対して石橋さんが「つくり物の物語ならもうやり尽くした。頭ででっち上げた話を全部そぎ落とすと、残るのは人の肉体と心の動き。それがどれほどリアルか。俺のはそういうノベルだ」と言う。これは丸山さん自身のお考えそのものなのかと想像します。

**丸山**　ドラマをつくる脚本家としてはもちろんお客さんのために物語をつくってるんですけど、それを補足するためのリアリティってなかなか思いつかない。セリフっていうのはそのキャラクターになりきっていけばけっこう書けるんですよ。逆に自分がそうなりきってないと、役者さんがしゃべってみたくなるようなセリフって出てこないんです。僕の中でハードボイルドの鉄則というのは決めセリフをまずつくっておくというのがあるんですね。

**土田**　「それまでに夜を知れ」とか、「夜は酒がつれてくる」とか……

**丸山**　この映画のもともとのタイトルは『夜は酒が連れてくる』だったんですよ。でも監督が『一度も撃ってません』でやりましょうと。この映画ではこれが決めセリフでしたね、これでお客さんがどれだけ笑えるか。主人公本人の気持ちが出ているアレンジです。北方謙三さんの小説でね、「冬は海からやってくる」という一節があるんですけど、これはたぶん最初から決めてたんじゃないか。こういうセリフを口にするために男がかっこつけたことをやるのがハードボイルド。『一度も撃ってません』では笑ってもらうためにその前段に物語のフリがある。

## ハードボイルドとウェルメイド

**土田** 自分の脚本を声に出して読み直しされることもあるんですか。

**丸山** 脚本家としてデビューして最初の十年くらいは、超ハードボイルドな作品をたくさん書いていました。そこでは「同じ女を二度抱くほど暇じゃない」「エクスキューズに二度目はない」みたいなセリフを書いていて、そういう言葉を自分で発声して確かめるってことはありましたね。当時は結婚したばっかりだったんだけど、隣の部屋に嫁さんがいる自宅でね(笑)。声を出して通して言うか言わないかで全然違う。ずいぶん若いころ、他人の作品なんですが、突然僕にバーテンの役で出てくれってあるプロダクションから依頼が来たんですよ。三行くらいセリフがあるんだけど、そこだけは自分で書けという指示でした。慌ててシナリオを全部読んで、こんな感じかなとセリフを書いて現場に行った。バーテンの衣装を着て、さて本番となったら、そのセリフがまったく言えなかった。自分で書いたセリフですよ。そんな口に出せないようなセリフを書いてたんだなって気付いて、それから僕は本当に変わりましたね。

**土田** 一般的に丸山さんの作風は、やはり松田優作さんの作品のイメージが強くあります。けれども丸山さんが「自分が書いているのはヒーローじゃない」とおっしゃっていたことがすごく好きなんです。仕方なくその場にいざるを得ない、世間的には栄光とはまったく無縁のところで生きている人間をずっと自分では書いています、と。実際には、一九七九年に『探偵物語』でデビューされた後、ハードボイルドな作品の依頼が続きましたが、それはご自身ではどのように受けとめられていたのでしょうか。

**丸山** そのころすでに松田優作はものすごい人気でしたが、『太陽にほえろ』のような集団刑事ドラマじゃなくて、優作さん単独主人公で二クール、二十七話構成の探偵の話を日本テレビが企画したんです。局側の注文と最初にできてきた脚本は全部ハードボイルド風なんだけど、火曜の二十一時、お母さんや子どもが一緒に観ているお茶の間で、そんなハードな探偵物がウケるわけないと優作氏もわかっていた。僕はその時まだまったく名前も売れていないただの脚本家の卵でしたが、黒澤満さんっていうこの企画のチーフプロデューサーに呼ばれて、「撮影が始まったんだけれどもハードな内容に優作がどうも乗ってない、なんかやわらかい話を書いてこい」って話になって。めちゃくちゃやわらかいシナリオを書いて、実際に撮ったら現場の反応が変わるきっかけになったのね。僕が担当したのはもともと第六話とか七話に予定されていたんですが、オンエア寸前に第一話になった。僕は非常に幸運なことに連続テレビシリーズ第一話でデビューしたんです。

『探偵物語』はちょっとアクションもありますがハートウォーミングな物語です。昔のB級プログラムピクチャー風で、デビュー作としては悪くはなかった。それが好評だったんで松田優作主演の「遊戯シリーズ」の第三弾を僕にやってくれって話が来た。松田優作本人からも、おちゃらけは『探偵物語』でやってるから、本当にこりともしないハードボイルドをやりたいと。僕はとてもじゃないけどそんな世界とまったく無縁でした。知識もなく見様見真似で、他のアクションとかハードボイルドの脚本家だったら恥ずかしくて書かないようなことを普通にシナリオにしてしまったんですよね。そうしてできたのが『処刑遊戯』(一九七九)です。映画評で丸山は都会調の劇が書けると持ち上げられて、それでそういう注文ばっかり来るようになっちゃったんですよね。

僕自身はウェルメイドなドラマが好きなんです。書きたいのは、地方から上京してきた青年が真剣に生きながら誰かと絆を結んでいくような話。でも依頼されてくるのは「同じ女は二度抱くほど暇じゃない」と言って拳銃で撃つようなヒーロー物。僕のなかではぜんぜん好きになれないわけですよ。

だけどそういう仕事で勉強になったことはある。葛藤や対立を描くのがドラマの一番基本的なことだってこと。敵がはっきりしない劇は面白くないんですよ。アクションとかハードボイルドの映画は必ず敵をつくらないといけない。劇の構図をそんなふうに体で知ることができたのは大きかったですね。人物がなんかうまく跳ねない、物語がうまく進まない、人間関係がしっくりしないなってときは、はっきり敵対する関係をつくる。そうすると思わず話が転がっていく。誰の視点でドラマをつくっているのかもはっきりして、主人公と敵対者との距離感によってドラマが緊迫してくる。あとは毒をちゃんと盛り込む。作品の中に人間が本来持っている毒をどれくらい入れられるか。人を裏切ったり、口汚くののしったり、あるいは殺してやると思ったり。その毒をスクリーンの中でだけ観客に体験してもらえればいい。

**土田**　『俺っちのウエディング』では、時任三郎がかつて一緒に住んでいた女性がいたけれども、そこから逃げてしまったことがわざわざ描かれます。だらしのない男であることを前に出すことで、彼が一人の女性と結婚しようとしていることが鮮明になる。

**丸山**　要するに毒の問題ですよね。何もアクションドラマの悪役にだけ毒があるわけじゃなくて、普通の人物もすべて清く正しく美しく生きられるわけがないじゃんと思うんですよ。どうも多くの映画ってそういうところを基本的に書けてない。僕自身は、人間って絶対成長しないと思っているんですよ。単に歳くっただけで腹黒くなったり正直でなくなったりする。だけどここまで生きてきたんだから、どっか一か所くらいいいところあるだろ、お前にはっていうね。そういうドラマ、ろくでもない人が主人公なものが僕は一番好きなんです。

### シナリオが映画になる瞬間

**会場質問**──『探偵物語』の中で松田優作さんが明らかにアドリブのセリフを言っていたり、言い間違えたセリフがギャグになっていたりします。脚本を松田優作さんが自分で解釈してそこからはみ出すことや、「工藤ちゃん」っていうキャラクターが独り歩きすることについて、丸山さんはどう感じていたのでしょうか。

**丸山**　僕が当時一番好きだった萩原健一さん、それから原田芳雄さん、その二人の影響を受けたのが松田優作という人です。その人たちはわりと映画の中でアドリブを入れたりなんかする人で、その流れが一九七〇年代から八〇年代にはあったんですよ。僕はその頃にデビューしたので、アドリブ自体が普通だと思ってましたが、そんなことふつうは絶対やらせないものです。萩原健一、原田芳雄、松田優作みたいに、映画俳優としてものすごい表現力があったから、そういう即興性のある作品の雰囲気がつくれたのであって、やっぱり特殊なことですよね。

僕も松田優作自身からこう言われたことがあります。「本当はアドリブやっちゃいけないんだけど、お前のホンはちゃんとシチュエーションができている。だから俺はその中に入っちゃって、その時に現場でぽろっと出ちゃったセリフの方が、お前が書いたのよりもその人物になりきっていいだろう」と。なんかそういう風にしてコラボしていった時期はありましたね。今はね、たとえばすごく人気のあるお笑い芸人さんがテレビドラマや映画に出てきて、アドリブ入れようとするらしいですけど、そういうのは絶対入れるもんじゃないですね。台本がとてもよくできてて、しかも監督自身にも相当力がある、そういう中で出てくるようなアドリブだったらそれは時々許されると思うんですけど、今はなかなかそういう俳優さんもいないような気がします。

**会場質問**——本当はハードボイルドよりもハートウォーミングな話を書いているときの方が楽しいというお話があったと思うんですけど、仕事として書かれた脚本と、思い入れのあるテーマ、思い入れのあるキャラクター像で書いた脚本と、どちらが最終的にいい仕事ができたと感じられるか、おうかがいしたいです。

**丸山**　正直、そこには触れていただきたくないですね。『一度も撃ってません』のような自分の十八番な書きたい世界、ハートウォーミングなウェルメイドの物語よりも、僕があんまりノってなかった作品の評判の方が圧倒的にすごいんです。一例は『野獣死すべし』っていう一九八〇年の角川映画作品。これは松田優作さんがこんなふうにやりたいんで脚本書いてくれって持ち込んできた企画で、主人公の頭が壊れてしまい狂気の世界となるという映画なんです。当時は松田優作のマスターベーション映画なんじゃないのかと思われた。けど、この映画は観た人の人生を変える映画にもなった。「丸山さんの『野獣死すべし』を観て映画界に行くことを決めました」と言う人に何人も会いました。今でもDVDとかブルーレイでソフトを発売するとめちゃくちゃ売れる。四十年経ってもまだすごく力のある作品。でも、僕この作品が大嫌いなんですよ、本当に。『野獣死すべし』最高ですって言われても、ダメなんですよとは返せないですけど。僕の中では、全然ヒットもしなかったし忘れ去られてるような『・ふ・た・り・ぼ・っ・ち・』(一九八八)とかね、そういう作品の方が愛しい。そういうことはあります。

**会場質問**——物語をつくる喜びはどういう瞬間にあるのでしょうか。書いているときなのか、書き終わったときなのか、それとも撮影されたときときなのか、あるいは観客の反応が出ているときなのでしょうか。

**丸山**　シナリオを書いてる最中、自分がつくった人物たちが一つひとつ関係を結んでいって、それらがクライマックス寸前にストーリーと合体してうまくいったときには、すごく震える。誰が見ても絶対ここを中心にしていろんなこと組み立てられるっていう瞬間があって。僕の場合手書きですから、その瞬間に字が震えちゃうんですよ。黒澤満さんとか他にも何人かずっとやってるプロデューサーさんいますけど、最初の原稿読めば僕の字が乱れているところで、震えたところがわかるって言うんですよね。あぁここで丸山さんついにいい感じになったんだと。

作品が完成すると初号試写というものに呼ばれます。脚本家が書いたものは、まず大概一〇〇%実際に監督チームでつくったものとは違うんですよ。それは当然のことで全然かまわないんです。ワンシーン、あるいはワンカット、そのフレームの中にできたものを見て、僕の場合ね、素晴らしくて体浮いちゃうときがあるんですよ。それはセリフとセリフの間、本筋とあまり関係ない部分にある瞬間、何とも言えない波の動く瞬間があるんです。車がただ走ってるのを主人公が見ている、たったそれだけのワンカットでもね、役者さんの演じる主人公にお客さんの感情が寄せられるとき、このワンカットのためにこの映画はできていると思える。一本の映画で、僕の場合はワンシーンそういうものがあれば十分です。僕が書いたシナリオの一行からインスパイアされた現場がつくったシーン。それだけでスタッフと出演者にもうありがとうございましたと言いたくなる。こういうことが一番多いのが阪本順治監督なんですね。必ずワンシーンかツーシーン、鳥肌立って気持ちが浮いちゃうときがあるけど、それは本当に説明しがたい。そういう瞬間、ワンカットの強さが映画を物語っている、そのために僕は自分の仕事をやってるなっていう気がします。

『一度も撃ってません』
Blu-ray 好評発売中
Blu-ray:5,170円(税込)
発売元:キノフィルムズ/木下グループ
販売元:TCエンタテインメント
©2019「一度も撃ってません」フィルムパートナーズ

## 丸山昇一
まるやま・しょういち

1948年生まれ。脚本家。新藤兼人『鬼婆』のシナリオに触れ、脚本家を志し、日本芸術大学在学中に猪俣勝人に師事。大学卒業後、オートスライドの製作会社に就職、同社退職後にフリーのライターとなる。黒澤満プロデューサーの紹介で松田優作主演のテレビドラマ『探偵物語』にて脚本家デビュー、映画作品としては、同じく松田優作主演による1979年の『処刑遊戯』が初作品となる。以後、『野獣死すべし』(1980)、『晴れ、ときどき殺人』(1984)、『・ふ・た・り・ぼ・っ・ち・』(1988)、『REX 恐竜物語』(1993)など多彩な作品を手掛ける。最新作は1997年の『傷だらけの天使』以来、4作目のタッグとなる阪本順治監督作品『一度も撃ってません』。

**主なフィルモグラフィ[脚本]**

⊙処刑遊戯(1979)⊙野獣死すべし(1980)⊙翔んだカップル(1980)⊙ヨコハマBJブルース(1981)⊙汚れた英雄(1982)⊙晴れ、ときどき殺人(1984)⊙友よ、静かに瞑れ(1985)⊙紳士同盟(1986)⊙テイク・イット・イージー(1986)⊙ア・ホーマンス(1986)⊙ラブ・ストーリーを君に(1988)⊙・ふ・た・り・ぼ・っ・ち・(1988)⊙ウォータームーン(1989)⊙いつかギラギラする日(1992)⊙REX 恐竜物語(1993)⊙のぞき屋 NOZOKIYA(1995)⊙マークスの山(1995)⊙傷だらけの天使(1997)⊙犬、走る DOG RACE(1998)⊙蘇える優作「探偵物語」特別篇(1998)⊙走れ!イチロー(2001)⊙夜を賭けて(2002)⊙凶気の桜(2002)⊙クイール(2004)⊙鳶がクルリと(2005)⊙蒼き狼 〜地果て海尽きるまで〜(2007)⊙カメレオン(2008)⊙行きずりの街(2010)⊙一度も撃ってません(2020)

# 出来事を、同じ空間で見ているという意識で、書く

奥寺佐渡子 Okudera Satoko［脚本家］

聞き手——土田環 Tsuchida Tamaki
二〇一九年七月六日

**ある一人によって言葉で書かれた作品を、集団で制作する異なる形式に変えるということ。ありふれた行為のようでいて、しかしそのために必要な思考は決して単純ではない。脚色という仕事は、決して単独で完遂するものではない。異なるジャンル、異なる形式を横断する脚本家・奥寺佐渡子氏は、そのように自身の仕事を語る。**

## 共同作業としてのシナリオ

**土田**　本日は、奥寺さんに主に脚色作品を中心にしてお話をうかがいたいと思います。授業に参加している学生たちには相米慎二監督の『お引越し』(一九九三)を見てもらっていますが、奥寺さんは大学生の頃、この映画の監督である相米さんが設立に関わられたディレクターズ・カンパニーのシナリオ公募に応募されたのがきっかけで業界に入られたそうですね。そのときは吉本ばななさんの『キッチン』を脚色したシナリオを送られたとうかがっています。

**奥寺**　だいたいのシナリオ公募は締切日というのが決まっていますが、ディレカンにはそれがなくて、いつ送ってもよかったんです。だから、書けた時点でそのまま送っていました。当時、脚本の勉強には短編や中編を脚色するのが一番だと聞いたことがあって、じゃあ自分が好きな作品でやろうと『キッチン』の脚色をしたんですが、ディレカンの

公募はオリジナルじゃなきゃダメだったんです。そういう基本的なことすらわかってなかった。

**土田**　そうしたら相米監督から連絡があったということですが、どんなお話をされたんですか。

**奥寺**　最初はご本人じゃなく事務局から連絡があって、相米監督が会いたがってると。それから実際に相米さんにお会いしてどんな話をしたのかは全然覚えてないんです。ものすごい緊張しました、あの『台風クラブ』(一九八五)の憧れの人に会うっていうことで。

その後は、プロデューサーから連絡が来るようになって「これ読んで映画になるかどうか考えてみて」とか「プロット送るから感想ちょうだい」とか、細々としたことをやらせてもらうことになりました。そのほか、テレビの深夜ドラマの脚本を書いたりはしてましたね。三十分とか十五分とかの短いものでしたけども。その頃にはもう大学は卒業して石油会社の会社員として働いていたんですが、実は……仕事の合間に会社で書いたりしてました。給料泥棒ですよね。自分が脚本を書いてるってことは、すぐにはバレなかった、深夜ドラマだったからかもしれないですけど。

**土田**　子どもの頃から文章を書くことにはご関心があったんでしょうか。

**奥寺**　大好きでした。新聞クラブに入っていまして、とにかく暇さえあれば何か書いているという感じです。小説なんかも書いてましたが、話をつくることそのものが好きで。学芸会のシナリオとか、漫画の方が書きやすいなと思っていました。漫画のネームを書くのってちょっと脚本に似てるんですよね。当時から映画もたくさん観ていましたが、図書館で山田太一作品集だとか倉本聰コレクションとか、そういうシナリオ本も読んでました。そのなかに、多分再録シナリオだったと思うんですけど『刑事コロンボ』の本があって、それが印象に残ってます。シリーズ作品は複数の脚本家が書いてると、その頃知りましたが、コロンボのキャラクターはどの話も全部一緒なんですよ。どうやって一致させてるんだろうって、不思議でした。

**土田**　その後、『お引越し』で奥寺さんは小此木聡さんと共同脚本家として長編劇映画デビューされるわけですけども、この作品は相米さんからご連絡があってから原作をお読みになられたと。

**奥寺**　まずは読んでみて感想をくれ、というふうにいつもの相米さんのパターンですね。最初は脚本を依頼されているということではありませんでした。第一回椋鳩十児童文学賞を取られたひこ・田中さんの原作で、児童文学って海外のものはよく読んでいましたが、日本のものはあまりフォローしていなかったんです。読んだ最初の印象としては、子どもが非常に活き活きしていて新しかった。子ども視点で親に対する不満を遠慮なくぶちまける。そういうところが新鮮で。原作小説では、主人公の少女・レンコが書いた日記の体裁を取っているんです。十一歳にしては少し大人びているとはいえ、子どもの主観しかそこにはなくて、両親の事情とかはあまり詳細には書かれていない。

**土田**　映画の脚本には、レンコのお父さんとお母さんが離婚することになってお父さんがお引越しをするということ以外は、ほぼ原作の要素が残っていません。

**奥寺**　最初は原作に沿って書いていたのですが、何回も書き直すうちにどんどん原作から離れていって。けっきょく三十稿ぐらいまでいきました。今ならば十稿を超える脚本というのは、どこかに大きな問題があるはずだと見切ってそこを解消しようとするんですが、当時はまだ素人だったんでわからなくて。とにかく直さなきゃいけないんだと思い込んでただただ直してました。よく知られた話ですが、相米さんは脚本家にも役者にも基本的にはダメとしか言わない。具体的に何かこうすればいいというアドバイスはない。打ち合わせと称して会ったりもするんですけど、つまんないから直してこいくらいのことしか言わない。本人の中から出てくるものを待つタイプの演出家ですね。少女の一人称で書かれた原作小説を、脚本では主人公に寄り添う形で三人称の形式にしたんですが、視点や人称の変更はそこまで意識していなかったと思います。

**土田**　映画の終盤の森のなかで、レンコが彷徨して幻想的な風景が広がる場面がありますが、この場面設計は脚本(ホン)にもない部分ですね。

**奥寺**　現場でつくられたようですね。私も何度か現場に呼び出されたけど、ここは自分が書いたものではない。相米さんは奇妙な人でしてね、助監督さんにホンを書かせたり、衣装部さんに書かせたり、いろんな人に書かせるらしい。で、その中からいいものを採用するって聞いていました。

**土田**　原作では主人公の女の子が親の離婚を自分の視点で面白く観察している印象が強い。映画では相米さんらしく少女の通過儀礼的な物語になっている。その幻想的なシーンの長回し、お祭りの場面、それから脚本で砂原と名付けられている老人。この人は本当に生きている人なのかもわからないですけど、息子の死の話をレンコにします。そして彼女は死を理解するようになる。相米さんの映画は少女が成長していく過程で、すごく幻想的なもの、あるいは過剰な何か、まるで未知なものに出会います。こうした内容までは脚本に書かれていますね。

**奥寺**　突き詰めていくとそうなったというか、書く方もそこに追い込まれていくんです。一人称だけでは物足りないというか、もうちょっと深い世界を求めているんだろうなと。大人の死みたいなものを織り交ぜてくれ、ということは言われなかったけれど、自然にそうなりました。

**土田**　最後のシーンでは「おめでとうございま〜す」という言葉が非常に印象的な台詞として出てきます。そのときに台詞を言うレンコは映画を通して大きな変化を遂げている。この台詞は原作にはなくて脚本で書かれたものなんですね。

**奥寺**　やっぱりこの映画はレンコという登場人物が新たにに生まれ変わる話だろうと脚本を進めていったんです。ハッピーバースディと言いますか、新たに家族が生まれ変わったり、自分が生まれ変わったりということで、この台詞を置いたんだと思います。

**土田**　小此木さんとの共同脚本では役割分担があったのでしょうか。

**奥寺**　たまたま男女のペアだったので、女性キャラクターは私で、男性キャラクターは小此木さんというふうに、セリフの細々したところをそれぞれ担当して二人でシーンをつくっていくというかなり珍しいやり方で執筆しました。共同作業でもテレビドラマの場合、たとえば一話から十話までのあらすじにそって、各話の脚本はそれぞれ一人で書くみたいな形がふつうは多いわけです。清水友佳子さんと一緒に仕事をする機会も多いんですが、この映画のように一対一でセリフから細かくやっていくというのはなかなかありません。

　細田守さんのアニメ映画ですと、まず監督がA4用紙一枚ほどのあらすじをつくってきてくださる。それをどう展開していこうかとプロデューサーも含めて四、五人くらいでかなり長い間ブレイン・ストーミングし、用紙一枚を少しずつ増やして十枚、二十枚にしてから脚本にする。段階を踏んで育てていく形ですね。細田さんチームではこれに三、四か月、長いと半年くらい、かなり時間をかけます。『お引越し』では通して二年くらいかかりましたが、実際書く作業に取りかかっていたのは七か月ほどでしょう。

**土田**　一本の映画の脚本を普段はどれくらいのペースで仕上げられるのでしょうか。

**奥寺**　ケース・バイ・ケースなので何ともいえないんですが、プロットを書いたり資料を読み込んだりする準備期間が一、二か月。それを経て初稿を書くのに一か月。その後の直しは一、二か月で終わっちゃうこともあるし、三、四年かかる時もあります。ずっと書いてるわけではなくて、キャスティングが決まるまで二年待つなんてこともよくあります。

## 原作の読後感をそのままにとどめる

**土田**　『八日目の蟬』(二〇一一)についておうかがいしたいのですが、奥寺さんが脚本を担当された映画とは別にNHKのテレビドラマ版がありますね。映画とテレビドラマとでは準備の作業はやはり違うものですか。

**奥寺**　違いますね。連続ドラマですと全十話で一つの話ですから、一話一話を一つの話として起承転結をつけていくのはちょっと難しい。一時間半とか二時間と尺が決まっている映画の方が、自分としては経験がありますからやはりやりやすい。『八日目の蟬』は成島出監督が次の作品を何にしようかと考えているときにたまたま出てきた企画でした。テレビドラマ版は映画公開の一年前の放映で、これは自分の脚本を書き終わってから観ました。

**土田**　角田光代さんの原作小説は非常に優れた作品ですが、映画も小説とはまったく違った魅力があります。原作では、過去から現在へ至る形で時系列で語られますね。〇章、一章、二章そしてエピローグ。原作では、基本的に永作博美さんが映画で演じていた希和子が中心になっている。彼女に誘拐されて薫と名付けられていた女の子の気持ちが、途中でクロスして互いを補完し合う。一章は希和子の一人称。二章は薫＝恵理菜の一人称。映画はこれを大きく変えている。つまりこの二人を重ね合わせて交互に描く時間構成です。

**奥寺**　成島さんとどちらを主人公にするべきかと考えていたときに、まあ映画だったら薫＝恵理菜だよねと意見が一致しました。その理由として、恵理菜には未来がある。映画が終わった後も彼女のその後が想像できる。そうして恵理菜を主人公にするとなれば、途中に希和子の話を挟むやり方になる。そんなふうにだんだんと決まっていったと思います。井上真央さん演じる恵理菜が永作さん演じる希和子と同じ場所に立つようになる。映画のピークをどこにするか考えたとき、港のシーンにしたいなと思ったんですよね。そこで希和子と恵理菜それぞれのシーンの時系列がちょうどその港に向かっていくように、映画のクライマックスに来るように場面を構成していきました。

**土田**　原作とテレビドラマでは、恵理菜と希和子は直接に言葉を交わさないとはいえ、一応は同じ空間にいたりする。その限りでの再会がなされていると思うのですが、映画ではそのようなことはない。その代わりに恵理菜が写真館を訪れ、恵理菜と希和子の二人でかつて撮った写真があることを確かめる。

**奥寺**　このアイデアが出てくるには意外と時間がかかりました。原作通りのすれ違うパターンも書きましたが、映画だと何かモヤモヤが残ってしまう。じゃあどうしようかと原作をもう一回読み直したところ、ほんの二行くらいの短い記述で二人が写真を撮ったと書いてある。そこから、そうだ写真館だって思いつき、みんなでこれでいけるってなったことを覚えています。自分が本当に愛されていたんだってことをあの場所で思い出す。自分の過去を過去として受け入れるタイミングを主人公のためにつくれるのだと。とにかくラストシーンやクライマックスがどこなのかは、どの作品でもわりと最初のほうの段階で監督たちと話しますね。

**土田**　この映画は時間構成が前後していて、冒頭は生まれて間もないわが子を誘拐される被害にあった森口瑤子さんが激しい台詞を発する裁判から始まります。夫の愛人に夫と娘を奪われた女性が叫ぶ。

**奥寺**　自分の内面を強く吐露する場面は意外とここくらいしかなかったんで、冒頭でやっちゃおうっていう考えです。裁判シーンですから、内面をそのまま台詞にするのをためらわずに順を追って描ける。このアイデアは監督からだったと思います。『ゴッドファーザー』(一九七二)みたいにやりたいんだよと。

**土田**　脚色をする際に一番大事にされていることは何でしょうか。『八日目の蟬』の原作小説は、希和子の側に希望を持たせる形で終わっている。けれども奥寺さんの脚本を読むと、恵理菜の感情に寄り添っているように思われます。

**奥寺**　「何故、自分は誘拐されたのか?」という恵里菜のクエスチョンを追う形で全体を構成したからでしょうか。今まで向き合いたくないと思っていたもの、つまり自分自身の封印していた記憶に近づいていくドキドキ感を意識して書いたと思います。原作にある、希和子が追われながら逃げてゆくというサスペンスは映画でもしっかり張り巡らせたいと思って。逃げてるけど生き生きしてますよね、希和子は。そこを大切にしました。小説の読後感を映画を観た時にも感じてもらえればと思っています。脚色して内容は結構変わってるんだけど、観終わった時には小説と印象が同じになるように。具体的な場面に落としてシーンを書いていくときは、自分で画を想像しながらそれを字に起こしていく。作品に入り込んで、光景を観察しながらト書きしていく。作品に入り込んで、光景を観察しながらト書きします。誰かに成り代わっているというわけではなく、そこで起きていることを同じ空間の中にいて間近で見ているという意識。ほとんどの映画で同じやり方をしています。登場人物たちの造形については、原作の中に印象的な地の文があれば、それをうまく台詞に持ってきて変えるということはよくやることですね。

## 何度目かの新たな解釈

**土田**　次に『時をかける少女』（二〇〇六）についてうかがいましょう。幾度となく映画化やテレビドラマ化されている作品で、やはりプレッシャーもあったんじゃないでしょうか。

**奥寺**　「またやるの？」って最初は思いました。でも、アニメーションの形ではまだ確かに一回もやられてないなあと。私自身もアニメ映画の脚本はこれが初めてでした。構成については細田さんとかなりディスカッションしながら書いていきましたね。原作からどれくらい離れるかもよく話し合って決めました。

**土田**　細田さんの解釈によれば、一九六五年発表の筒井康隆さんの原作を「ＳＦ」とすると、大林宣彦さんの実写映画（一九八三）は「恋愛」がテーマ。ではアニメ映画版では何をやるのか、奥寺さんと相談して出てきたのが「青春」だったと。

**奥寺**　「この時」しかない、かけがえのない時間としての青春っていうのはどういうことなんだろう、これを映画としてやろうということですね。原作小説と実写映画版では、主人公の芳山和子はタイムリープするとその記憶が消され、でもアニメ版の主人公の紺野真琴には記憶が残ります。記憶が消えるというのは恋愛物では非常にロマンティックなのですが、青春物として考えると自分が経験したことが自分に残らないと、ちょっと話として成立しないよねという議論はした覚えがあります。

**土田**　もう一つ他との大きな違いがタイムリープの用いられ方です。原作と実写版では、ラベンダーの香りがきっかけでタイムリープしますが、相当に危機的な状況にならないとタイムリープが発動しない。それに対して、アニメ版ではものすごく頻繁にリープしますよね。

**奥寺**　ええ、しかもわりとどうでもいい自分勝手な理由で。これは現代の作品にしようと思ったときから決めていました。ふつう能力を持ったら絶対バンバン使うよねと。受け身じゃなくてどんどん自分から。作品内で二十数回ほどでしょうか、まあ何度もできると思っているからすごく無駄遣いをしてる感じ。この作品で時間の構造を把握しながら脚本を書き進めるのは本当にパズルみたいで難しかった。一つ変わると全部変わるような話でもあるので。後半部分で一シーンを直そうとすると、最初からこれで合ってるのかなといちいち確認しなきゃいけない。

**土田**　タイムリープするとき、真琴はいつも後ろ向きに落ちるのですけど、最後のところだけは後ろ向きに落ちながらひねってもう一回前向きになりますよね。序盤のシーンで、自転車でぶつかったおばちゃんから「目どこついてんだ。ちゃんと前向いて走れよ」と言われる。功介にも「前向いて走れ」みたいな台詞があります。

**奥寺**　最後の一回は完全に自分の意思でやるのだと、これは細田さんの演出です。未来に向かって、という話だったんでこうした台詞を書いてますね。あんまりテーマっぽいセリフって書きたくないですが、これから未来に向かう若い人のための映画だと思って、ここは書こうと。

**土田**　もう一つ、このヒロインの真琴の造型の仕方って、いわゆる女子高生ぽくない、ちょっと中性的な役ですよね。冒頭のところで三人で野球をする場面はとても印象的です。

**奥寺**　部活を頑張っているような女の子じゃない。でも帰宅部でもない。じゃあ何をやらせようかと思ったときに、三人でできるのがちょうど野球だったんです。投げて、打って、取る。

**土田**　何回かキャッチボールの場面がありますが、途中から千昭が来なくなる。ここで、いつもつるんでいた三人の性を超えた関係のバランスが変わっていく。千昭に彼女みたいな人ができて、真琴はそれをちょっと意識して自身の彼に対する好意に気づき出す。

**奥寺**　全体的に広い画が多いと思うんですけど、三人がどういう関係なのかを演出的に的確に捉えてますよね。三人から二人になったらどうなるのか、そういう違いがはっきりわかるように。投げて、打って、取るがもうできなくなっちゃうという話の展開も、打ち合わせをしながら考えていきました。細田さんとの仕事では準備もその打ち合わせも直しもとても細かく進んでいきます。絵コンテでさらにブラッシュアップしてくださるので、本当に丁寧な作業をされますね。

**土田**　完成された作品から文字起こしされたシナリオ採録がありますが、それがシナリオ決定稿と違うということは、実写映画でもアニメーションでもよくある話ですよね。

**奥寺**　演出の段階で変わるのは当然のことです。撮影の現場で、芝居のセッションの中で生まれてくるものもありますし。何か違うものが出てきて、より面白くなれば全然いい。でも、相米さんのときは出来上がったものを観てひどく驚きましたね。それほど違っている作品はほかにないです。

## 脚本家になるための一万時間

**会場質問**──『わたし、定時で帰ります。』最終回のユースケ・サンタマリアが演じた上司の怒涛の愚痴がとても印象的でした。登場人物が皆それぞれに正義があり共感できるポイントがある中で、ユースケ・サンタマリアだけずっと悪者みたいな感じで描かれていましたが、最終回でその彼が救われるところがあった気がします。こういう嫌な上司の人物像はどのように考えられたのでしょうか。

**奥寺**　パワハラ系のガンガン言ってくる上司も嫌ですが、ニヤニヤしながら「頼むよ〜」とかプレッシャーをかけてくる上司も嫌ですよね。その嫌さが原作にリアルに描かれていました。ただ、連ドラなので、嫌なものを毎回出すと途中で見ていて辛くなるとも思ったんですよ。だからなるべく最後まで見てもらえるよう、ユースケさんの持ち味も反映させながらああいった人間像になりました。仕事してると、なんとなく理不尽だなと感じるけど、理不尽だって強く反発するほどでもない、そういう嫌なことってけっこう多いですよね。いろんな会社で働く大勢の人にアンケートを行い、具体的なエピソードもヒアリングしたので、それを参考にさせてもらった箇所もありました。

自分がまったく知らない世界の人物を造型したり、シチュエーションを設定していく場合、必ずリサーチをします。作品によっては監修の方に相談することも多いです。『わたし、定時で帰ります。』では舞台がウェブサイトの制作会社だったので、監修の方に入ってもらって、仕事のケースによってどういうふうに対応するのか、かなり詳しく教えていただきました。

また、地方が舞台のときには必ずシナリオハンティングで現地に行きます。『八日目の蟬』なら小豆島。小説に出てきたところはすべて回りました。やっぱり行ったことないとその情景はわからない。想像力で書くライターさんもいらっしゃいますが、私はできればその場所に行ってみたいんです。

**会場質問**──実写で俳優が演じるときには顔の表情だけで伝わるものってたくさんあると思うんですけど、アニメでは同じではないように思えます。アニメと実写での脚本の書き方には大きく違いがあるのでしょうか。

**奥寺**　アニメでも黙ってるときの表情の変化って意外と十分伝わってくるものなんです。筆一本で書いてるわけですが、上手い人が描くとちゃんと伝わる。そういうことが前提としてありつつですが、脚本では人物の動きを多めにしようと意識しています。棒立ちになってる時間が長いと、アニメではちょっと見ていて飽きちゃうんです。それから、なるべくシーンを短くして、短く早く繋いでいく。カットバックという手法なんですが、『サマーウォーズ』(二〇〇九)はまさにそうですね、三箇所で起こっていることを少しづつ繋げながら描くという手法を取っています。

**岡室美奈子**　私はやっぱり新井順子さん制作で塚原あゆ子さんが演出する奥寺さん脚本のチーム作品がたいへん好きなんです。湊かなえさん原作の『夜行観覧車』『Nのために』『リバース』でも脚本を書いていらっしゃいますけど、三作品ともほんとうに面白い。特に『Nのために』はたいへん詩情豊かです。原作をどのように変換したのか、お話をうかがえればと思います。

**奥寺**　『Nのために』は十話のドラマにするには短かったんです。さいわい、原作の人物造形が面白く、厚みもありました。そこからキャラクターのバックグラウンドやエピソードを皆で膨らませ、事件全体を俯瞰するオリジナルキャラクターをつくり、故郷の島のお話とそれから東京に出てきてからのお話という風に二部構成にしました。詩情の豊かさについては塚原さんの演出の力が大きいかなと自分では思っています。窪田正孝さんや賀来賢人さんなど、実力があってこれから勢いが出てくる人たちの新鮮さもありましたし、感情移入がしやすかったのもあると思います。塚原さんは多くを語らなくてもしっかり撮ってくれる監督ですので、信頼はものすごくあります。だから塚原さんと一緒に仕事する時には、甘えかもしれませんけれども、それほど台詞で説明しなくていいかな、その分、役者さんの表情をじっくり見たいな、ということを考えますね。

**会場質問**――脚本家になるための何か大切なことがあったら教えていただけますか。

**奥寺**　どなたかの言葉で、どんなプロになるためにも、そのためには一万時間を要するというものがあります。読書したり、映画見たり、そういうことに一万時間使えばプロになれるのだと。私の場合は、好きな映画のシナリオを書き起こすということはしていました。作品を借りてきて、再生して何度も途中で止めながら台詞を書き取り、ト書きは自分で書いて。これで構成の仕方を全部勉強していきました。監督や脚本家がどのような狙いでこの作品をつくっているのかが、この作業をするとはっきり見えてくる。漠然と見てるとわからない、言語化されていない狙いみたいなものが見えてくるんです。こういう狙いはしっかり定めないとお客さんに伝わる作品はできないんだなとよく理解できました。

脚本家はやはり人の意見を聞ける人じゃないとちょっと難しいかなと思うんです。自分の書きたいことがあってそれを表現したい人は、むしろ小説家の方が向いているような。脚本は共同作業なので、端的にいえば、コミュニケーション能力が必要なんです。

私、脚本家になれてすごくよかったと思ってます。なぜなら映像がいつもそばにあって、映画を観たり、テレビドラマをずっと一日見ていても誰からも怒られない。仕事の資料として映画やドラマを見ている時でも幸せを感じる。そういう喜びもありますので、ぜひ映画好き、ドラマ好きな方は脚本家になってみてください。誰も怒る人はいませんから。

**奥寺佐渡子**
おくでら・さとこ

1966年生まれ。文芸雑誌『鳩よ』(マガジンハウス)にて詩人としてデビューしたのち、大学在学中にディレクターズ・カンパニーの脚本家公募に応募、相米慎二監督からの抜擢で同監督作『お引越し』(1994)にて脚本家デビュー。その後、石油会社に勤務しながら深夜ドラマを中心に脚本家として活動する。1995年、『学校の怪談』にて日本アカデミー賞脚本賞を受賞。1998年には文化庁新進芸術家在外研修員としてアメリカ留学。実写作品の脚本を中心に執筆を続け、2006年には細田守監督作品『時をかける少女』でアニメーション脚本を初めて手がける。2010年の同監督作『サマーウォーズ』では第9回東京アニメアワード個人賞(脚本賞)を受賞。2012年には成島出監督作『八日目の蝉』で第35回日本アカデミー賞最優秀脚本賞を受賞。

**主なフィルモグラフィ[脚本]**

⦿お引越し(1993)⦿人間交差点 雨(1993)⦿よい子と遊ぼう(1994)⦿学校の怪談(1995)⦿学校の怪談2(1996)⦿学校の怪談4(1999)⦿コンセント(2001)⦿魔界転生(2003)⦿花(2003)⦿SEVEN ROOMS「ZOO」(2005)⦿時をかける少女(2006)⦿しゃべれどもしゃべれども(2007)⦿怪談(2007)⦿サマーウォーズ(2009)⦿パーマネント野ばら(2010)⦿八日目の蝉(2011)⦿軽蔑(2011)⦿とある飛空士への追憶(2011)⦿おおかみこどもの雨と雪(2012)⦿魔女の宅急便(2014)⦿バンクーバーの朝日(2014)⦿マエストロ!(2015)⦿コーヒーが冷めないうちに(2018)⦿グッドバイ〜嘘からはじまる人生喜劇〜(2020)⦿望み(2020)

# III

# 映画撮影という労働

## ——撮影現場で起きていること

⦿三宅唱［映画監督］
⦿菊地健雄［映画監督］
⦿青山真治［映画監督］
⦿芦澤明子［撮影監督］

# カメラに記録されたいい瞬間を残したい

三宅唱［映画監督］ Miyake Sho

聞き手——藤井仁子 Fujii Jinshi

二〇一八年七月一四日

**映画は何のためにつくられるのか。三宅唱監督はフィルモグラフィのなかで、決して堂々巡りに陥ることなく、あくまでも自身の作品をよりよいものとするために、それを問う。ときに俳優なる人たちの姿に、ときに偶然出会っただけの風景に、あるいは言葉として紡がれる脚本に、それぞれ映画なるものを発見するプロセスが、作品の驚くべき豊かさに見事に結びついている。**

## 瞬間を記録していくこと

**藤井**　この授業にお迎えする監督としてはもしかしたら最年少かもしれません。優れた映画作家は若さを感じさせないデビューをし、そして歳を取るごとに若返っていくと思っているのですが、まさに三宅さんはそうなる方だと信じています。今日はよろしくお願いします。

**三宅**　よろしくお願いします。

**藤井**　いきなりなんですが、私は日本映画が嫌いでして。

**三宅**　（笑）。

**藤井**　要するに日本映画的なものに刃向かっている人にしか興味がないんです。なので最初に『やくたたず』（二〇一〇）を見たとき、こんなに日本映画に逆らった見事なデビュー作はちょっとないと思いました。もちろん三宅さんの前後にもずいぶん面白い人が出てきて、日本映画はいま本当に面白くなっていると思っているんですけれども、その中でも三宅さんが少し違うのは、その気になれば自分でカメラを回せる人だというところではないか。というのも、今日みなさんに見ていただいた『やくたたず』も『無言日記／２０１４６６』(二〇一四)も、ご自分でカメラを回しておられるわけですよね。

**三宅**　そうですね。両方とも自分で撮っています。

**藤井**　もちろん自主映画出身の人が自分でカメラを回すことから始めるのは別にめずらしくないのでしょうが、とはいえ『やくたたず』は初めての長編だった上にモノクロ。単純に怖くなかったんでしょうか？

**三宅**　いえ、気合いが入っていたんですかね、怖いと思った記憶はありません。初めてチャンスをもらって長編映画を発表するとなったときに、自分で責任を取りたいと思いました。誰かにお願いしてもしうまくいかなかった場合、自分はその人のせいにしかねず、後悔もしきれないな、などと考えていた記憶があります。

**藤井**　『やくたたず』の次の『Playback』(二〇一二)で初めて四宮秀俊さんにカメラを委ねておられます。この四宮さんとの出会いは大きかったのではないかとも思うのですが、人にカメラを回してもらうのはいかがでしたか。

**三宅**　四宮さんは早稲田の出身なので今日もお呼びできればよかったですが、今ちょうど撮影中だと聞いています。四宮さんとの仕事は、映画は一人でつくるものではなくて、人とつくるものなんだということの喜びと面倒臭さの両方をたっぷり味あわせてくれるような現場でした。戦いながら一緒につくっている感じです。

**藤井**　『やくたたず』は悪ガキ三人組が主人公なので、当時の監督自身の年齢と比較的近いところで撮っておられました。でもその次の『Playback』は村上淳さん主演で、人生の岐路に立たされた中年男性を主人公にしている。これを撮られた時はまだ二十代でしたよね。

**三宅**　二十六だったと思います。

**藤井**　だから私は当時コメントを求められて、やはり二十六歳で『市民ケーン』(一九四一)を撮ったオーソン・ウェルズを引き合いに出してしまったんですが、それは別に映画が似ているということではなく、二十代の新人監督が商業デビューしようというときに人生の曲がり角に立った中年の話を普通は撮らないだろうと。

**三宅**　(笑)。

**藤井**　これは村上さんを主演にして撮るという話が先にあったんですよね？

**三宅**　そうです。村上さんが『やくたたず』を見てくださって、一緒に映画をつくりたいと声をかけてくださいました。

**藤井**　ここから三宅さんのすごく重要な資質がわかる気がするんです。つまり、絶対にこれを撮りたいというこだわりが三宅さんの中にないはずはないんだけれども、人から与えられた条件や環境の中でも映画をつくれてしまう人であるという。

**三宅**　そうですね、それがいいのか悪いのかはわかりませんが、自分はそういう仕事の仕方をしていると自覚しています。三宅は好き勝手につくっている、あるいはオリジナルにこだわっていると周囲から誤解されているような気がしたことがあったので、ああ、やっとそれを指摘してくださる方がいたと、今ありがたく思っています。『Playback』の後に『THE COCKPIT』(二〇一四)というドキュメンタリーをつくりましたが、それもきっかけとしては、愛知芸術文化センターからのオーダーでした。その後の作品も、時代劇などいくつかあるんですが、基本的にはお題のようなものが与えられています。『Playback』だと「村上淳」という条件があったので、自分なりに「俳優の謎」をお題にシナリオを書きました。『THE COCKPIT』は愛知芸術文化センターから毎年共通のテーマとして「身体」が提示されていて、『密使と番人』(二〇一七)は「新しい時代劇を」という依頼でした。

**藤井**　その一方で、これは最初の作品のタイトルが象徴的だったと思うんですが、教科書的な映画づくりの基準に照らせば「やくたたず」なわけですよね、作品自体が。誰にでもわかるような話を過不足なく語るものではない。もちろんいろいろなことが起きるんですが、断片的に見て、わかったりわからなかったりという程度にしか描かれていません。あえてそうなっているわけです。つまり、決まったゴールに効率よくたどり着くために「役に立つ」場面だけでできている映画ではありません。

**三宅**　そうだと思います。

**藤井**　だから物語をわかりやすく語るとかではなくて、この表情いいよねという画は残すとか、おそらくそういうつくり方なのかなと思うんですが、具体的にはどういうつくり方をされているんでしょうか。ホンはちゃんとしたものがあったでしょうけれども、たとえば事前に全部絵コンテを描くとか、そういうやり方ではないですよね。

**三宅**　そうですね、絵コンテは描きません。字コンテと呼ばれる台本に線を引くことはやるんですけど、最近はそれもやっていません。簡単な図面をノートに書いて、あれこれ考えることが多いですかね。『やくたたず』は、まあ今思うと青春映画と呼んでいいようなものに仕上げたことになると思うのですが、実は当初の予定ではもっと犯罪映画寄りというか、犯罪サスペンス映画みたいなものを考えていたんです。

**藤井**　一応その要素は残っていますよね。わかるかどうかぐらいですが。

**三宅**　車が盗まれるとか。防犯警備会社が舞台で、犯罪が近しい世界にいる人間の物語で、それはやっぱりサスペンス映画になるだろうと。でもショットとショット、芝居と芝居が、有機的に役に立って成り立つのがジャンル映画だとしたら、当時の自分には全然撮れなかった。それはかなり大きい挫折でもあったんですが、でも編集中に、映画のショットがもしそういうふうに役に立ったとして、そもそも映画は何になるのか、というようなことを考え始めたんですよね。具体的に言えば、編集のときに悩んでいたのは、物語の役に立つとかそういう云々だけを優先しようとすると、せっかくカメラによって記録された間違いなくいいと思える瞬間が消えてしまう場合がある、ということでした。そういう発見があって、いい瞬間を残す、記録するという足場に立つことにして、編集点を探っていったと思います。

**藤井**　まさに今日見てもらった『無言日記』シリーズもそう

『やくたたず』

した瞬間を記録していく作品になっていると思うんですが、そもそもこれがどういう趣旨の作品なのか少し説明していただけますか。

**三宅**　『無言日記』はiPhoneで日記を撮ったものですね。僕が普段生活している中で、あっと思った瞬間だとか、なんとなく時間が空いた時に適当に撮って、順番を変えずに並べた作品です。撮った時よりは多少短くしたりとか、撮ったけど使わなかったりという編集はありますが、それだけ。二〇一四年から始めて今もやっているので、五年ほど続いています。

**藤井**　これは見始めると止まらなくなります。あらためて思ったのは、普通はこういうことをやると何かが起きたタイミングでカットしたくなるはずなんです。(アッバス・)キアロスタミでさえ晩年は単調なショットを続けた末に何かを起こしカットするという映画になってしまったんですけれども、三宅さんは一貫してそうしないですね。

**三宅**　んん……たまに起きてますよ(笑)。

**藤井**　ええ。でもそれは本当に起こってしまったわけでしょう?

**三宅**　そうです。

**藤井**　これは日常の日記代わりのものですから、何かを訴えようとか説明しようとかしている作品ではないんですが、いろいろ信じられないことが実はいっぱい起こっていて、ずっと見れてしまうんですね。これは映画なのか、SNSの動画と何が違うのかと聞かれると、ちゃんと説明するのは簡単ではないんですが。

**三宅**　僕も説明はできないんですけど、これは映画だと思っています。

## 画面から出るもの、画面に呼び込むもの

**藤井**　もうひとつ、今日『やくたたず』を見直してあらためて思ったのは、これは西部劇を見ている人がつくった映画だということです。地平線まで見晴るかすような空間の使い方がもう。

**三宅**　ああ、そうですか。

**藤井**　『密使と番人』という時代劇も、西部劇のセンスを持った人が撮った時代劇だと思いました。変に時代劇の約束事に通じている人だとこうは撮らないというやり方で、でもそのせいで逆に時代劇として面白くなっているという映画です。前から時代劇は撮りたかったんですか?

**三宅**　いえ、まったくですね。今日冒頭で藤井先生が日本

映画について話されましたが、僕も同じというか、正確に言えば、そんなに日本映画を見て育ってないんです。というのも、自分が中高の頃は、とにかく日本映画はダサいものという先入観もあったし、やっぱりアメリカ映画の方が面白いよねっていうのが、特に映画ファンなわけでもない一般の中高生の共通認識だったような記憶があります。その後ちょっとずつ、日本映画にも格好いい映画があるんだ、面白い映画があるんだという発見もありましたが、ベースには、日本映画はダサいっていうのがありました。あと、これは僕個人の背景なんですが、北海道の札幌出身なので、若い頃はいわゆる日本文化というものに対して興味を持つチャンスがあまりなかったかなと思うんですよね。風景はもちろん家族観だとか風習も違いますし、時代劇の題材はあくまで「内地」の歴史という感じで。なので、オファーをいただいた際はお断りするつもりだったんですが、「普通の時代劇ならあなたに頼まない、見たことのないものをつくってほしい」と説得してくれたほぼ同世代のプロデューサー、そういえば早稲田出身ですが、彼に惹かれて、何とかやってみようというところから出発した映画でした。ちなみに、今となっては、時代劇はまたやりたい、もっとやりたいという気持ちです。

**藤井**　日本映画嫌いの私でも『やくたたず』を外国映画のように見れてしまったのと同じで、『密使と番人』もほとんど外国人が撮った時代劇だと思うんです。〔二〇一八年の〕九月には『きみの鳥はうたえる』という新作が公開されますよね。まさに今ここにいる年代の方たちに見てもらいたい映画で、失礼な言い方ですけれども、三人で遊んでいるだけと言えば遊んでいるだけというか（笑）。

**三宅**　本当にもうそうですね。ただ三人が遊んで、お酒を飲んで、まあ恋をしているだけのような映画です、と紹介して興味を持ってもらえるかわかりませんが、今ちょうど〔教室の〕スクリーンに映っているようなクラブシーンなんかを撮りました。本当に気に入ったシーンが撮れたので、ぜひ見てほしいですね。この場面も、それこそ説話上は一体何の役に立っているのかと思われるかもしれないシーンなんですが、実は「役に立つ／立たない」と言っているのは、「自分はこれが役に立つと思っている、世間一般には違うかもしれないけど」ということの表れでもあるというか。『やくたたず』も、タイトルをそのようにしたのは、そういう「役に立つ」ことの意味を変えたいと思って付けたところがあります。

**藤井**　そこの基準が世間とは違うわけですね。『きみの鳥はうたえる』の場合は同時に、幸福な時間が続くからこそ、これがいつまでも続くわけがないという怖さもある映画になっています。二時間このままなわけがないという、その静かな緊張感がちゃんとあるんです。批評家の悪い癖でつい作家性を一言で言い表そうとしてしまうのですが、三宅さんは「俺、このままでいいのかな」という映画ばかり撮っておられると思うんです。

**三宅** (笑)。「俺、このままでいいのかな」って思ってるのかもしれません、自分が……。

**藤井** だけど、それが台詞で呟かれたりはしない。

**三宅** 書いたことはないと思いますね。

**藤井** 別に言葉では言わないんですよ。だけど、そう思っていることは画面にありありと出ている。

**三宅** あくまでも映画の分析であって僕個人の分析ではないと承知していますが、多かれ少なかれ今撮っている映画は全部、かつて二十代だったり現在三十代前半であるその時の自分自身のようなものが、乗っかっている気もします。自己表現として映画をやっているつもりはそもそもないんですが、出てしまう。

**藤井** もちろんそういう意味で申し上げたのではないです。

**三宅** はい。映画はびっくりするくらい勝手に出ちゃうので恥ずかしいというか、恐ろしい。でもそれを隠していたら映画は撮れないよなとも思うので、じゃあ出る分には仕方ないか、と。ただ、今のご指摘のように、うっかり出ちゃっているように後から気づくこともあり、ドキッとしてしまいました。

**藤井** 『やくたたず』で言えば、柴田貴哉さんが演じているテツオがやっぱり何か考えている顔をしてるんです。

**三宅** そうですね。

**藤井** 途中で髪を切るんですけれども、まるで髪を切られたことによって彼はあの場所にいられなくなっていくかのように見えるわけです。トラックの荷台から後ろに顔を突き出して、あの短く刈った頭でひとり冷たい風を受けていたりする。だから、他の二人は割と無邪気なんですが、彼だけ何か考えている顔をしているぞというのがあるんですね。「俺、このままでいいのかな」とは別に台詞では言わないんですけれども、そんな顔をし始めていることは映っていると思うんですよ。それに映画の中で髪を切るというのは、取り返しのつかないことでもあって、独特な緊張が見る側にもあります。テツオが髪を切った自分の顔を鏡で確かめるところがまた素晴らしい。

**三宅** 真正面にカメラを置けてよかったと思います。初めて長編映画を撮るという時に、いろんな枷をつくっておこうと考えていました。髪を切るとその前のシーンはもう撮れないので、今撮っているものはもう二度と撮れなくなるんだよなという思いの中で映画をつくりたかったんですね。自分はだらしない人間なので、そういう枷でもつくらないと。そんなこともあって、三人が劇中で髪を切っていますね。

**藤井** そうなんですね。彼が一番目立っているだけで。

**三宅** 撮影は全部で二週間だったんですけど、三人が間をおいて髪を切ることで、ほぼシナリオの順にしか撮れないようになっていたので、取り返しのつかないものを今撮っているんだということを物理的に感じようとした、そういう仕掛けだったかなと思います。

**藤井** そういう緊張感は画面に出ますよね。

**三宅** 俳優にとっても緊張感があると思います。

**藤井** あと、中盤に救急車が通る場面がある。最初サイレンが聞こえていて、社長が道を渡るところでパンをするとそのタイミングで救急車が通りかかる。あれは偶然なんですか?

**三宅** 偶然ですね。

**藤井** あそこで入ってくるのが本当に見事で。

**三宅** 手配したと言いたいところなんですけども。他にもたまたま奥から電車が走ってくるとか、偶然起きたことがいろいろとありました。自主映画を何本か撮ったり見たりすると、電車が映ればなぜか画面が活き活きすることはすぐに誰でも発見できることですし、タイミングを測ればいいだけなので、電車を狙うのは別に簡単なことです。ただ、それで喜んでいる場合でもないなと当時は思っていました。「で?」みたいな。だから『やくたたず』の時には、電車があまりにも面白いタイミングで通ってしまったので、これはできすぎだろうと思って、わざわざ電車が通らないテイクを撮り直したりしました。結局、走ったテイクを使ったんですけど。

**藤井** 面白いですね。そういうお話をうかがうと、相米慎二の『台風クラブ』(一九八五)を思い出します。女子生徒が校舎の窓ガラスを開ける場面で、遠くの道路を走っている車の影がガラスに映って少女の顔の上をスーッと横切る。それは助監督にトランシーバーで合図して、全部タイミングを合わせて横切らせているんですが、そんなことをする必要が本当にあったのかという(笑)。そういうコントロールの跡が見えないまでにコントロールされた映画も私は好きなんですけれども、それとは対照的に、『やくたたず』は現場に偶然を呼び込んでしまう映画の実例になっている気がします。

**三宅**　今日の参考上映に紐づけて喋るとすれば、『無言日記』を撮っていて思ったのは、何も起きていない日常なんてものはただの言葉遊びのようなもので、いくらでも起きているよな、起きる気配はあるよな、ということですかね。画面が活気づく日常の瞬間を発見するのは、才能とかセンスの問題というより、単純にちゃんと見ていればあるんじゃないかと思うんです。自分の場合は、カメラによってそれを発見できるという感じがあります。肉眼で見るよりもカメラのレンズとフレームの中で見た方が見えるものは、確実にそこら中に転がっていて、それを発見することが映画をつくっている喜びのひとつかなと思っています。それが今では手軽に誰にでもできてしまうというところで、僕もやらせてもらっているというところかなと。

**藤井**　それは与えられた条件と人から出発して映画を撮るということと絶対つながっていますね。つねに開かれて待機しているというか、来たものに対していつでもカメラを回せるというか。

それにしても不思議なもので、『無言日記』はやはり一年ごとに雰囲気が違うんですよね。二〇一四年のものを今見ると、震災の後の雰囲気というものがどこか出てしまっている気がします。

**三宅**　そうだと思います。

**藤井**　わかりやすいところでは地震警報とか。映るものですね。

**三宅**　早朝の路上でカメラを回していたら商店街のスピーカーから警報が鳴り響いて、びっくりしましたね。あとはわかりやすく言えば、もしかしたらみなさんご存じないかもしれないですけれど、吉祥寺のバウスシアターだとか新宿ミラノだとか。

**藤井**　もうなくなってしまった映画館も映っている。ぜひとも長く撮り続けていただいて、数十年経ってから見返すと、もっと面白いのかもしれません。

### 映画は教えられる

**会場質問**——先ほど役に立っていない映像についてお話をされて、その上で「役に立つ」ことの意味を変えたいとおっしゃっていたことがとても印象的だったんですが、どういった意味合いなのか、詳しくうかがいたいです。

**三宅**　いい質問をありがとうございます。映画を仕事にしていると、映画って何の役に立つのか、自問自答する時があるわけです。たとえば何か主義や主張があるなら、あるいは緊急性や切実なものがあるなら、手段として映画を使って広く知らしめるということも当然ありますけど、ただ、他の手段もあるわけですよね。文章で書くなり、歌うなり、直接行動に出た方が早かったりするかもしれない。映画はどうしても遅れてしまうし、まあ、その意味では役に立たない場合もあると言える。だからどのメディアを使うかということに意識的になりたいと自分は思っていました、映画にやれること、やれないことって結局何なんなのかを知りたいというか、実践の中で自分なりに考えるのが好きです。映画で世の中が変わっていくなら、映画の歴史はもう一〇〇年以上あるので、とっくにいろんな問題が解決していてもいいのに、解決していない。でもなんとか役に立ったらいいなと、せっかくわざわざこれを仕事にする者としては思うわけです。『やくたたず』というタイトルを付けましたが、役に立ちたいと思っているということなんですね。『きみの鳥はうたえる』を例にすると、ただ三人が遊んでいるだけの映画なんですけれども、そんな映画が今のこんな世の中にあることの意義というものを僕なりに考えてはいて……。言葉では説明しづらいんですが、こんな時間を過ごそうと思えばどんな状況でも可能だよということを、映画をつくることによって実践したいと思ったんですね。

**会場質問**――自分で実際にカメラを回していい瞬間を切り取ることにこだわりのある方が、四宮さんといった別の方に撮影を任せるときに、どのように仕事を兼ね合うようにしているのか、気になりましたので教えていただけたら嬉しいです。

**三宅**　自分ひとりでやるものとみんなでやるものとは違うものだと考えています。たとえるなら、バンドを組んだことはないんですが、バンド活動とソロ活動みたいな気持ちでやるのがいいかな、と今は整理しています。僕の欲望は両方をやりたいんだなということがわかったので、どちらかにする必要はそもそもない、と。みんなとやるときは、ソロの再現や代わりということではまったくなくて、バンドだからこそやれることを探りたいと思っています。他人の労働を自分の手足の延長にしようとしてもそんなのは無理なことだし、誰も幸せにならないので。バンドだから、うまく合うときもあれば合わないときもあって、大変に感じることもありますが、きっとめちゃめちゃ合うときがくるはずだと信じてやっていくというような気持ちでやっています。

**会場質問** ―― iPhoneのカメラを通して見える世界というお話がありましたが、今iPhoneは映画を見るデバイスにもなっていて、あの小さな機械で映画を見るということに関して何か考えられていることがあれば教えていただければと思います。

**三宅** 藤井先生も以前何かに書いていたと思うんですけれど、面白い映画は何で見ようが面白いんですよ。飛行機で見て感動することもありますし。なので、何で見てもらっても構わないって、粋な感じで言ってみたい気もします。ただ、やっぱり自分より小さい画面でものを見る経験と、自分より大きいスクリーンでものを見る経験は、根本的に違うと思うんです、どっちがいいとか悪いとかではなくて、単純に違う。だからそこは分けて論じないといけない。比較することももはやナンセンスなのかもしれません。

**藤井** 人から聞いた話ですが、科学的にはフィルムとビデオの画質の違い以上に決定的なのは、画面が大きいか小さいかなんだそうです。大きい画面を見上げるのと、小さい画面を覗き込んで見るのとは、根本的に別の経験であるようです。

**三宅** ロン・ハワードの『白鯨との闘い』(二〇一五)にでっかい鯨が出てくるんですけれど、鯨ってそもそもスクリーンよりでかいものなので、スクリーンに映ると実物よりむしろ小さくなるはずなんですよね。地球を撮っても、スクリーンじゃ本物の地球よりも小さいじゃん、みたいな。海を撮るのも難しいですよね。その辺り、ロン・ハワードはさすがにうまくて、「鯨でけー!」と思わされました。僕が映画で今やりたいなと思うのは、大きなものを目指す前提で、小さいものをどう捉えるか、それも映画の持ちうる面白さだよなというあたりです。顕微鏡的というか、ちょっと大きく見える、それを積み重ねてどれだけ大きなものになるか、そういうことをやっていきたいと思っています。

**藤井** 最後にひとつだけ。三宅さんは映画美学校で講師をやられていて、若くして教える立場にもなられたのですが、自分よりもさらに若い人たちに映画を教えてみてどうですか?

**三宅** 超面倒臭いです(笑)。教えるというより、一緒に考えるという立場かなと思っています。でもやってみて思うのは、映画づくりは教えることができるということです。あくまでも、ある程度ですが。ただ、それを発見できたことは自分にとっては大きい経験でした。

**藤井** それは単に技術的な話ではなくて?

**三宅** 撮照録や編集の話ではもちろんなくて、演出の技術的な側面、脚本の読み方や段取りについてですかね。監督の仕事って何なのかということを、意外とみんな説明できないと思うんですよ。それを整理して伝える方法を僕はひとつだけ見つけたので、今はそれを試していて。最近、山口のYCAMというアートセンターに滞在して、地元の中高校生と一緒に映画を制作しているんです。映画なんて撮ったことのない子たちなので、一緒につくるにあたって事前に、映画のつくり方というか、これが演出の方法だということを、僕が三十分から一時間くらいレクチャーし、数シーンのシナリオを渡したあと二日間、自由にさせたんですね。すると、ちゃんと映画をつくっていました。撮影や編集の技術は何も教えていないけど、

それは自分達で必要に応じて発明というか発見していて。だから映画のつくり方は学びうるもの、教えうるものなんだなと。ただ、その人の感性とか生き方は別問題ですからね。それが意識するにせよしないにせよ映画には出たりする、というところは、自分で痛感して、自分自身で学ばなければいけない。それが表現するということの根本だとも言えるので、教えられるのはごく一部。でも、感性だけでは勝負できないのが映画だとも思います。教えられるもの、言い換えると、映画史の先達や他者から学びうるものも、重要な気がします。

## 三宅唱

みやけ・しょう

1984年生まれ。映画監督。一橋大学社会学部卒業、映画美学校フィクションコース初等科修了。初長編『やくたたず』(2010)ののち、ロカルノ国際映画祭コンペティション部門に正式出品された『Playback』(2012)で高崎映画祭新進監督グランプリ、日本映画プロフェッショナル大賞新人監督賞を受賞。主な作品に『THE COCKPIT』(2014)、『きみの鳥はうたえる』(2018)など。最新作『ケイコ 目を澄ませて』は、ベルリン国際映画祭に正式出品された。2024年劇場公開予定の最新作に『夜明けのすべて』がある。

**主なフィルモグラフィ**

⊙やくたたず(2010)⊙Playback(2012)⊙THE COCKPIT(2014)⊙無言日記シリーズ(2014–)⊙密使と番人(2017)⊙きみの鳥はうたえる(2018)⊙ワイルドツアー(2019)⊙ケイコ 目を澄ませて(2022)

# すべてに答えを用意せずに現場に挑む

菊地健雄 Kikuchi Takeo［映画監督］

聞き手——土田環 Tsuchida Tamaki
二〇二一年七月二三日

**映画制作とは、当然のことながら集団作業である。たった一人の人物以外に誰もいないような場面でも、カメラの背後では膨大なスタッフがそれぞれの仕事を営んでいる。菊地健雄監督は、自身も映画監督として活動しながら、五〇本を超える他の監督たちの作品で、集団作業の大黒柱である助監督というポジションを担ってきた。そこで体得したことは、どのように自作への血肉となっているのか。**

## 助監督の仕事

**土田**　菊地さんとは、フランスのレオス・カラックス監督が日本で撮った『メルド』(二〇〇八)という作品で、菊地さんがサード助監督、僕が通訳として現場でご一緒したことが一番最初の出会いでした。その際に苦労した場面のひとつが、今は再開発でなくなってしまった渋谷の南口のロータリーにあった歩道橋での撮影です。スタッフ総動員で人の流れを止めて撮った場面でした。

**菊地**　おそらく日本を代表するような制作部や助監督たちが集められた現場で、もちろん許可なしの一発勝負、大変でしたね、本当に。

**土田**　今日は監督作『ディアーディアー』(二〇一五)や『ハローグッバイ』(二〇一六)についてもお話をうかがいますが、菊地さんは名だたる監督たちの助監督を務められた方でもあり、今日はその仕事についてのお話を折り混ぜながら進めたいと思っています。菊地さんは大学を卒業後にまず映画美学校に入られましたよね。

**菊地**　大学では映画サークルに所属していたんですが、そこでは残念ながら作品を完成させることができませんでした。当時、今はなきシネマライズという渋谷のミニシアターでバイトしていたのですが、そこの仲間たちとよく自主映画をつくっていたんです。そんな時期に映画美学校が開校して、すごく好きだった監督たちが講師陣に名を連ねていました。それに僕はいわゆる就職氷河期第一号の世代でしたので、そもそも映画関係の会社とかに就職口がほとんどなかったんですよ。そういう経緯もあってまずは映画美学校に入りました。

**土田**　そこに入られて、まず菊地さんに助監督をやってみないかとお声がけされたのが、瀬々敬久監督だった。

**菊地**　映画美学校というのは基本的には監督を志す人たちが集まる学校で、初等科では一年かけて企画から脚本をつくり、映像課題も含めたコンペを勝ち抜くと卒業制作映画を撮ることができるというスタイルでした。二年目の高等科のときに瀬々さんが専任講師の一人でいらっしゃって、卒業間際に「君は自主映画やっても芽が出なそうだから、商業映画の現場を経験してみたらどうか」って声をかけてくれました。当時は古澤健さんや安里麻里さんのように映画美学校を出てすぐに商業作品を撮り始めていた先輩たちもいましたし、大阪芸大や日大芸術学部など他の映画学校からも卒業制作や自主映画が評価されて助監督の経験なしで監督になる流れが普通にありました。僕はすでに二十五歳と助監督を始めるには少しばかり遅い年齢だったのでかなり悩みましたが、瀬々さんの社会に一石を投じるような先鋭的な作風に憧れていたのと、何よりその人柄に大いに惹かれて、一週間くらい悩んだ末にこの業界に飛び込びました。それ以来、自分が助監督として最も数多く作品についたのは瀬々組で公私に渡って本当にお世話になり続けています。瀬々さんは自分にとって師匠のような存在ですね。

**土田**　菊地さんが助監督で入られた、『64－ロクヨン－前編』(二〇一六)という映画の警察署の場面を見てみましょうか。

**参考上映**——『64－ロクヨン－前編』

**菊地**　『64』のとき、僕は『ディアーディアー』を撮った後で、その仕上げをしてる最中だったんですが、この作品はオール・スター・キャストといえるような大作で、映画美学校でも先輩の海野敦さんがチーフ助監督をやられていたこともあって、急遽参加することになりました。主な仕事は現場の進行とエキストラ管理を担当しました。とにかく人が多かったので大変でしたね。

今見ていただいた場面では、最初の記者クラブの人たちがいた部屋と、佐藤浩市さん演じる三上広報官たちの広報室、その間にある廊下から階段、最終的には本部長室と舞台があって、五シーンぐらいに分けられます。途中で記者クラブの人たちがワーッと進んでいく場面は山梨で、それぞれの部屋は新潟で撮っています。短いシーンに見えるのですが、それぞれの場所で別々の日に撮影しており、ひとつの流れですが順撮り〔物語上の時系列通りに撮影をすること〕ではなく、様々な都合で合間には全く違う流れの別のシーンも撮っています。そこで僕がどういう役割を果たしていたかというと、廊下を歩く記者クラブの人たちがどの順番で歩いているのか、あるいはどのようなテンションで芝居をしていたのかを記録しながら、最終的にシーンが自然に繋がるように演出するわけです。こういうシーンは非常に人数が多いので、監督も流石に全部には目が行き届かない。主役や準主役級のキャストの演出は瀬々さん、その脇のキャストやエキストラは僕や演出部で演出している感じです。とはいえ、この映画は主役級ではない方でも、インディペンデントやメジャーで大活躍されている役者さんばかりなので、ある程度までは役者さんの方でつくられたものを最終調整していきました。これくらい迫力のある大人数の場面では監督はモニター前にいることが多く、自分は撮影現場で最前線のカメラ横で監督からの指示をキャストやスタッフに伝えることもしています。

**土田**　監督によって手法は変わると思うのですが、瀬々監督は事前に芝居を固められる方なのでしょうか。

**菊地**　いえ、その逆で瀬々さんは芝居を決めたがらないんです。日本の一般的な撮影現場の進行は、まず「段取り」という芝居だけの通しのリハーサルがあって、そこでカット割りを検討し、それから各カットのテストをして、本番を撮るというスタイルが主流です。瀬々さんの場合、コンビを組むカメラマンによって作品ごとに変わるのですが、この映画の撮影の斉藤幸一さんとはピンク映画時代以来の長い仲なので、カット割りに関してもあまり決め込むことをしない独特なスタイルでした。一方で、主演の佐藤浩市さんは事前のカット割りから使い所〔編集で最終的に使用される部分〕を計算して演じたいタイプの役者さんで、カットごとに「ここだ!」というところで集中されたいんですね。なので、佐藤さんには「このカットの使い所はどこだ?」とよく聞かれたのですが、カット割りが厳密に決まっていないので監督やカメラマンの間を右往左往しながら、経験で培った勘で「きっとこうだ」と使い所を予測して伝えていました。

またこのスタイルの場合、カメラアングルを変えながら何回もシーンを最初から最後まで通して演じてもらうことがあります。特にアクションが絡むようなシーンでは、テンションが上がってみんな歯止めがきかなかったりするので、気持ちは熱く体は冷静に、そんなふうにまとめ上げていくのも我々助監督の仕事です。

**土田**　菊地さんが瀬々さんから受けた影響として一番大きなものを挙げるとすれば？

**菊地**　瀬々さんに教わったことで一番大きいのは、具体的な演出の仕方よりも、映画人として他のスタッフとかキャストに対してどう立ち振る舞わなければいけないのかという心構えですね。映画をつくっていく上でのコミュニケーションのとり方はもちろん、社会人として一般的に守らなきゃいけないルールや常識を叩き込まれた。それが今になってすごく役に立ってます。瀬々さんの助監督についた当初、映画監督っていうのは頭の中にあるイメージを具現化していく仕事で、スタッフやキャストを監督の手足のように動かすために指示するのが助監督の仕事だと思っていたんですね。でも、瀬々さんからはぜんぜん違うことを言われました。カメラマン、照明技師、録音技師、美術デザイナーを始めとするメインスタッフや俳優たちは、みんなそれぞれアーティストなんだと。彼らとコラボレーションして化学反応を起こしながら作品をつくるのが映画の醍醐味であり、演出部はスタッフや俳優から何を引き出していくかを考えなきゃだめなんだと。瀬々さんは本当に設計通りにはつくらない監督で、脚本通りにつくったのでは得ることのできない何かを生み出すために演出を積み上げていくスタイルなんです。このやり方だと予測できないことも多いので、事前の準備が難しく助監督としては難しい状況になることも多々ありますが、決して予定調和に陥らずに想像を超える瞬間に立ち会えることが多くあるので、そこが瀬々組の面白さなんです。

それと敢えてもう一つ言うなら、監督も悩む姿を周囲に見せていいんだってことかな。監督が悩んだり迷ったりすると周りが不安になるんじゃないかと思われがちなんですが、そういう弱さも含めて現場で感情を出していくと周囲もその悩みや迷いを共有しながら考えることになり、思いもよらぬ良いアイディアが生まれることがあります。全部に答えを用意してやらなくてもいいんだと、自分一人の頭だけではなく複数の頭で豊かにしていくやり方もあるのだと気づかせてくれたのは瀬々さんだと思います。

**土田**　おそらく瀬々監督とは真逆の演出姿勢だと想像するのが、たとえば黒沢清監督なのではないでしょうか。菊地さんは『岸辺の旅』(二〇一五)の現場にも入られていましたね。

**菊地**　この映画のときはチーフ助監督でしたね。この役職の主な仕事の一つはスケジューリングです。スケジューリングって聞くと、たとえば俳優のスケジュールとかロケ場所とかの事情に合わせて予定を組むだけに思われるかもしれませんが、実際はもっと複雑です。瀬々さんにかつて「お前が出すスケジュールには思想がない」と怒られたことがありました。その「思想」という言葉が何を意味しているかというと、映画って普通はなかなか順撮りができないんですが、その上で監督の演出意図を汲みつつ、どういう順番で進めていったらキャストが演技の設計をしやすくテンションを保てるのか、そういうことまで考えてスケジュールを出せということなんです。そのためには映画制作の全工程にどのような準備が必要なのかを把握していなければならないし、それをどう具体化していくかを考えて組まないといけない。

黒沢さんと助監督としてご一緒するのはこれが最初で最後になりましたが、映画美学校時代から講師と生徒として多少の面識があったんです。学生の頃、僕も黒沢さんの映画を見て日本映画の面白さを再認識したことで映画美学校に入ったわけで、やっぱりすごく影響を受けています。準備から現場を通して、積極的に黒沢さんの考えていることを知りたくて、仕事で必要なこと以上にたくさんのことを教えていただきました。その結果としてコミュニケーションを上手く取ることができたので、なかなか良い仕事ができたように思います。嬉しいことに打ち上げの席で黒沢さんからは「また機会があったら頼むよ」という言葉をいただくことができたのですが、僕がこの直後に初監督作『ディアーディアー』を撮る予定だと伝えると「それでは話が変わってくる」と。「僕は監督になった者には助監督はお願いしない、若い芽はつぶすからね」って脅されました(笑)。監督をやる以上は中途半端で甘い考えは捨てるべきだという黒沢さんの愛情だったと思います。

話を戻して、黒沢さんの演出姿勢で具体的なことを言えば、黒沢さんの演出ってロケ場所一つとっても理詰めなんです。たとえばこの映画には新聞販売店が出てくるんですけど、誰もがイメージするような普通の新聞配達店なんかに連れて行っても絶対OKは出ません。俳優さんをロケ場所でどう動かすかもそうですが、そのロケ場所自体をどのような装置として映し出せるかも黒沢さんの演出の土台になっているのです。

## 人間関係を視覚的に演出する

**土田**　菊地さんの作品で最も黒沢監督の影響が強いものをあえて挙げるとすれば『ハローグッバイ』ではないでしょうか。

**菊地**　本当ですか。意外なご意見です。

**土田**　何かが起きそうな予感がずっと画面にあるという気がします。たとえば主人公の女子高生二人が、認知症のおばあさんのお宅を訪ねるところ、そこでのカーテンの揺れ方に黒沢さんからの影響が垣間見える気がします。このおばあさんが読み上げる昔のお手紙をきっかけに、二人が心を通わせる場面で、三人のお芝居もとてもいいのですが、その揺れ方こそが何かを起こすという気になってしまう。

**菊地**　おばあさんがいつも口ずさんでいた鼻歌のメロディがピアノで演奏され、彼女が初恋の人に渡しそびれた手紙の秘密が明らかにされる場面なんですけども、風が欲しいとか、人物をシルエット的に撮ってほしいといったことは、

『ハローグッバイ』

おそらく黒沢さんの影響でついついやってしまったことかもしれないですね。この映画は八日間というものすごく短い日程で撮っていて、ここでは渡辺シュンスケさんというミュージシャンの方に役としてピアノを弾いてもらってるんですが、現場録音に拘ったためにロケ場所の制限時間がなくなってしまい撮影は壮絶でした。予定していたカット数が撮りきれなくて失敗したかもとさえ思ったのですが、おばあさん役を演じたもたいまさこさんに救っていただきました。実は本番が一回しかできない状況だったのですが、もたいさんのお芝居が本番でテストとはガラッと変わったのです。本当にギリギリの状況でしたが、研ぎ澄まされた集中力で周囲の芝居や風や音などに反応することによって、これ以上ないくらいのエモーショナルな演技が出てくる。その演技を受け止めたキャストやスタッフの感動が確かに伝わってきたので、この映画は何とかなるかもって個人的には思えました。

**土田**　この作品でもうひとつ印象的なことに光の演出があります。理科室で萩原みのりさん演じる女の子が妊娠したんじゃないかと悩んでいるときに、もう一人の久保田紗友さんが演じる学級委員長が、優等生だがフラストレーションから万引きをして、盗んだものを花壇に捨てているというくだりがあります。その花壇で久保田さんがおそらく荻原さんが捨てた妊娠検査チェッカーを見つけてしまうんだけど、この花壇に埋められた小さな鏡で光が反射する。その光を荻原さんが見つめることで、二人の関係が始まる。こういう間接的な人間関係のつくり方が、菊地さんの演出らしい気がします。

**菊地**　脚本にはまったく書かれてなかったんですが、理科室と花壇の位置関係によって生まれたシーンですね。撮影現場に使える学校って大体いつも決まったロケ場所になることが多く、様々な都合もあり普段はなかなか選ぶことができません。この学校も普段は許可を出していなかったのですが、プロデューサーと脚本家の出身校だったので撮影させていただけることになりました。それでロケハンに行ってみたら階段の形状や理科室と花壇の関係性が面白かったので脚本に反映し、さらに撮影現場で試行錯誤することでつくり上げました。

**土田**　菊地さんの作品では、人と人の一対一の関係がそのまま描かれるのではなく、そこにもう一者が入り込んで、三角関係として描かれることが多い。人間関係を描くにあたって、映画は人の内面的な心情をそのまま描くことはできない。それを捉えようとするのなら、やはり視覚的・音響的な処理が必要になる。表情やセリフなどで直接的に表現する方ももちろんいますが、菊地さんの場合、そうした人間関係の広がりを示したり、あるいは演技よりも撮影手法で示されますよね。『ハローグッバイ』の最後で、校舎の上と下で二人の関係が縦の構図となるようにつなげられるカットがあります。これは狙いですよね。視線の向き合わせ方を、それまでの水平関係とは変えている。

**菊地**　おっしゃる通りですね、そこは狙いました。実際の位置関係では距離もあるのであのぐらいの声量では声が届くはずがないんです。つまり、二人はいろんなことがあっても結局別々の場所にいる関係で、しかし届くはずないものが届く。単純に「この二人はこうして親友になりました」で終わるのは面白くない。「もしかしたら少し通じ合ったかも」っていうぐらいで終わらすためにはどういうカット割りの構成をしたらいいのか、撮影の佐々木靖之さんとも議論を重ね、最終的なカット割りが決まったのも最終日近くになってからでした。個人的な好みとして、真正面から感情を映し出すより、視点がちょっとずれたときに見え方が変わるほうが確かに好みではあるんですよね。

## プランをはみ出すこと

**土田**　いまの場面のお話にもありましたが、最初に考えていたプランが実際に撮影に入って変わってくることは往々にしてありますよね。

**菊地**　ええ、プラン通りに行くシーンももちろんあるんですけど、やっぱり撮り方を迷うときの方が、むしろチャンスかなって思ったりもします。瀬々さんが設計図通りにつくりたがらないように、本来はそうなるべきではないところにシーンがはみ出した瞬間って、映画の色が変わるんですよね。そういうことは黒沢さんにもあって、たとえば『岸辺の旅』で浅野忠信さんが小松政夫さんをおんぶして階段を登るシーンがあるんですが、深津絵里さんが思わず笑ってしまったことがありました。脚本には全くそんな要素はなかったのですが、黒沢さんは迷わずＯＫにしました。多分、本番中に生まれた「笑い」という感情がこの映画における夫婦の在り方にとっては重要な意味を持つと判断されたのだと思います。このことがあって以降、他のシーンでも積極的にこういう「笑い」を取り入れていました。予定通りのことが起こらずに予想外のものが生まれてしまった瞬間に、映画がより大きなものに膨らむチャンスがあるのかもしれません。

**土田**　いま説明されたようなことを、どのように役者さんには伝えられているんでしょうか。たとえば『体操しようよ』(二〇一八)では、定年退職した草刈正雄さんがラジオ体操を街の人たちとするようになります。そのことを起点とし、木村文乃さんが演じる娘との関係が変わるのがわかるのは、食事の場面ですね。父親と一緒にカレーを食べる場面で、だんだんと食べることのリズムが合ってくることで、二人の関係が変わったことが示される。こういうことは演出で具体的に指示されるのですか？

**菊地**　あれも狙いです、食べるタイミングを合わせてほしいと伝えています。映画美学校で脚本の授業を受けていたとき、真っ先に言われたのは「登場人物の気持ちを書くな」ということでした。映画には人の気持ちというのはそれ自体として映らない。じゃあどうするかというと、先ほどの『ハローグッバイ』のラストシーンのように、具体的なアクションやカット割りによって空間と時間を操作することで、視覚的に見える仕掛けをつくる必要がある。たとえば小津安二郎の映画で、誰かと誰かがお酒を飲んでいるとき、特定のタイミングになると一緒にグラスを空けるみたいなことがありますが、そういうものから学んだことかもしれません。

**土田**　こういう場面では、たとえば撮影監督などとはかなりきちんと段取りをするんでしょうか。

**菊地**　そうですね。僕がよく組んでいる撮影の佐々木さんとは、かつて同じ現場で助監督のセカンドとサードを務めたこともある関係性なので、二人でカット割りをある程度準備して現場に入ります。でもここが難しいところなんですが、事前にプランを固めすぎてしまうと、かえってそのことに縛られてしまい自由にできないってことも起こりがちで、最近手掛けたドラマの現場とかだと、いつもの映画と同じやり方では面白くないなと、撮影現場で思いついたことを即興的にやることも意図的に増やしていますね。

やはり自分が助監督出身であることの良い部分と悪い部分がありまして、どうしても作品を計画通りの撮影期間で予算通りになんとか収めなければという意識が先に働いてしまい、自分のことを枠にはめてしまいがちなのかもしれません。ここでわがまま言ったらまずいかなと言いたいことを飲み込んでしまうこともあったりするので、そういう空気を読みすぎてしまうことが悪い部分なのかもしれないです。でも予算とスケジュールを守ることもプロの監督の重要な仕事だということは黒沢さんからも瀬々さんからも教わったことですし、そのお陰で監督としても何とかやれているのだと思います。そして、いつか一度くらいはわがまま放題で撮ってみたいなっていう気持ちもあります(笑)。

**会場質問**——監督でも周囲に悩んでるところを見せてもいいのだというお話がありましたが、具体的に『ディアーディアー』で悩まれた部分があったら教えていただきたいです。

**菊地**　ラスト近くの場面で三人がそろって鹿を見るシーン、あれは本当に撮影の一時間前まで悩みました。脚本も二パターンあって、鹿を見ないってパターンも用意していたんです。スタッフにも俳優にも意見を聞きましたが、ぎりぎりまで決められなかった。三人が最後でリアルに鹿を見て終わるべきか、見ないまま終わるのか。当然そのことがラストシーンで三人が街を出るということの見え方に関わってくるわけです。ただ、さすがに両方をリハーサルしてもらうわけにはいかなかったので、現場に立って三人が衣装をつけて入ったときに腹を決めたんです。

それとやっぱり初監督っていうこともあったので、自分がどういう風に振舞えばいいのかは悩みました。たとえば、この映画に染谷将太くんが出てくるじゃないですか。彼とは助監督の頃からいろんな現場で一緒にやってきていてプライベートでも家族ぐるみのお付き合いをしているのですが、実は染谷くんが現場に来たときに一番緊張したんですよね。改めて監督と役者っていう関係で、自分がこの人に何を言ったらいいのかわからなくなってしまったんです。撮影が始まったらすぐに摑めたのですが、急に監督面して振舞うというのはなんか違うと思っちゃったんですね。

**会場質問**——『ディアーディアー』を公開されたとき、映画評論家の蓮實重彥さんが「あと十分ほど上映時間を短縮すれば傑作たりえただろう」と書かれていましたが、私はそれを咀嚼できなかったんです。このコメントについて監督はどう捉えておられますか?　ちょっと変な質問なんですけれども……。

**菊地**　蓮實さんは色々なところで映画の基本の時間は九〇分だというお話をよくされています。それが意味するものとは少し違うかもしれないんですが、昨日久しぶりにこの映画を見直して、自分でもちょっと無駄があったかなと思うんです。撮り方も含めてなので編集だけの問題ではないんですが、やはり描くストーリーだったりテーマに対して適切な時間があるということです。僕にとってはこの映画は初監督作だったこともあり、もしこれで鳴かず飛ばずだったらもう二度と撮れないかもしれない、という焦りがあったので、とにかくやりたいことを詰め込みすぎてしまった。そういう反省が僕個人としてはありますね。だから、蓮實さんにそのような言葉をいただけたことは、自分がつくった映画はより面白くなる余地があったのかもしれないとすごく励みになりました。ちなみにその反動で長編第二作の『ハローグッバイ』はたった八〇分。ああ言われたんだからやってみようぜという気持ちでつくった感じですね。

**土田**　それからはどちらかというとシャープな上映時間の作品が続きますよね。

**菊地**　初監督作のときは、やっぱり現場でスタッフやキャストと一緒につくっていった思いもあって、編集でなかなかカットを切れなかったんです。黒沢さんなら冷徹にバシバシ切っていると思うんだけど(笑)、僕はそこまで心が強くないので「無駄かもな」と思っても残したくなっちゃうんです。なので、意識して「もっとシャープにやろう」と思ってるんですけど、逆にカットを切りすぎちゃってプロデューサーに怒られてしまうこともあるんですよ。

**土田**　やはりそういう判断が菊地さんの助監督出身というところに関わってくるのかなと思います。広く語られる機会の少ないポジションですが、映画制作にとって非常に重要なパートですよね。しかし、なり手が少ない。

**菊地**　皆さんもなんとなく感じてらっしゃると思うんですけど、映画制作はなかなか大変な仕事です。お金持ちになれる保証はなく、定時や残業という概念もなく土日もちゃんと休める仕事ではない。でも、いま映画業界は本当に変革期だと思うんです。#Metooのような動きも働き方改革も盛んになっておりますので、その構造自体がこれから大きく変わってくるはずだと渦中にいる我々も強く感じています。

僕は助監督という仕事を通して、ベテランから新人まで五〇人近くの監督とご一緒しました。この経験によって、自分の仕事のスタイルが相対化され、土台が固まってきたような気がします。自分もそうでしたが、皆さんの中にも、映画には関わっていきたいがどういう仕事をやりたいのかよくわからない、という人も多くいらっしゃるのではないでしょうか？　自主映画から出発して最初から監督としてやっていくという道もありますが、助監督としてキャリアを積むことで自分の向き不向きややりたいことを見つけていく道もあります。当初は監督を志していたけれど、そこから撮影部に転向したことで頭角を表した佐々木靖之さんのような方もたくさんいらっしゃいます。我々の時代はそれこそやりがい搾取みたいなことも溢れていましたが、そういったこともどんどん改善されてきていますので、映画を志す若者が今よりももっと増えると嬉しいなと思います。興味がある方はぜひチャレンジしてみてください。

## 菊地健雄

きくち・たけお

1978年生まれ。映画監督。大学卒業後、映画美学校第5期にて映画制作を学ぶ。瀬々敬久監督に誘われて助監督としての仕事を始め『メルド』(2008)、『ヘヴンズ ストーリー』(2010)、『舟を編む』(2013)、『岸辺の旅』(2015)等の作品に関わる。2015年に『ディアーディアー』にて劇場長編映画デビュー。以後、劇場公開作品の制作と並行しつつ、『生きるとか死ぬとか父親とか』、『ヒヤマケンタロウの妊娠』などテレビ/配信ドラマ作品も積極的に手がける。

**主なフィルモグラフィ**

⊙嘘つきみーくんと壊れたまーちゃん episode.0 回遊と誘拐(中篇/2010)⊙ディアーディアー(2015)⊙ハローグッバイ(2016)⊙望郷(2017)⊙体操しようよ(2018)⊙仮面同窓会(2019/テレビドラマ)⊙この男は人生最大の過ちです(2020/テレビドラマ)⊙生きるとか死ぬとか父親とか(2021/テレビドラマ)⊙ヒヤマケンタロウの妊娠(2022/配信ドラマ)⊙君に届け(2023/配信ドラマ)

# 自分の生活の何かを映画の中に置いておきたい

青山真治 Aoyama Shinji［映画監督］

聞き手——藤井仁子 Fujii Jinshi
二〇二一年五月八日

**二〇二二年に惜しくも急逝された青山真治監督は、九〇年代以降の日本ばかりでなく、同時代の世界においても最も重要な映画作品を残し続けた一人だろう。そしてその歩みは、本稿で語られるように同時代の変容と向き合い、そして俳優という人々と「キャメラ」という装置を介していかに結びつくかを通じて、導かれてきたものだった。**

## 関係性に「けじめ」をつける

**藤井**　みなさんには事前に『東京公園』（二〇一一）を観ていただきましたが、最新作『空に住む』（二〇二〇）をご覧になった方もおられるでしょう。今日はこの二本について集中的にうかがいます。青山さんには、今日に至るまで見事なまでにブレずに一貫している部分と、その時々でアプローチが変わってきた部分が両方あります。変化した部分が主にどこから来たかというと、青山さんが映画の技術的な条件をその作品の内容に関わるものとして重要視してこられたからだと思うんです。『東京公園』は全編をデジタルで撮影し、デジタルで上映もされた青山さんにとって初めての長編です。デジタル撮影そのものは、すでに『シェイディー・グローヴ』（一九九九）で挑戦されていましたが。

**青山**　『シェイディー・グローヴ』では当時のデジタルビデオキャメラで、DVX－1000というものをメインで使ったんですが、三五ミリで撮影した部分もあるんです。それらを混ぜ合わせるにはどうしたらいいかといろいろ試行錯誤して、結果的にデジタルキャメラで撮った素材をキネコ〔デジタルやビデオで撮影した映像をフィルムに変換する作業のこと〕して、それと三五ミリで撮影した部分をくっつけて上映用プリントをつくりました。当時の劇場は、今あるDCPのようなデジタル上映の設備はほとんどなく、大抵はフィルムで上映してましたので、それが一番公開しやすいだろうという判断です。

**藤井**　『シェイディー・グローヴ』では森という場所が特別なものとして描かれていて、その場面はフィルムで撮られている。当然デジタルとは映像の質感が違うわけで、これが映画の内容にとっても非常に重要になっている。画面のアスペクト比についても、シネマスコープで撮影された『EUREKA ユリイカ』(二〇〇〇)に続く『月の砂漠』(二〇〇一)ではあえてスタンダード・サイズという、まったく反時代的な選択をされていました。この種の技術的な条件に青山さんほど意識的な作家は珍しいのではないでしょうか。

『東京公園』ではついにすべてがデジタルになりましたが、デジタルが優勢になったからそれに従いますという単純な話ではなく、まさにデジタルでなければこうはならなかったという画面です。木を撮れば葉っぱの一枚一枚まで全部クリアに見える。いかにもデジタル的な高精細の映像で、この映画を観る人は公園の木々の緑に息を呑むでしょう。フィルムとは目指すところが違います。そしてスタッフの顔ぶれに関しても『東京公園』ではずいぶん若返りました。青山さんは小説家でもいらっしゃるのでその気になれば自分一人で脚本を書けてしまう方ですが、この作品をきっかけに若い人と一緒に脚本を書くことが増えたのではないですか。

**青山**　少し振り返ると、二〇〇五年から二〇〇六年にかけて、『サッド ヴァケイション』(二〇〇七)という非常に難産だった映画がありまして、これがやっとできあがったときに、自分の中でいろいろと疲れ切ってしまったんです。そのときいちばん大きな変化として、次に何かやるときはそれまでずっとご一緒していたたむらまさきキャメラマンではない人とやろうと考え、すでにご本人ともその話をしていました。同じように一人で脚本を書くことにも限界を感じていたというか、そこに面白味を持てなくなっていた。誰かと書く、誰かに任せる、そういうつくり方がしたいなと考えがシフトしていった。

二〇〇〇年代は僕の周囲にもいろいろとリーマン・

ショックの影響が出て、製作会社が潰れたり、企画が次々に駄目になったり、映画を撮れない時期が四年間ほどありました。そんな中で二〇〇七年頃に、齋藤寛朗プロデューサーが『東京公園』の企画を持ちかけてくれたんです。一九九二年の黒沢清監督の『地獄の警備員』(一九九二)で、僕はサードの助監督をしていたんですが、そのときの製作部にいた方です。彼が立ち上げた新しい製作プロダクションの何本目かの作品として『東京公園』が企画され、僕は監督として呼ばれた。しかしこのとき、「脚本は別の人、または複数人でつくってくれ」というオーダーがありました。日本映画の業界にはよくあることですが、二〇一一年以降、僕の映画は自分のオリジナル脚本は一本もなく、かつ別の方がシナリオを書いている、もしくは誰かと共同でシナリオを書いている形が続いています。

**藤井**　単館系や、中規模の映画が軒並み苦しくなった時期でしたね。大作でも自主映画でもないその中間の、青山さんのような作家性の強い方々にとっては主戦場だったわけですけど、そこが一番不況の煽りを食らった。シネコンだとそういう映画はなかなかかかりにくいというのが、今日まで続く現実です。青山さんの個人的な事情だけじゃない、映画界にとってのもっと大きな問題が背景にあります。

そんななかで撮られた『東京公園』ですが、やはり主演の三浦春馬の力が大きかったと思います。彼の代表作は間違いなくこれでしょう。主人公はアマチュア写真家の青年で、いきなりカメラを構える身振りとともに登場するところに感動しました。写真家が主人公の映画はいろいろありますが、たいていは映画の中に写真という異質な映像を持ち込み、その質の違いで何かをやる。アントニオーニの『欲望』(一九六六)とかですね。ところが、この映画では撮られた写真そのものというより、対象にレンズを向ける、シャッターを切る、被写体とある関係を結ぶという行為のほうに焦点が合わされていて、さらにこれが映画の主題に繋がっている。三浦春馬が「撮ってもいいですか」と撮影する相手に許しを求める、そういう会話が聞こえてくるところから始まることに感動をおぼえました。

**青山**　僕がもっとスティルカメラについて詳しければよかったんですけど、悲しいことにまるっきり興味がなかった(笑)。写真というか、機械モノが本当にダメで、そして動かないものもダメ。写真の動かなさは時間を超えている、みたいなことってよく言われますよね。一瞬の時間をとらえたように見えてもそうじゃない、そこには何重にも時間が積み重なってできているものがあるんだ、みたいな。理

『東京公園』©2011『東京公園』製作委員会

屈ではわかるんですけど、実際にじゃあ写真を見てみるとそうは思わないというのが僕の立場で(笑)。絵画と違って写真はじっと見ていられる時間が短いのが問題なのかもしれません。写真をベースにした物語を展開させるのに、それにまったく興味がないっていうのはどうしたらいいんだろうと、最初は頭を抱えました。ただ、写真を撮る身振りは理解できるぞと。カメラを構えてシャッターを切る姿、あるいはシャッターを切るその音はフェティッシュに好きなんですよね。結果的にそれが活きた。

**藤井**　シンプルに言って、人の顔が以前の作品と比べて非常にはっきりと見える。役者さんの表情や身振りが、映画を引っ張っている。演技を捉えることで映画ができている。たむらまさきさんと組んで撮っておられた時代とは、作品の方向性が違ってきたのではないでしょうか。『EUREKA』をはじめ、たむらさんとの作品は通常の日本映画のスケールを超えたもので、そこではある空間に人間を放り込み、その中で生態を追っていくというようなイメージでキャメラが回されていたと思うんです。それが『東京公園』から、俳優さんの演技をどう壊さずに掬っていくかというほうに関心が移ったような気がします。

**青山**　たとえば含羞(がんしゅう)って言葉があるじゃないですか。「照れ屋さん」みたいな意味合いなんですけど、たむらさんは含羞の人なんですよ。藤井さんが仰ったように、人間の生態はロングショットで撮るのがよろしい、寄っちゃいけないよ、というのがたむらさんのポリシー。でも同時に、たむらさんが寄りのショットをつくってキャメラ目線でクロースアップを撮ることに対して、笑っちゃうくらい照れる人だってことでもあるんですよ。実は日本のキャメラマンに多いのかもしれません、クロースアップの時には目線を外してくれ、とまで言う人もいる。『東京公園』では、ロングショットで捉えるのと同じように、クロースアップのキャメラ目線で人の生態を捉えてみたいというのが狙いでした。これは小津安二郎の映画でよく言われることですが、小津に限った話ではなく、キャメラ目線のカットにはその人の何か変なものが映っている、というのが僕自身の昔からの実感です。そういうことをやろうとするなら、やはりこの仕事はたむらまさきじゃないなと。キャメラが月永雄太になった理由はそこにあります。ご指摘のように、生態を撮るにも二種類あって、よい見本だと思いますね。

**藤井**　小西真奈美さんがまっすぐキャメラの方を見つめるシーンがありますけど、観客である我々も当然真正面から見つめられちゃうわけで、思わずどぎまぎする。現場でファインダー越しに覗いているキャメラマンだって同じなんですね。見ることは見つめ返されることでもある。

**青山**　そのシーンでは、切り返した先が三浦くんの構えるレンズなんですよね。「NO MORE 映画泥棒」のカメラ男みたいな怖い奴に見られている人がいる(笑)、その人の顔を見る、そうしたものにこの映画では入り込んでいこうとしたんです。そうすることで、見られる人の生態みたいなものが見つけられないかと。ある意味ではちょっとエロティックな意味合いもなくはないかな。

**藤井**　『東京公園』の三浦春馬は、血の繋がらない姉の小西真奈美が自分のことを愛しているらしいと知ってしまい、この先どういう距離感で姉と付き合えばいいのかと悩む。そのことが、まさに写真を撮ることと関係してくる。この映画の中ではまっすぐ見つめること、他者と正面からちゃんと向き合うことと結び付けて写真を撮る行為が位置づけられています。でも、実際にこの映画の中で起きていることとは少し違っている気がして、大切なのは適切な距離を発見することなんですよね。べったりでもなく、離れてしまうのでもなく、その間の距離、その中間に一つの場所を開くこと。映画の中の言葉で言えば、それが「けじめ」をつけるということなのではないか。

**青山**　昨夕、まったくの別件のために小津の『晩春』(一九四九)を見てたんです。京都の宿屋で父娘が同じ部屋に寝ていて、壺があるという有名なシーン。そこに鼾(いびき)の音が重なる壺のカットが二つあって、挟まれているのが寝てる原節子のショットなんですね。その前に、鼾をかき始めた笠智衆の寝姿がある。ここでの壺が意味するものに関しては、いろいろな説がありますが、僕は「笠智衆=壺」説に一票みたいな感じです。「けじめ」という言葉がありましたが、まさに笠智衆と原節子の父娘関係の「けじめ」として壺が映るのだと。小西さんと三浦くんの関係性は、血は繋がらない姉弟ということになっている。両方とも、もうちょっとその関係よりも接近したいけど、そこは何かを間に挟んで「けじめ」をつけましょうとなっている。『晩春』の場合はそれが壺でしたが、『東京公園』の場合はレンズなんですよね。義理の姉をレンズで追い回すというのはちょっと独特な変態プレイみたいに見えなくもないんですが(笑)、それこそが「けじめ」じゃないだろうかと。

## その存在は決して消え去らない

**藤井**　レンズというものが間に挟まることで、人間同士の距離が変わる。それを挟まなければこの姉弟の関係は変われなかったわけですね。それを挟まなければこの姉弟の関係は変われなかったわけですね。青山さんの映画では何かがすでに起こってしまっていて、それを全部チャラにする、起こったことをなしにするというようなことはできない。これは本当に最初からブレずに一貫しているところですよね。起こったことからは逃げられない、引き受けて生きていかなきゃいけないという映画ばかり撮っておられる。ではその厳しさの中で人はどこで折り合いをつけるのかとなったとき、『東京公園』であれば他者との間の適切な距離、あるいは東京という空間の中にぽっかり開いた公園でのひとときが見出される。

**青山**　この映画における公園とは何なのかというと、理屈で言えば公共の場所。個人的な記憶や思いが乗せられているような場所じゃない。もう一つとして、公園は地図の上のどこかの場所なんだということ。いったん紙の上でフラットな記号に置き直される作業が挟まって、その場所を確認してから、子どもを連れた女性は公園に行く。脚本を一緒に書いた内田雅章や合田典彦たちとはそんなことを話していました。その後、彼女が転々としていた場所を地図の上で辿っていくと、アンモナイトの螺旋状の形で回っていたことに気が付くことになる。

その作業って、実は『東京公園』の中でのカメラの役割とそんなに違わない。ある人とある人の間にあって、レンズを介してその人たちを繋ぐ。その出来事をもう一回見るとしたら、それは紙の上に複写されたものを見ることとなる。その間には、かつてはセルロイドが挟まっていましたが、今ではこれがデジタルの信号になって変わったわけです。あの当時我々がやろうとしていたことって、そんなふうにいったん自分たちがセルロイドになるということでした。そうした二つのことがくっついたのが『東京公園』のベーシックな成り立ちなんです。

**藤井** そのような抽象化のプロセスを一度経ないと、東京自体がでかい公園だということにも気づけない。外国の人は東京は大都市なのに緑が多いと言ったりしますけど、東京に住んでいる人間は普段なかなかそんなことには気づきません。さらに東京には、絶対に撮ることのできない、巨大な「公園」がど真ん中にある。

**青山** そこだけはどうしても撮れない。どうにかしてそこから離れていかなきゃいけない(笑)。

**藤井** ゴジラも避けて通った「公園」ですね(笑)。だから螺旋状にそこをめぐって離れていく。

先ほどの起きたことをチャラにはできないという話に戻せば、『東京公園』ではそれは端的に染谷将太さん演じる幽霊という形をとっています。なんでこの人いつも緑色なのと思っていると、見ているうちにだんだんわかってくる。青山さんの映画では一種の幽霊が、「幽霊」と言ってしまっていいかどうかは大問題なんですが、以前からしばしば姿を見せていました。『エリ・エリ・レマ・サバクタニ』(二〇〇五)の中原昌也さんもそうですね。死んだはずの人の残り香のようなものが、相変わらずあたりに漂っている。

**青山** 『東京公園』の緑色は『めまい』(一九五八)のキム・ノヴァクなんですよね(笑)。ヒッチコックの映画でも幽霊みたいですけど、妻を尾行しろっていう話だから、もう『めまい』に決まってる。螺旋状にぐるぐる回ってね、オチが見えちゃってるんです(笑)。

**藤井** 幽霊と言ってしまうと、この世のものではないとある意味割り切れちゃうんですが、死んだ人も完全に存在ごと消えてなくなるわけじゃない、という考えが青山さんの映画では一貫しています。『空に住む』にはそれを「地獄」と表現する人物も登場します。岩田剛典演じる人気俳優ですね。一度他者と関係を持ってしまえば、それは消せるものではないのだと。

**青山** 僕にとってそれこそ映画以外の何物でもない。だから映画の話しかしてないと言われればそれまでなんです。あえてこの段階ではっきり言っときますが、それは映画の暗喩ですよ。

## 起こっていることそれ自体に肉薄する

**藤井**　『東京公園』の公園が『空に住む』ではタワーマンションになります。地上でも天上でもない、中空に文字通り宙ぶらりんになる。本人が望んで住むわけではなく、かといって嫌々でもなく、何を考えているのかよくわからないヒロインの多部未華子が、すべて叔父さん叔母さんのお膳立てでタワマンの部屋に引っ越してきちゃう。不思議な筋書きだとは思うんですが、やはり見事に青山さんの映画だなと思うのは、彼女にはすでに非常に辛い出来事が起こってしまっていて、その後の話だという点です。ただし、これまでの青山さんの映画の主人公たちと『空に住む』の多部さんが違うのは、自分が精神的にちょっと危なくなっているることに、どうも本人が気づいていないらしいというところですね。

**青山**　気づいてないというより、実はあんまり何とも思っていないんじゃないか、そういうふうにつくってみたんですけどね。自分が何に気づけてないかはわからない、でも気づけてないことには気づいている。つまり両親を一度に失うというとんでもなく悲惨な経験をしたのに、自分は泣けなかったということを気に病んでいる。

**藤井**　トラウマ的な経験だったからこそ向き合えないでいるのか、そこは定かではありません。やたら世話を焼きすぎる叔父と叔母の存在も、ヒロインと観客の両方にとってだんだんストレスになってくる。すると、まるでその肩代わりをするようにペットの猫が病気になり、両親が死んでも泣けなかったヒロインが、猫の病気にうろたえます。

**青山**　もしかすると葬式を経る以前の多部ちゃんは、両親の死にうろたえていたのかもしれない、そういうことを我々が追体験するような形で見せるストーリー運びに僕が仕向けたのかな。結局そのような形になっていった。

**藤井**　芸能人まで出入りするような現実感があまりないフワフワしたタワマンの空間に、猫の病気がいきなりリアルなものとして迫ってくることに驚かされました。いよいよ危なくなる前に、猫の吐瀉物のショットが入る。やっぱりあれが大事だと思うんです。現実感が薄いあの空間に、急にリアルな猫のゲロが出現する。観る側もショックを受けるんですけど、あれは絶対に必要なショットだったはずです。

**青山**　『空に住む』の前の七年間、僕は長編を撮ってなかった。その間に積み重ねた想像界の出来事がいろいろと散りばめられてるってことは間違いない。頭の中で考えたことだけじゃない部分が強く出てきている。

トニー・スコットという人がつくる映画に、彼が日常していると思われることが、なぜかふっと演出で出てくるときがあるんです。『サブウェイ123　激突』(二〇〇九)という映画で、山場の手前のところでデンゼル・ワシントン扮する主人公が自分の奥さんに電話するんですよ。そこで「帰りに牛乳を買って来い」って奥さんに言われる。「わかった」と電話を切っていよいよ山場に突入する。そうしたら最後のカット、デンゼル・ワシントンが牛乳を抱えて家へ入っていくところで映画が終わるんですね。そういうものを自分の映画の中に置いておきたかった。フィクション映画に備わる一側面としてのドキュメンタリー性というものを昔から大事にしたいと思ってきたんです。西暦何年、何月何日、何時何分の空はこうでした、そのとき通りにはこんな車が走っていましたとか、そういうものが映るのが映画であると。フィクションの中のドキュメンタリー性というのが、自分たちの映画づくりの最大の根拠だと僕は思っています。それにプラスして、監督自身が生活の中の何か、たとえば帽子でもいいし眼鏡でもいい、何かをふっとこう映画の中にポンと置いておきたい。それはそういうものが自分の署名になるというような考えとは全然違うことで、僕が自分の家で見た猫のゲロと、あの『空に住む』で映した猫のそれとを、同一のものとして考えてもらえればなと思っている。起こっていることそれ自体、つまり現実に対する肉薄の仕方が重要だということなんです。

**藤井**　冒頭で触れた『シェイディー・グローヴ』も探偵の話でしたから、主人公が素人探偵になる『東京公園』と似ていると言えば似ている。『シェイディー・グローヴ』の終盤、探偵の光石研さんがナレーションでこう言います。主人公について「彼は世界で宙に浮いていた、だけどそれをもう彼は恐れなかった」と。ここでの「彼」を「彼女」に置き換えたら、そのまま『空に住む』ですよね。私にはやっぱりタワーマンションは似合いません、こんなところ出ていきますという結末のほうがひょっとするとわかりやすいのかもしれないですけど、彼女はあそこに残る。それが彼女の今後にとってどうだったのかまではわからない。実際、ラストで伸びをする多部さんの表情は必ずしも晴れやかというわけではありません。

**青山**　シナリオを書いてるときの二〇一八年の私の気分として、さまざまなことが世の中で起こっていたんですけど、いま動いちゃだめだ、現状維持だということを、いろんな意味合いで考えていたんです。いま動いたら負けてしまうという、得体の知れない強迫観念に駆られていたのかもしれません。タワーマンションに住めと言われれば、現状維持で住み続ける、それでよしっていうふうに思い、こうなってるんですよね。

## 台詞の呼吸

**藤井**　『空に住む』は、その前に『東京公園』がなければこういう映画になっていないかったんじゃないかと強く感じます。いずれも役者さんのお芝居が映画を主導していく映画である一方、『空に住む』でのアプローチは『東京公園』ともまた違う。たむらさんと組んでおられたときは、一連のアクションはできるだけそのまま見せるべきという方向性だった。そこから離れるきっかけになったのは、『レイクサイドマーダーケース』(二〇〇四)でのマルチキャメラではないでしょうか。複数台のキャメラを廻すことで、お芝居自体は繋がっているんだけど、一つのアクションを編集で別々のショットに分解できる。あるいは視点を複数化できる。そういうプロセスを経て、『東京公園』では実際に切り返しのようなショット単位の編集で組み立てて、お芝居の呼吸を繋げていく。そういういろいろな試みの後に、『空に住む』は一番シンプルな手法に戻られたという感じがします。お芝居を切れ目なく撮っている。

**青山**　ショット単位で切り返しを撮ってもたぶんアクションになるだろう、なるはずだ、そう考えてやっていたのが『東京公園』だと思います。俳優たちを信用する、奴らはやってくれるはずだと考えながら、とにかく俳優たちと何かをつくりあげていった。齋藤寛朗プロデューサーによって一つの鍋の中に放り込まれたような、そんなようなやり方でつくっていったわけです。

『空に住む』もやはり同じ齋藤プロデューサーですが、今回はかなり違ったやり方を取ることになりました。本物の高層マンションの中での撮影は不可能ということが我々の共通した意見だったので、大泉にある東映の撮影所の中にセットを組んで撮影をしました。窓外の風景はすべて合成です。セット撮影ではスケジュールを延ばすことができない。撮影最終日の翌日にはセットを壊して、次に撮影する組のセットを建て始めるからです。だからスケジュールは余裕をもってなるべく長めに取ってもらっていました。時間的な余裕があると、そのセットの中に移動車、レールくらいは用意できる。でも、さっさと撮れよと言われるので、じゃあワンカットで撮りますと。ワンカット撮りを三回くらいやってみたら、「あ、いい感じになってきた」というところまで行けた。是非とも言っておきたいことは、『東京公園』の俳優さんたちも『空に住む』の俳優さんたちも、全員めちゃくちゃ上手いってことです。だから、『空に住む』で『東京公園』でやったやり方をそっくりそのままやったとしても、皆さんまるっきり普通に対応してくださったと思いますね。ほんとにいい役者に恵まれてきました、私は。

**会場質問**――上手い役者がいる、下手な役者がいると言いますが、上手い役者って一体何なんだろう、演技が上手いって何なんだろうって気になっています。監督は上手い役者とはどういう人だと思われますか？

**青山**　一言で言えば、とちらない人です。柄本明さんがおっしゃるに、役者の仕事は台詞を言うことだからって。それ以上のことは何もない。台詞をどういう形で言うのか。これしかないという言い方がその台詞にはあるんですよね。どんな短い一言でも台詞を的確にそれとしてぽっと出せること。

たとえば、キャメラがここにあります、役者さんがあちらから歩いて来て台詞を言って、こちら側の人がそれを受ける段取りでやりますよと。一テイク目でその台詞の言い方がぽっと出るかどうか。相手方がそれを受けて何か言うことに対しての、さらなる受けの在り方。それもまた必要十分条件としてあるわけです。これをこなせる人が僕にとっては上手い人ですよね。二度三度と、何度やっても同じことができる人が上手いって言う人もいますが、僕はあんまりそんなふうに感じたことはないんですよね。編集のことを考えるとそれは必要だなんて言う人もいるんですけど、一つのテイクに対して一つの現実というふうに思っている人間にとっては、あんまり意味がないことだとも思うんです。

『東京公園』の榮倉奈々の台詞は書かれた通りに喋っていますす。榮倉って天才なんですよ。高峰秀子さんっていう大女優がいますけど、下手するとそのレベルまで行きかねない人だと僕は思ってるんです。完全に言葉を肉体化できてしまう。あの人のサウンドの選び方、その面白味というのはすごいです。

## 青山真治
あおやま・しんじ

1964年生まれ。映画監督。1996年に『Helpless』を発表、同作はトロント、ウィーン、トリノなど数多くの国際映画祭に出品され、国内外で大きな評価を得る。2000年には『EUREKA ユリイカ』がカンヌ国際映画祭コンペティション部門に選出、国際批評家連盟賞、エキュメニック賞を同時受賞。2005年には『エリ・エリ・レマ・サバクタニ』が同映画祭「ある視点」部門に選出された。2011年の『東京公園』がロカルノ国際映画祭にて金豹賞、審査員特別賞を受賞。同年には初の舞台作品「グレンギャリー・グレン・ロス」を演出。2013年には『共喰い』がロカルノ国際映画祭でボッカリーノ賞最優秀監督賞を受賞、毎日映画コンクールで脚本賞、撮影賞を受賞した。2022年3月21日、頸部食道がんのため逝去。劇場公開作としては2020年の『空に住む』が遺作となった。著書に『われ映画を発見せり』（青土社、2001年）、『シネマ21青山真治映画論＋α集成2001–2010』（朝日出版社、2010年）、『宝ヶ池の沈まぬ亀 ある映画作家の日記2016–2020』、『宝ヶ池の沈まぬ亀II ある映画作家の日記2020–2022——または、いかにして私は酒をやめ、まっとうな余生を貫きつつあるか』（いずれもboid、2022年）など。

### 主なフィルモグラフィ

⦿Helpless（1996）⦿チンピラ（1996）⦿WiLd LIFe（1997）⦿冷たい血（1997）⦿シェイディー・グローヴ（1999）⦿EM エンバーミング（1999年）⦿EUREKA ユリイカ（2000）⦿月の砂漠（2001）⦿レイクサイド マーダーケース（2004）⦿エリ・エリ・レマ・サバクタニ（2005）⦿こおろぎ（2006）⦿AA 音楽批評家：間章（2006）⦿サッド ヴァケイション（2007）⦿東京公園（2011）⦿共喰い（2013）⦿空に住む（2020）

# 一〇〇年後も色褪せないものを

芦澤明子 Ashizawa Akiko［撮影監督］

聞き手──藤井仁子 Fujii Jinshi

二〇二一年六月一九日

**本書収録の何名かの映画監督ともタッグを組む、芦澤明子氏は間違いなく現代日本映画において最も重要な撮影監督の一人だ。撮影現場には、もちろん脚本という設計図があり、さまざまな準備に基づく予定というものがある。技術的には、フィルム撮影からデジタルへ撮影という記録媒体の変化がある。それでもなお、撮影という行為は決して予測のできない出来事を目の前にした、一回性の現実的な試みであるということを、芦澤氏は強く意識する。**

## フィルムからデジタルへの移行期に

**藤井**　最初に芦澤さんとお会いしたのは、実は私がインタビューされる側だったんですよね。成瀬巳喜男監督生誕一〇〇年に向けた『成瀬巳喜男　記憶の現場』(二〇〇五)という映画のために、芦澤さんから成瀬についてインタビューされたときでした。

**芦澤**　そうですね。あれからだいぶ経ちましたが、成瀬のことをすごく明瞭に説明していただいた覚えがあります。

**藤井**　そういう出会い方ができたのはとても幸運でした。その後の黒沢清さんとのお仕事などを拝見すると、芦澤さんはかなり大胆な画づくりもされているんですが、しかし根っこには成瀬のような古典的な映画への志向がある。その時にもお伝えした記憶があるんですけど、私が芦澤さんの名前をはっきり認識したのは、やっぱり『UNloved』(二〇〇二)だったんです。

**芦澤**　ありがとうございます。黒沢(清)さんとのご縁が始まるきっかけになったのも『UNloved』だったんです。『UNloved』を見た黒沢さんが『LOFT ロフト』(二〇〇六)の時にプロダクションを介して連絡をしてくださって、そこからお仕事が続いていくようになりました。

**藤井**　画面の調子、ルックを言葉で言い表すのは簡単ではないんですが、芦澤さんは題材によって柔軟にスタイルを変えてこられた方だという印象があります。ただ、それでも芦澤さんの画にひとつ特徴があるとすれば、曖昧さがないところでしょうか。七〇年代以降の日本映画の流れとして、ソフトフォーカスや逆光などで全体をフワッとしたやわらかい調子でまとめる美意識みたいなものがあったと思うのですけど、芦澤さんが撮る画はそういう流れとは別のところから出てきたものだという印象を、『UNloved』はもちろん、他の作品からも受けました。

**芦澤**　カメラマンってふたつタイプがあるような気がします。ひとつは自分の個性を強く持っていて、出会う作品や監督にいろいろ主張していくタイプですね。逆に、これは私がそうなんですが、出会う作品や監督に憑依してしまうというか、監督がこんなふうにしたいと言ったことを可能な限り頑張ってやるというタイプ。そういうふたつのキャラクターに分かれると思うんです。なので私のものはあまり特徴がないと言えばないかと思います。ちなみに『UNloved』の時には、万田邦敏監督から湿度のある画にしてほしいと言われたんです。手を伸ばした時にそこに湿度を感じるように撮ってください、と。万田さんも人が悪いなと思うんですが、でもそういうヒントの言葉をいただくと燃えてくるんです。だからあれはフイルムで映画を撮ることが当たり前だった時代の最後の頃です。一六ミリで撮影しているのですが、そういう要望があって、四倍増感したり、フイルムをめちゃめちゃ痛めつけながら撮影した映画なんです。

**藤井**　『UNloved』をきっかけに黒沢さんとの仕事が始まったとのことですが、やはり重要だと思うのは、二〇〇〇年代が映画界全体でフィルムからデジタルに本格的に切り替わっていく時期だったということです。黒沢さんも作家としてちょうどターニングポイントにあったというか、それまではホラー映画のイメージが強かったのが、『トウキョウソナタ』(二〇〇八)のようなもはやホラー映画監督とは言わせないという作品をつくっていく。そうしたいろいろな転換点に芦澤さんは立ち会ってこられたと思うんですね。

**芦澤**　『トウキョウソナタ』はフィルムで、その次の『贖罪』（二〇一二）というテレビドラマはデジタルだったんですね。なのでその時に黒沢さんもデジタルとの付き合い方とか表現できることを、私が言うのもなんですが一緒に学ぶことができたのではないかなと思います。

**藤井**　これも芦澤さんのひとつの特徴だと思うんですが、フィルムだからことさらにフィルムっぽく見せるとか、デジタルだからデジタルっぽさを強調するとか、そういうことはされないですよね。

**芦澤**　そういうのが大嫌いで、デジタルでやる時に「フィルムらしくやってください」と言われると機嫌が悪くなるんです。だから私の前でフィルムライクっていう言葉を使わないでねというふうに言っているんですけれども。先ほど藤井さんがおっしゃったように二〇〇〇年代は移行期で、初めの頃はお金のある人はフィルムで撮っていたんですが、予算がなければ「しょうがないからデジタルにしましょうか」みたいな流れがありました。でも映画館の方はまだフィルム上映をしていましたから、デジタルで撮影して仕上げてから、最終的にはそれをフィルム化するという作業をしていたわけです。

**藤井**　デジタルで撮った映画をデジタルのまま劇場にかけるようになったのは二〇一〇年代になってからでしたね。本当に過渡期であって、技術的な面でもいろいろ試行錯誤されたんだろうと思います。

**芦澤**　『トウキョウソナタ』がフィルムのひとつの区切りで、そこから先はデジタルになっていくんですけれども、でも黒沢さんとしてはフィルムがいいものでデジタルはそれに至らないものという感覚はまったくなくて。ゴダールならデジタルで真っ先にやるよというふうによくおっしゃっていました。だから情緒的なフィルムへの思いはなかったんです。むしろ私の方がいつそういう情緒的なことを言い出すかと、黒沢さんも内心ドキドキしていたのかもしれません。

**藤井**　黒沢さんは撮影所の伝統に必要以上にこだわることに対しては反発してこられた方でしょうから、そのあたりで芦澤さんと意気投合したのかもしれないですね。芦澤さんの場合、上の世代だと撮影所で修業を積む道筋があったわけですが、もう撮影所は崩壊し、かといって自主映画で認められて商業に行くルートもまだはっきりとは確立していなかった時代でした。カメラ自体が大きくて重かったこともあり、当時は女性ということで苦労をされたと思います。素朴な疑問なんですが、撮影を始められたきっかけは？

**芦澤**　最初はピンク映画の助監督をやっていたんです。そこでまだ出番があるのに有名な俳優さんを帰してしまうという大チョンボを犯しまして、私この仕事は向かないなと。それで撮影だったらそういう人間関係に煩わされることもなく、カメラさえ覗いていればいいんだと、かなり不純な理由で撮影部になりました。そうしたらそれが当たりだったということですね。

**藤井**　現場で働く中で撮影の仕事を発見されて、そちらへ行かれたということなんですね。その後はテレビCMのお仕事もされていたとうかがいました。

**芦澤**　CMと同時にドキュメンタリーとかもやっていたんですけれども、ドキュメンタリーセンスというものがなくて叱られることばっかりでした。でも今振り返ってみると、劇映画を撮る時にもやっぱりドキュメンタリー的な感覚を持つことは大事で、その点ではドキュメンタリーをやったことが劇映画を撮る上でプラスになっているなと感謝しています。

**藤井**　その場で起きていることにすぐ反応しないといけない。

**芦澤**　そうですね。鈴木達夫さんという九十歳近くになる孤高の名カメラマンがいらっしゃるんですが、その方は岩波映画のご出身で、劇映画のどんなに重要なフィックスの撮影のときでも、ティルト〔垂直方向の首振り〕とパン〔水平方向の首振り〕のストッパーを止めないらしいんですね。どこで何が起こるかわからないじゃないかという、そういうドキュメンタリー精神を持って劇映画を撮られている先輩もおります。

**藤井**　今日は芦澤さんがフィルムの実物を持ってきてくださいました。見たことがない方も多いでしょうから、貴重な機会です。

**芦澤**　これは『トウキョウソナタ』の三五ミリフィルムなんですが、この一巻で撮れる時間は実は四分なんです。一巻四〇〇フィートで四分。それで三五ミリカメラには一〇〇〇フィートのフィルムまでしか入らないので、どんなに長いカットでも十分以上は撮れません。だから長回しで知られる相米慎二さんの映画などでも、ワンカットは長くても十分程度なんです。これをもとに九〇分の作品ならその何倍のフィルムを用意したらいいのかと、撮影前にそういう計算をしないといけなかったんですね。

**藤井**　フィルムそのものが高価なので、特に低予算の現場ほどフィルムで無駄を出してはいけないわけですね。

**芦澤**　完成の尺の三倍のフィルムをもらえるのか五倍もらえるのか、総予算によって変わったりします。撮影したフィルムを現像したものをネガと言うんですが、これを見せてみなさんに一番お伝えしたいのは、フィルムの場合はここに実像があるということなんです。デジタルはデータで映像が残るんですが実像はそこにはない、その違いがやっぱり大きいんですね。

**藤井**　デジタルだと撮影に失敗しても基本的には撮りなおせば済むわけで、事前の準備とか現場の緊張感とかはやはりフィルム時代とは比べものにならないでしょう。デジタルが当たり前になり、スマホでもカメラを向ければ機械が勝手にフォーカスや光の具合まで調整してくれる現代では、映画がワンショットずつ光と影でつくられているということが伝わりづらくなっている気がします。

**芦澤**　デジタルの功績はたくさんある一方で、失ったものもやはりあると思います。実は私もつい先月にスマホで撮影をしたんですけれど、本当によく映るんですよ。夜に撮っても明るすぎてしまうんで、普段とは逆にじゃあそれをどうすればいいかと考えたり、それはそれで面白いんですね。スマホは基本的に縦型の画面なので、横長に慣れた私たちにとっては新鮮な気がします。掛け軸って縦型だから意外と日本の伝統に合っているのかなとも思ったり。デジタルってドットの数で性能が評価されているんですが、でも逆に言えばどんなに頑張ってもドットであるという宿命から逃げられない。それに対してフィルムは何なのかといえば、これはケミカルなんです。化学的な現像の過程を経てできた映像。表現的に言えばそれは階調であって、ドットのようにプツプツと一つひとつの画素は離れていない。フィルムの映像のダラッとしてくっついているというような、デジタルとのそういう性質の違いが私にとって大事なんです。

## さまざまな光を捉えること

**藤井**　『トウキョウソナタ』の具体的なお話をいくつかうかがってみたいんですけれども、家族の話ですから家が舞台になっています。もちろん外観はロケなんですが、内部は全部セットで組まれていますよね。そのセットがとても面白くて、画面の手前に食器棚とか階段とかがつねにあって、家族の姿をそれ越しに撮るということが繰り返されている。普通はわざわざセットで撮るなら、ああいう邪魔なものは手前に置かないですし、あったとしてもどかせばいいだけの話なんですが。

**芦澤**　特に黒沢さんは他の作品でもそうなんですけれども、柱とか階段をあえて邪魔なところにつくるんです。あんなふうに階段がせり出している家なんてあるはずないんですが、でもその中で俳優さんを動かすと普通に見えてしまうという。そういう不思議な空間ですよね。

**藤井**　『岸辺の旅』(二〇一五)でも深津絵里さんが白玉をつくる台所に大黒柱みたいなものが真ん中に立っていました。『トウキョウソナタ』の家は線路脇にあるという設定ですが、時々通過する電車は光で表現されています。

**芦澤**　このときは市川徳充さんというすごい独創的な感覚を持った方が照明をやっていて、映画の流れや芝居がいいところだと思うと、勝手にあの電車の光を通しちゃうんです。それで音をつけるときに、効果部の方が電車音を録音してきましょうかと言ったら、監督が、イメージと現実は違うから電車だとわかれば音と映像は必ずしも一体化していなくてもいいんだというサジェスチョンをしてくださって。なので自由に光が入ってきているんです。

**藤井**　現代の日本の住宅で映画的に一番つまらないのは蛍光灯の明かりだと思います。実際に暮らすには便利かもしれないですが、蛍光灯の光って影ができないんですよね。ところが芦澤さんが撮る室内は、ちゃんと影ができる明かりになっている。『トウキョウソナタ』の家の中で芝居が動くときには光と影が揺らいで、それによってドラマティックになるんですが、よく見るとさりげなく間接照明があちこちに仕込んである。そういうものはやはり事前に芦澤さんが照明の方と相談して置かれるんでしょうか。

**芦澤**　そうですね。私は単一照明というか、蛍光灯なら蛍光灯だけの色だったり、タングステンだったらタングステンだけの色の部屋というのが嫌いなんです。今いるこの教室も、人間の目で見るとひとつの世界観として普通に見えますが、実際はいろんなところからの光が混じっている。そういう部分の色合いを大切にしたいと思っています。とはいえ『トウキョウソナタ』の場合はフィルムでしたから感度が低い分いろいろとコントロールしやすかったんですけれども、たとえばデジタルでこの教室を撮るとなったら、非常に高感度なので蛍光灯を消す作業をしないといけなかったりすると思います。

**藤井**　『トウキョウソナタ』の室内はそういうニュアンス豊かな照明になっていましたが、それに加えて、映画が後半に進むに従って、光自体が非常に重要になってきます。小泉今日子さんが役所広司さんと夜の海に行き、海の向こうに光が見えるなんて言うところがあるぐらいで、ある意味、光が後半の展開を導いていくようなつくりになっている。この夜の海のシーンはかなり驚くべきものだと思うんですが、波打際のあたりだけが銀色のラインで見えていて、水平線の向こうには何かよくわからない光があって、「ほら見て」なんて小泉さんが言っているわけですけれども、真っ暗なのに小泉さんの顔はちゃんと見える。どうやって撮っているんですか。

**芦澤**　波打際の見え方は光が逆から入らないとああいうふうにはできないので、かなり先の灯台の方まで照明部さんが大きなライトを設置してつくったんですね。それでもやっぱりそこまでのライティングにはできなかったので、そこはポスプロでCG部にちょっと頑張っていただいてます。

**藤井**　なるほど。この後に小泉さんがひとり夜明けを迎えるところなども、本当に明け方の光を狙って撮っていると思うんですが、さらに謎の光に包まれるという場面もある。どのように撮られたのでしょう。

**芦澤**　朝の光の中で歩いてくるところですね。あれは幸い撮影していたのが一二月だったので、日の出がそんなに早くなかったんです。日の出が早いともう三時くらいから用意しなくてはいけないんですけれども、あの時期は六時ぐらいが日の出だったので、四時ぐらいから照明部さんが準備をしました。太陽に負けない光をつくって撮るには、太陽が上がり切る直前にやらないといけないんですね。それを計算して一発勝負で撮りました。小泉さんもすごく協力的で大変うまくいったんです。

**藤井**　光というのはその時にしか撮れないもので、失敗しても太陽は昇り直してくれない。これが映画の大変だけど面白いところなんだと思います。その緊張感は見る側にまで伝わってきますから。

**芦澤**　やっぱり自然と仲良く付き合う、うまく利用する。そういう点で黒沢さんは自然の扱い方が非常に上手で、この『トウキョウソナタ』やその前の『叫』(二〇〇七)は冬の撮影だったんです。そうすると日照時間が非常に短くて、我々としては短いのは困ったなあと思うんですが、スタッフみんなが集まったときに監督が「この時期は日本は一番昼の時間が短いから苦労をかけるかもしれませんが、そのぶん光の角度が低くて、すごく面白い光がつくれますので、プラスに転じてこの短いけど面白い光を利用しましょう」、というようなことをおっしゃったことがあるんですよ。確かにそうだなと思います。

**藤井**　陽が低いと影が長く伸びて、それによる効果的なショットもあるんですね。お話をうかがっていると、どれほど自然に見える画面でも、やはり撮影と照明の方たちによる努力の賜物なんだと思います。しかし、このあたりは日本の現場が他の国と事情が異なるところでもあります。ハリウッドだと撮影監督、ＤＰ制を取っていて、つまりカメラはオペレーターが操作するもので撮影監督は全体を統括する立場なんですね。撮影監督が光も統括する。日本の場合は撮影者が実際にカメラを操作することが多く、かつ照明部も別にあって、そこが分業になっている点が諸外国と違うところでしょうか。

**芦澤**　もちろん日本的な方法論もありますけれども、海外で学んだ方も多くて、たとえば河津太郎さんはハリウッド方式の撮影監督システムを用いたりしますね。逆にアメリカやヨーロッパの方が日本式な方法を学ばれたりもしています。いろんな方法があるんですけれども、私としては結果がよければどちらでも構わないという思いでやっております。私もこれからカメラマン修業をするんだったら、もしかするとアメリカに行って学ぶかもしれませんけれども、今の日本のシステムをうまく利用しながらひとつのものをつくるという意味で、照明部は本当に仲間というか分身なんですよ。私はパンやカメラを動かすことが好きなので、それをやりながら照明のことまでは現実的にできない。だから照明部という分身と一緒にやっていくことで結果が得られるなら、それはシステムではなく、単にいいことではないかと思います。ただ、照明部さんを呼ぶ予算もないから照明も一緒にやってほしいというオファーも受けることがあって、そういうときはいつもと違うことにチャレンジしようと思ってやっています。

## 撮るものにどうアプローチしていくか

**会場質問**――先ほどカメラを動かすのが好きだというお話がありましたが、実際にカメラの動きがすごく印象的な長いカットも拝見しました。どういうときにこれはカメラを動かして撮りたいとか、逆にこのカットは絶対にフィックスで撮りたいといったことを考えられるんでしょうか。

**芦澤**　ロケハンでいろんな場所に行って、この場所に決まりそうだなあというときですね。ここならこんなふうにカメラが動いたらいいなとか、窓の外から撮れるな、というふうにその場所で発想します。黒沢さんがロケハンで場所を決める時に何を基準にするかというと、そこでどういうふうに演者さんを効果的に動かせるのかということを考えて場所を決めているんですね。だから私の方はそれに対して、どうやって動きながら撮ったら面白いかなと考えていくわけです。

**藤井**　演者の動きから自然と決まっていくということですね。たとえば『トウキョウソナタ』で小泉さんが炊き出しの列にいる香川照之さんを見かける場面がありますが、橋の上から川のたもとの列に夫がいるのが見えたところで、急速にパンをして小泉さんの顔に戻るというショットになっています。あれは黒沢さんの指示なんでしょうか。

**芦澤**　はい。こうしてほしいと言われたんですけれども、あれはとても難易度が高いんですよね。

**藤井**　あんなに遠くの光景から急激にパンをして、かつ手前の小泉さんのアップにちゃんとフォーカスを合わせないといけないわけですよね。

**芦澤**　そうです。遠くの香川さんを撮るために三〇〇ミリくらいの望遠で撮っていて、そのままこちらにいる小泉さんのアップになるので。でも、あれは一回でできまして、私のカメラオペレーション史上ベスト3に入るくらいうまくいったと思っています。

**会場質問**——私は風景の写真を撮ることが好きなんですが、人物を撮るのがちょっと苦手で、人物を撮る時の工夫や注意点などがあったら教えていただきたいです。

**芦澤**　これは黒沢さんがよくおっしゃることなんですが、人の顔だとか何かを撮るときに、そのものも重要だけれども、後ろに何が映っているか気をつけてと言われることがあるんですね。顔を撮るときに後ろが壁だけだと、そこからの世界観が見えない。でも少し振ってみてそこにすごい風景が見えたりすると世界観がわかる。人物を撮るときは、そういうふうに後ろに何が映っているかというところに気をつけられるととてもいいと思います。たとえば『トウキョウソナタ』の中に小学校の教室の場面があって、あの場所を選ぶ時に黒沢さんは何をポイントに選んだかというと、その窓の外に何が映っているかだったんですね。生々しい東京を表現するためにビルみたいなものが映っている。教室を撮るふりをして、実は外の風景を撮りたかったということだと思うんですけれども、写真もそうやって後ろに何が写っているのか気にしながらやれば、すごく撮影が楽しくなると思います。

**会場質問**——芦澤さんは監督の撮りたい画をできるだけ実現させたいタイプだとおっしゃっていましたが、監督の撮りたい画に近づくようにどういうふうにアプローチしているのか、おうかがいしたいです。

**芦澤**　黒沢さんの現場の場合は、スタッフが監督がどういうものを好んでいるかをわかっているので、大体こうだろうねと思ったことから大きくブレることはなく、ほとんどぴったりな感じがあります。思っていた以上にやってくれるので、黒沢さんとしても「そこまで考えてくれたんですか、ありがとう」というような感じで。でも、初めての監督とやるときにはやっぱり理解が深まっていないので違ってしまうことはありますね。特に若い監督との場合は、具体的にはこうなるんですよと、たとえば写真で撮ったものを見せると理解が深まったりします。監督ってやっぱり観念の塊じゃないですか。私たちはそれを具体化する係みたいな感じで、時間などの制約があるなかで、どういうふうにそれを具体化するかに専念しています。

**会場質問**――抽象的な質問になるんですけれども、芦澤さんにとって映画とはどういうものなのでしょうか。

**芦澤**　すごく単純なんですけれども、今日お話した『トウキョウソナタ』は十三年ぐらい前の作品です。でも今みなさんに見ていただいても色褪せていないというか、古い感じはあんまりしなかったと思います。もちろん映っている

## 芦澤明子
あしざわ・あきこ

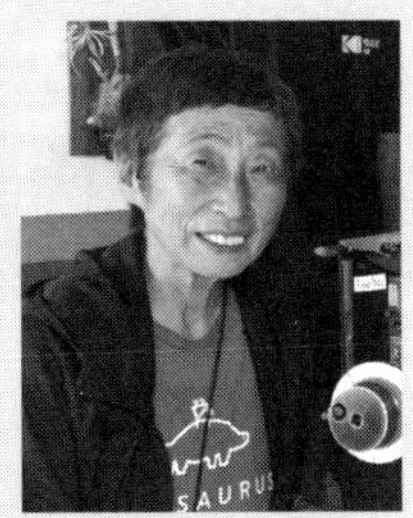

1951年生まれ。撮影監督。自主映画、ピンク映画の助監督を経て、大島渚『愛のコリーダ』(1976)の撮影を務めた伊東英男に師事。独立してCM撮影などを手がけたのち、平山秀幸『よい子と遊ぼう』(1994)、万田邦敏『UNloved』(2002)などの撮影を担当。以降も『LOFT ロフト』(2006)、『旅のおわり世界のはじまり』(2019)などの黒沢清監督作品のほか、数多くの作品の撮影を手がける。原田眞人監督『わが母の記』(2012)で日本アカデミー賞優秀撮影賞受賞、2016年芸術選奨(映画部門)受賞、2018年紫綬褒章受賞。

**主なフィルモグラフィ[撮影]**

⊙よい子と遊ぼう(1994)⊙ファザーファッカー(1995)⊙ぬるぬる燗燗(1996)⊙YYK論争 永遠の誤解(1999)⊙火星のわが家(2000)⊙みすゞ(2001)⊙UNloved(2002)⊙オーバードライヴ(2004)⊙成瀬巳喜男 記憶の現場(2005／企画・撮影)⊙LOFT ロフト(2006)⊙叫(2007)⊙一万年、後....。(2007)⊙トウキョウソナタ(2008)⊙南極料理人(2009)⊙恐怖(2010)⊙東京島(2010)⊙孤独な惑星(2011)⊙贖罪(2012／テレビドラマ作品)⊙わが母の記(2012)⊙リアル～完全なる首長竜の日～(2013)⊙WOOD JOB! ～神去なあなあ日常～(2014)⊙さようなら(2015)⊙岸辺の旅(2015)⊙シェル・コレクター(2016)⊙散歩する侵略者(2017)⊙羊の木(2018)⊙海を駆ける(2018)⊙旅のおわり世界のはじまり(2019)⊙子供はわかってあげない(2020)⊙復讐は私にまかせて(2021)⊙THE LEGEND & BUTTERFLY(2023)

車とかは古かったりするかもしれないですが、映画自体はいつ見ても新しい輝きを持っている。過去を振り返ってみても小津の世界や成瀬の世界がそうであるように、いい作品は本当に永遠に残るものだと思うので、五〇年後、一〇〇年後の人に喜んで見てもらえるような映画を一本でもつくりたいと思っています。

# III

# 俳優と作劇

## ――登場人物とは誰か

⊙冨永昌敬［映画監督］
⊙深田晃司［映画監督］
⊙大九明子［映画監督］
⊙周防正行［撮影監督］

# 「ダメ」から「バカ」へ——登場人物の変身と映画をはみ出すこと

冨永昌敬 Tominaga Masanori［映画監督］

聞き手——谷昌親 Tani Masachika
二〇一八年四月二一日

**映画の中で一人の人物が「変身」を遂げるということは、言葉で記すほど単純ではない。そもそもが、架空の人物を現実の俳優が演じるという前提の劇映画なら、そこには二重の変貌が要求されることになるからだ。初期作品から数多くの魅力的なキャラクターを創造してきた冨永昌敬監督の、フィクションの技法を探る。**

## ナレーションのポジション

**谷** 『素敵なダイナマイトスキャンダル』（二〇一八）が公開中の冨永昌敬監督です。前作の『南瓜とマヨネーズ』（二〇一七）もロングランで、非常に多くの観客に観られていますね。

**冨永** 『素敵なダイナマイトスキャンダル』は三月中旬から始まりましたんで六週目くらいですかね。『南瓜とマヨネーズ』は去年の一一月に封切りで、今年二月の頭くらいまでやってたんで、十一週か十二週くらい。おかげさまでありがとうございます。

**谷** 『ローリング』（二〇一五）と『南瓜とマヨネーズ』の間には、『マンガをはみだした男 赤塚不二夫』（二〇一六）というドキュメンタリーも撮られていますが、このタイトルは冨永さんにも当てはまります。つまり、「映画をはみだした男 冨永昌敬」。優れた表現者はジャンルの枠を超えていくところがある。ただたんにめちゃくちゃなことをするという意味ではなくて、ベーシックな部分は押さえたうえで新たな可能性を探っていくということです。

**冨永**　赤塚不二夫さんはタレント文化人の先駆けみたいな方で、僕らぐらいの世代だとお酒で顔を真っ赤にしてテレビに出ていた姿が記憶に強くありますが、本当にはみだしている人でしたね。似たような人があまりいない。

**谷**　最近の三本の劇映画のうち『ローリング』はオリジナル脚本、『南瓜とマヨネーズ』『素敵なダイナマイトスキャンダル』は原作ものです。近年の状況では、原作ありの企画の方が製作費がつきやすいという事情はあると思うんですが、ただ冨永さんの映画はたとえ原作ものでも監督の色が出ていて、きちんとご自身の作品になっている。そこが他の監督とは少し違う気がします。ご出自の自主制作でのスタイルを踏襲しながら自分の世界を構築することを意識しておられるのではないかと想像します。

**冨永**　『南瓜とマヨネーズ』の場合、魚喃キリコさんの原作漫画は二十年位前の作品ですね。僕が大学生の頃に読んだ漫画で、臼田あさ美さんに主演をしていただきましたが、自分が女性じゃないのでどれだけ女性の気持ちというものに迫れるだろうかと思い、その代わりに相手役の男性二人、(仲野)太賀くんとオダギリジョーさんに映画オリジナルの場面を作ったりして肉付けすることで、女性主人公から生々しい感情を引き出そう、そういうアプローチをこの映画の場合は考えました。

染谷将太くんが主演の『パンドラの匣』(二〇〇九)は、太宰治の比較的有名でない小説が原作ですけれども、読んでいる時には、おこがましいですが、まるで自分が書いたものを読んでいる感覚で、他人の原作を映画にしているつもりがそもそもなかったような気がします。太宰のある種のユーモアが僕の映画に通じているという指摘もありましたが、原作があるもの、原作なしのオリジナルシナリオも、結果的にはそんなに差がないように思いますね。

『素敵なダイナマイトスキャンダル』は、小説じゃなくてエッセイが原作ですが、活字を映像化するとき、まず引き寄せられるのはその文体なんですよね。物語も重要ではありますけど、そこに書かれている言葉や文章自体に惹かれる。今までやらせてもらった原作のある作品はほとんどそういうケースだったと思ってます。

**谷**　『素敵なダイナマイトスキャンダル』は、最初に主人公である編集者の末井昭のお母さんが心中をはかって爆死してしまうという、かなり悲惨な境遇の描写から始まる映画なんですが、そこからすでにある種の明るさや軽さがある。そんな冨永さんの作品にみられるアンバランスな面白さを支えているものとして、ナレーションやボイスオーバーの使い方があると思うんです。登場人物が画面外で語る内容が、実際に映像で見える出来事との関係とは、少しずれていたりする。

**冨永** モノローグが入ることで、物語の展開をちょっと掣肘（せいちゅう）する、つまずかせる、そういうことをやりたいんです。なきゃないでも映画は成立するので蛇足でもあるんですが、一つの流れにちょっとアクセントを置くことで、場面の見え方を変えてみたくなる。もともとナレーションには脚本に書いてあるものとそうでないものが両方あるんです。脚本上にある言葉だと補足みたいな要素もあるんですけど、そのつもりでナレーションを用意したとしても、画面にぶつけてみて結局面白くなかったら使うのをやめちゃうこともある。

**谷** 普通、ナレーションは物語の説明とか人物の内面を表現するために使われることが多いですが、冨永さんの使い方はそれとは違う。映画に多面性、重層性のようなものをもたらす働きをするもののような気がします。最初は戸惑う人がいると思うんですけど、ある程度慣れてくると、いろんな見方ができるのがわかって面白くなってくる。人間ってそんなに単純な存在じゃない、恋愛関係だって口では嫌いって言っても好きだったりすることもある、そんな効果がありますね。観客としては、人物に感情移入がしにくくなるという側面もあるかもしれませんが。

**冨永** ドキュメンタリーではもうちょっと説明的なナレーションを入れてますけれど、フィクションの場合、モノローグとはいえ主人公の言葉であることには変わりないので、ナレーションはやはり劇要素ですね。台詞とモノローグで言ってることが違う、そういうこともありうる。ですから観る人の解釈を助けるような役割がないことの方が多いです。

**谷** そのような考え方は音楽の付け方にも通じていると思います。登場人物の内面や情景に寄り添うような、わかりやすい説明とはならない音楽を付ける。形式的にも非常に自由な音楽が多く、そういう音楽のありかたそのものが、冨永さんの映画のつくり方に繋がっているように感じます。

**冨永** それは繋がりますね。場面を異化するような音楽というか。さっき、モノローグを観客を掣肘する、つまずかせるために使うとお話ししましたが、音楽はちょっと後ろから引っ張るみたいな感じのイメージで使っています。もしかしたらちょっと強迫的なのかもしれない。つまり、このままだとつまんないいんじゃないか、みたいなことを考える。そこに、音楽なり画面外の音声なりを使うことで、ちょっと場面の見え方を操作する。それがたぶん自分には面白いのかな。観る人にとってはわかりにくくなる可能性はあるんですけれども、その一方で、映画として豊かになることはあると思うんですよね。さじ加減はやはり難しいところです。

## そこでは主人公たちが変身を遂げる

**谷**　冨永さんの映画の主人公って、特に男性ですが、ダメ人間というか、だらしないところがある人が多いですよね。『素敵なダイナマイトスキャンダル』の末井昭さんという編集者だって、ある意味成功者ですけど、世間的なモラルからいえばだらしない。

**冨永**　あるとき、どうも自分に関心があるのが主人公が映画のどこかで「変身する」ことだと気づいたんです。どの状態からどの状態になるのかというと、「ダメな人」から「バカな人」に変身する。これは一貫しているかもしれない。ダメな人って、自意識過剰で自分はダメな奴だと思っている。でも周りの人からすると全然ダメじゃなかったりするんですよ。一方、バカな人は、周りの人はそいつのことをバカ

『素敵なダイナマイトスキャンダル』©2018「素敵なダイナマイトスキャンダル」製作委員会

だと思っているんですけど、自分のことをバカだと思ってなかったりする。この二つは全然違う。明らかに生きてて楽なのはバカの方なんですよね。ダメな人から見ると自分以外みんなバカに見える。でもバカな人からすると自分以外ほんとダメで、可哀想だなみたいに感じてる。そこにステップがある。主人公は序盤に自分のことをダメだと思っている。そこから、あるきっかけによってバカの高みに行く。何かが軽くなるというか、生きづらさが一つ解消される。

『ローリング』という作品でいえば、主人公といえる人物は三人いますけれども、ナレーションの声を話されている川瀬陽太さんが演じる元高校教師、権藤。教え子たちに彼が盗撮した映像を発見されてしまうまでは、ダメな人なんですね。そこから、夜に路線バスに乗ってどこかに行くわけですけども、その車中でどんどん覚醒していく。翌朝になると吹っ切れていて、バカへの道が始まってる。たぶんどの作品もそういう構造になってると思います。『素敵なダイナマイトスキャンダル』の末井昭なら、看板描きの後、雑誌作りが自分の仕事だと知ってからが「バカな人」なんじゃないかな。お客さん目線でいうと、主人公が何考えてるのかわからなくなったぐらいからは、多分バカになれていると思うんですよ(笑)。

**谷**　最初の長編である『パビリオン山椒魚』(二〇〇六)が、一番わかりやすく変身を遂げていますよね。前半はレントゲン技師だったのが、後半から山賊になっちゃう。

**冨永**　変身のバリエーションもいろいろいろありましたね。『パンドラの匣』の染谷くんが演じていてる主人公は変身したいけどできない、でも最後には変身しないでよかったと気付く。『乱暴と待機』(二〇一〇)でも浅野忠信さんが一回変身するんですが、それが誤りだったということがわかって最後の最後にまた元に戻る。で、『マンガをはみだした男』では、そもそも赤塚不二夫さんが何回も変身してる方だと思うんですね。少女漫画家から始まって、ギャグ漫画家、テレビタレント、そしてアルコール依存症へ。

**谷**　変身というのは、おそらくナレーションの話でもお話しされていた、人間の多面性みたいなものと絡んでると思うんですよ。多面性があるから変身がありうる。『ローリング』の主人公が三人いるという話がありましたけど、冨永さんの作品は主人公が一人と言い切れないものが多い気がする。どの人が本当は主人公なんだろうって考えさせられるというか、むしろ複数の人間で成り立つ方が、一人の主人公で引っ張っていくよりもむしろ面白いと思ってらっしゃるんじゃないか。

**冨永**　最近の二作ははっきりこの人が主人公と決めてつくるようになりましたね。そこがまた変化かなと思っていたところでもあるんですが、『乱暴と待機』って作品では、登場人物がそもそも四人しかいなかった。本谷有希子さんの舞台が原作なんですが、本谷さんご自身がそれを小説にもしていて、映画をつくるにあたっては小説版と舞台版の戯曲の両方を原作にしたんです。本谷さんが書いたものには、実は登場人物はもっといた。それらを映画にする際にカットして四人に絞ったところで、じゃあ全員主人公でいいやって、わりと短絡的に自分が設定したような気がしますね。ほぼ対等に出番があるという。

**谷**　一人の人物を追いかけていく映画の面白さがある一方で、完全に平等ではないにしても特定の人物に焦点を当てることなく、複数の人物が描かれることの面白さもあると思うんですよね。その関係性から引き出されるものもある。それは冨永監督の演出法とも関わっているんじゃないでしょうか。つまり即興的に、現場で俳優から引き出すような演出をされているのではないかと。

**冨永**　僕は今まで撮ったものは全部自分で脚本を書いてますが、監督としての自分は脚本家としての自分をそんなに信用していない部分があって。どんな監督でもそうしていると思うんですけど、準備の間に台本にいろいろ書き込むんです。そこで付け足されるプラスアルファの部分というのが、俳優さんから見るとちょっと厄介なものばっかりだったと思うんですよ。僕らからすると何でもないことでも、人によってはけっこう露骨に嫌がる(笑)。俳優としてはせっかく脚本覚えてきたのに、当日になったら微妙に変わってるとか、現場で注文が付け加わるって、つまりそれは仕事が増えるわけなので。

**谷**　現場で、監督と俳優との間で関係性が新たに作られて、脚本の段階では見えなかったものがどんどん出てきたりということがあるんですね。

**冨永**　まさにそういうことです。それをそのままカメラで撮りたいんです。けれども、俳優さんとしては、現場のリハーサルの段階で新しい台詞だったり動きだったりがあるとなると、つまりカメラを回す直前にシナリオに書かれているものが膨らんでしまうわけですよ。こっちはそれを撮ればいいだけだと思っている、でも俳優さんからすればそういう言葉や動きはまだ身に着いてないわけです。それで「ちょっと時間ください」となる。でも、時間くださいじゃなくて、今もうすでにできてるからってこちらとしては言うんです。俳優にもよりますが、監督がよいって言ってるならもういいやってなる人と、自分でできている自覚のないうちに撮られるのをよしとしない人がいるんですね。プロとしての責任感ももちろんあるでしょうけれども。

**谷**　俳優としては、それぞれ方法論みたいなものもあるでしょうからね。ただ、逆にそれを壊さないと、型通りの演技にしかならないということもあるんじゃないでしょうか。それを壊していく過程で、監督との関係、あるいは俳優同士の関係においても、脚本通りとは違うもの出てくることがあると。

**冨永**　俳優によっては、自分でどんどん膨らましちゃってかなり逸脱する方もいるんです。そういう俳優さんに「そこまでしなくていいです」と言う勇気が昔はなかった。自分で自分に火をつけてせっかくその場が面白くなっているんだから、それは止めちゃいけないんじゃないかって思ってた。最近は「もうダメです」って言ってます(笑)。その辺のさじ加減は監督次第で変わってしまうので、俳優側としては、何がよくて何がダメなのかがなかなかわかりづらいことはあると思います。

## ずれながら、繋がっていく

**谷**　『ローリング』は夜の街の場面で始まります。元教師の権藤とキャバクラ嬢のみはりが右から左に歩いていって、そして追いかけられる。ここでの進行方向はずっと右から左ですが、その後は奥から手前へという構図になる。たんに追っかけっこであれば、最初の横移動の方が追っかけ感は出ると思うんですけど、前後に人物を置くと空間の奥行きが出てくるんですね。そこに鳥の巣が突然現れて「これが現在のわたし」というとんでもないナレーションが入り、観客の頭に疑問符が浮かぶ。そしてオープニング・タイトルもこれまた右から左に流れていく。タイトルの『ローリング』にはたぶんいろんな意味が込められていると思うんですが、ここでの人物を追いかけるカメラの移動って、ちょうど絵巻物を開いていくような、「ローリング」っていう感じがよく出ている。エンディングでも同じようにタイトルが流れていきますね。

**冨永**　これは渋い仕事をしたなと思ってます(笑)。右から左にっていうのは、映画の中盤でバカな男たちが原っぱを歩いていく時のロング撮影もそうですね。そして、一回だけ過去のフラッシュバックとして、巻き戻るみたいな形でワイプ式にどんどんいろんな場面が出てくるところがあるんですが、ここは逆に左から右なんです。

冒頭の夜の街の場面には、ああいうふうにした事情がありました。この移動撮影は車を使って、座席からカメラが乗り出すかたちで撮ってるんですけど、その車を運転していたのは自分なんですよ。どうしても自分がやりたいってスタッフに言って。人物をカメラで追っかけるさじ加減を人に任せられなかった。ちょうど自分の車でしたしね。運転席から見ると左側、つまり逆向きになると助手席越しになってしまう。右側だと運転席から運転しながらお芝居が見られるので、そういう理由で自然に右から左へとなった気がしますね。タネを明かせばお恥ずかしい話なんですが。ただ、その後のタイトルバックの動きは、確かに右から左でしかありえないと思ってやってました。巻物的にということもあると思います。縦書きの文字が右から出てくるということはあんまりないと思うんで。

**谷**　この冒頭を観た時に、この映画はフィルム・ノワールなのかなとか思ったんです。フィルム・ノワールというのは一九四〇年代、五〇年代にアメリカで制作されていたモノクロの犯罪映画のことで、正確にいえば現在には存在しないジャンルです。ここでの夜の街での追跡劇にはそんなフィルム・ノワールの雰囲気があって、しかもその後、鳥の巣のショットのところで「これが現在のわたし」とナレーションが入って、回想だということが知らされるんですが、フィルム・ノワールの定石がこの「回想」と言う形式なんです。ビリー・ワイルダーの『深夜の告白』（一九四四）は怪我して死にそうな主人公が回想するところから始まりますし、同じ監督の『サンセット大通り』（一九五〇）——これはフィルム・ノワールとは言わないかもしれないですけど——でも、死んだ人間が回想して映画が始まる。それらと同じ構造を持っているなと。

**冨永**　本当にフィルム・ノワールを撮るとなると、拳銃みたいなわかりやすい犯罪アイテムが必要になってくるんです。この映画の中でもおもちゃの拳銃は出てきますけど、ここにもし本物が出てくると興醒めするような気がして……(笑)。フィルム・ノワールは好きで、たんなる憧れはあるんですけれど、そのジャンルを自分がうまく扱えるとは思ってないんです。フィルム・ノワールをやろうとして別物を作ってしまう。コーエン兄弟とかデイヴィッド・リンチとか、ああいう人たちの方が共感が持てますね(笑)。

**谷**　さきほどもご指摘されていた、元教師の権藤の転換点となる夕方のバスのシーンがあります。後ろの夕景もきれいで、移動撮影がすごくいい感じで展開されますが、夜の街に入ってきてその外側に自分が見えるわけですよ、冒頭のシーンの自分が。ここで、時間が重層化します。冨永さんの作品では、このようにたまに時間が飛んだり重なったりして、直線的に時間が流れないというのも大きな面白さですよね。

**冨永**　これは撮影したときにはあざとくないかなって心配したんですけど、川瀬陽太さんの演技に助けられて面白い場面になったと思います。今ご指摘していただいたみたいに、ちょっと時間を操作してイレギュラーな形にすることは、編集の時によく思いついてやったりしますね。このシーンのところはシナリオの段階からありましたけど。

**谷**　『素敵なダイナマイトスキャンダル』だと、末井さん役の柄本佑さんが、愛人と湖で逢引みたいなことをして、カメラが引くと、手前の丘の斜面を末井さんのお母さんが登っていて、これから心中しようとしているところが見える。ここにも過去のシーンが同じ画面に入ってきています。『ローリング』でのおしぼり工場の場面でも、手前に人物を二人置き、そのうちのひとりが奥に移動するのをカットを割らずに映し、空間も重層化して見せている。いろんな意味で多層化するというのが、冨永さんの特徴かなと思います。

## 狂騒と転落

**谷**　『ローリング』というタイトルですが、これはおしぼり工場にも関係があるそうですね。

**冨永**　おしぼりってよその国にはあまりないそうなんです。じゃあそれを英語にしたらどうなるんだろうを考えたことがあって、“wet towel”だなと思ったんですけども、巻いてあるので“rolled wet towel”が正しいのかもしれない、よしその“roll”をこの映画の題名にしようと考えたんですが、“rolling”って現在進行形にすると、また違う意味も出てくるじゃないですか。その言葉から漂う禍々しい感じをあてにしたようなところはあります。あともう一つ、カタカナで「ローリング」って書くと、“roll”であるとともに“roar”にもなる。“Roaring Twenties”のような狂騒的な、阿保が調子に乗っている感じ。その両方をカタカナの中に込めた気がしますね。

**谷**　“rolling”というと英語で有名な諺があって、“A rolling stone gathers no moss.”。「転石苔を生ぜず」。まさに転落していくような話ですから。

**冨永**　転落っていうものがすごい好きなんですよ。人が転落していく様を見ていると、自分も何かのきっかけで転落するかもしれないっていう、そういう緊張感をつねにもって生きていこうと思っているんです(笑)。この映画の場合は、先生の不祥事というものがそもそもあって、すでに転落した状態からこの先生は登場するんですけど、さらにそこから転落する。もうこれ以上自分は落ちないだろうと思っている人に、もう一回転落してもらう。転落してしまう直前って、実はものすごく楽しいかもしれないけれども、それを過ぎると人生終わりだよという教訓。それだけは自分が映画をつくる中での裏のテーマとしていますね。『素敵なダイナマイトスキャンダル』の末井昭さんも、実在の編集者で今もお元気ですが何度も転落している方です。この映画の中では四十歳までの末井さんをモデルにして、その第一の転落、第二の転落しか描いていませんが、今末井さんは七十歳なので、その後の三十年がある。そしてその三十年の間に少なく見積もっても二回は転落されている(笑)。それでも這い上がってくるのも含めて、すごく惹きつけられる人生です。

**谷**　ありがとうございました、では質疑応答に行きましょ

『素敵なダイナマイトスキャンダル』©2018「素敵なダイナマイトスキャンダル」製作委員会

う。

**会場質問**──『素敵なダイナマイトスキャンダル』の尾野真千子さんの演じる母親にはほとんど台詞がないのがとても気になっていて、どういった設定なのかお聞かせいただきたいです。

**冨永**　原作にした末井昭さんが書かれた自伝的エッセイによると、末井さんご本人にもお母さんの記憶がほぼないんですよ。六、七歳の時に自殺されていて、だからお母さんのことはおぼろげな記憶で書かれてるんですね。原作者の末井さん、つまり息子本人からしても母親はイメージ、半分フィクションみたいなものだと言い切っちゃっていいと思うんですけれども、それをそのまま映画の中に使いたいと思ったんです。たぶん主人公は母親がしゃべってるところを記憶してない。おぼろげでしかない。そんなふうに憶えていないということを、そのまま映画に活かしたいと思った。この映画の中の少年時代の場面には、主人公の回想としての過去の場面と、映画内客観的事実としての場面と、二つあるんです。客観的事実として作っている方のシーンでは、人々は喋っていいということにした。でも主人公の回想は完全にイメージということにしたので、人々は言葉を発してないというふうに。だから、冒頭のお母さんの死体の発見現場で警察官がお父さんに話しかけたりするんですが、これは客観的事実の場面なので台詞があるんですね。それ以降の少年時代で、主人公が弟と庭で遊んでるところだとか、両親の夫婦喧嘩の場面、これらは回想なので言葉を喋らない。最後の方にまたお母さんが出てきますが、そっちも事実というふうにこの映画では言い切ろうと考えたので、最後に一言だけ喋る。そういう仕組みでやりました。

**会場質問**──『ローリング』での女性の描き方が特徴的だなと思いました。女性というものがわからないというお話がありましたが、男性の登場人物が何かをして、女性がある種受動的に動く、そういう描写が監督の映画では多いのではないでしょうか。

**冨永**　『ローリング』にはたくさん女の人が出てきますけど、男たちよりはものをよく考えているように見えます。なんでそうあってほしいかというと、ものをあまりちゃんと考えてない男たちが失敗したとき、ひどい目に遭うのは女の人なんですね。単純な構図ですけれども、ヒロインのみはりさんという女の子も、盗撮される朋美さんという女の子もそう。自分がつくる映画には男性はダメなのとバカなのがいて、女性はもっとちゃんとしている。自分が女性ではないためによくわかっていないんだと思うんですが、でも『南瓜とマヨネーズ』を作ったときにちょっとだけ女性のことがわかった気がしたんですよ。ほぼ初めて女の人一人だけを主人公にしたつくり方をした。その女性主人公が、女性観客の目にはどんなふうに映ったのかというと、ダメな女に見えたということでした。これを知って目から鱗だったんです。

## 冨永昌敬
**とみなが・まさのり**

1975年生まれ。映画監督。2000年、日本藝術大学映画学科卒業制作作品である『ドルメン』(1999)がオーバーハウゼン国際短編映画祭にて審査員奨励賞を受賞。2002年の『VICUNAS』が水戸短編映像祭グランプリを獲得し、続く『亀虫』(2003)、「シャーリー・テンプル・ジャポン」シリーズ等が大きな話題を集め、『パビリオン山椒魚』(2006)にて劇場長編映画デビュー。以後、『パンドラの匣』(2009)『乱暴と待機』(2010)『ローリング』(2015)「南瓜とマヨネーズ』(2017)『素敵なダイナマイトスキャンダル』(2018)などの長編、オムニバス映画『MADE IN YAMATO』(2022)の一篇『四つ目の眼』などを発表。ドキュメンタリー作品に『庭にお願い』(2010)、『アトムの足音が聞こえる』(2011)ほか、演出を担当したドラマ作品に『ディアスポリス 異邦警察』(「闇の奥」「影の警察」)『ひとりキャンプで食って寝る』(偶数話)など。

**主なフィルモグラフィ**

⊙ドルメン(1999)⊙VICUNAS(2002)⊙亀虫(2003)⊙シャーリー・テンプル・ジャポン(2004)⊙シャーリー・テンプル・ジャポン パートII(2005)⊙パビリオン山椒魚(2006)⊙コンナオトナノオンナノコ(2007)⊙シャーリーの転落人生(2009)⊙パンドラの匣(2009)⊙乱暴と待機(2010)⊙庭にお願い(2010)⊙アトムの足音が聞こえる(2011)⊙目を閉じてギラギラ(2011)⊙ローリング(2015)⊙マンガをはみだした男 赤塚不二夫(2016)⊙南瓜とマヨネーズ(2017)⊙素敵なダイナマイトスキャンダル(2018)⊙四つ目の眼(2022、短編、『MADE IN YAMATO』の一篇)

# 映画と現場を開かれたものにする

深田晃司 Koji Fukada［映画監督］

奇想とも言いうるアイディアを軸にしようとも、深田晃司監督の描く映画は、私たちの生きる現実と地続きのものである感触を確かに与えてくれる。フィクションに向き合うこととは空想に逃げることではない。私たちが生きる日常の隙間に逃げ込んでしまうような何か、それを大きな存在感と共に拾い上げるそのメソッドは、撮影現場という「仕事／労働」の場を含め、いかに「他者」なるものと誠実に向き合うかに関わっている。

聞き手——長谷正人 Hase Masato
二〇一八年七月七日

## 映画をつくることを学ぶ

**長谷**　本日は深田監督をお呼びしています。はじめに、どのように映画監督を志すようになったか、そこからお話しいただけますか。

**深田**　意識的に映画を見るようになったのは中学の終わりぐらい。父の趣味で映画を録画したＶＨＳが家に何百本とあったんで、自宅で映画を見る環境には恵まれていました。東京都の小金井市に住んでいたので、お金さえあればいくらでも映画を観れる環境でしたが、単純に中学生で小遣いも少なくて、ひたすら家で見ていましたね。そんな生活の中で、フランスのマルセル・カルネ監督の『天井桟敷の人々』（一九四五）と、スペインのビクトル・エリセ監督の『ミツバチのささやき』（一九七三）を一晩で続けて見たのがとても大きかった。この二本のおかげで中高は映画ばかり見ていて、そのせいで成績も落ちたんですが(笑)。

　でも、映画をつくりたいという思いは全くなかった。古典映画ばかり見ていたので、当時注目を浴びていた石井聰亙(現・石井岳龍)監督や園子温監督、矢口史靖監督といった方々の作品は全く観ておらず、いわゆる自主映画の存在すら知らなかった。そもそも映画というのは集団創作ですから、そういうコミュニケーションに自分は向いていないなとも思っていて。ものをつくりたいという欲求はあったものの、自分には小説を書いたりとか漫画描いたり、一人でできることしか無理だとずっと思い込んでいたんです。そのうちにとりあえず大学に入ってから、大学二年のとき、当時はまだ渋谷の桜丘にあったユーロスペースで(ピエル・パオロ・)パゾリーニ特集が行われていて、それに毎日通っていたら、映画美学校という場所のチラシを見つけたんです。それを見て初めて「映画って勉強できるんだ」と知り、ダブルスクールで通い始めました。昼は大学に行って、夜は映画美学校に行くという生活です。

**長谷**　映画美学校で映画をつくることを勉強するようになって、それまでとは違う発見とかってありました？

**深田**　まずは自信を打ち砕かれました。もともと劣等感が極端に強い人間だったんですが、それをさらに拗らせていくというか。この中にも僕と同じように映画を観まくっている方がいるかもしれませんが、高校生のころ、僕は年に一〇〇本から二〇〇本くらい映画を見ていて、自分は映画をわかっているんだと自信に満ちていた。大学に入ってからは年間四〇〇本ぐらいは見ていた。ところが、そこにはいわゆる「シネフィル」と呼ばれるような、年に一〇〇〇本とか、狂ったように映画を見ている人たちがいた。これまで中高や大学ではできなかったような映画の話ができたりして、それはとても楽しかったんですが、そういう人に数で競うのはもう無理だなって思ったことが一つ。もう一つ、自分はそれでも映画を見てきた自負があったから、劣等感とは矛盾するようですが、脳内ではもう映画史に残る傑作ができあがっていました。が、実際にビデオで撮ってみるとなんか違う。『ゴダールの決別』(一九九三)みたいな映画をつくるつもりだったのに、なんだこれはというものができてしまう。そんななかで、「年に数本しか映画を見ません」というような人がものすごく良いものを撮っていたりして、ああやっぱり本数だけじゃだめなんだなとも思わせられたんです。

**長谷**　美学校ではどのように映画制作に関わられたんでしょうか。

**深田**　映画美学校に入ったのは一九九九年、当時そこに青山真治監督のゼミがあり、『AA』(二〇〇六)というドキュメンタリー作品を制作していて、それにずっと関わっていました。でも、この作品がなかなか完成しなくて卒業してからもズルズルと関わり続けていたんですけども、その制作と並行して、在学中から照明助手と美術助手としても働くようになりました。二〇〇一年から二〇〇五年くらいまでのことですね。でも、自分はぜんぜん向いていなかった。照明部はまだたまたま優しい技師の方についたので楽しかったんですが、美術部が辛すぎた。とある当時ベストセラーになってた原作の映画で、撮影一か月半、予算五億円くらいの大きな現場に入ったのですが、声が小さいと殴られるようなところで……

**長谷**　それはブラックな現場ですね。

**深田**　一か月半を耐え、そのギャラでもらった二十万円を使って、二〇〇一年に『椅子』という自主映画をつくりました。このときのスタッフは本当に身近にいる数人でした。その後も続けて自主映画をつくるなかで、だんだんと人の数も増えてきましたが、不思議と監督の立場って意外と楽だなと感じていました。自主映画時代は全部自分でやらないといけなかったものの、だんだんとスタッフが増えてくると分業になって、監督はたとえぼんくらでも、「しょうがねえな」って優秀なスタッフが助けてくれるので。

**長谷**　とはいえ、逆にスタッフに対しての責任もあるわけですよね。

**深田**　もちろん。現場環境について、やっぱり自分がスタッフ時代に殴られたり蹴られたりしていたことをふまえて、自分の現場はそうしたくなかった。もちろんいい映画をつくると言うことが前提ですが、撮影環境を良くする、良い雰囲気をつくるのだと。そのプレッシャーはもちろん楽なことではありませんでしたが。

## 秩序を撹乱する他者性／映画を豊かにする他者性

**長谷**　さて、本日は『淵に立つ』(二〇一六)をみなさんに見ていただきました。これは十年間くらい温めていた企画だそうですが、制作の経緯はどのようなものだったのでしょうか。

**深田**　僕が二十六歳のとき、二〇〇六年にA4用紙二枚程度のあらすじを書いたのが最初です。結末は違ったんですが、娘のいる夫婦のもとにやくざ者がやってきて共同生活が始まり、その娘に暴力を振るって逃げていってしまう、というところまでは同じでした。とはいえ、あらすじこそ書いたものの、当時はキャリアもありませんでしたし、夫婦の会話がどんなものかもわからず、しばらく放置していたんです。その間に『歓待』(二〇一三)という映画をつくりましたが、実はこの作品は『淵に立つ』のパイロット版としてスタートした企画なんです。ndjcという、若手の映画監督育成事業があったんですが、審査を受けて、そこに通れば三五ミリフィルムで三十分の映画を国のお金で撮らしてもらえると。そこに『淵に立つ』のパイロット版となる短編の脚本をつくって応募したんです。でも、かなりの手間暇をかけたのに最終選考で落ちてしまった。ならば選ばれた監督よりも先に自分で作品を完成させて、半ば嫌がらせのように同じ時期に公開してやろうと考え、脚本を当時知り合った杉野希妃プロデューサーに見せたところ、長編として撮ることになり、それが『歓待』という作品になったんです。そして『歓待』を見てくれた別のプロデューサーが声をかけてくれたことで、二〇一三年には『淵に立つ』の企画が立ち上がり、二〇一六年に公開することができました。

**長谷**　『淵に立つ』も『歓待』も、また『海を駆ける』でもそうですが、深田監督の作品には、ある秩序の外からやってくるストレンジャーのような存在がたびたび描かれますよね。それを受け入れるか受け入れないかというなかで、家族という秩序が撹乱されていく。こうしたテーマに監督は何かこだわりがあるのでしょうか。

**深田**　そこまで強く意識してはいないんですが、テーマ以前に物語の常套手段というか、ある特定の共同体や家族を、内部の存在だけで描くことは難しいんですね。そこに入ってくる第三者の客観的な視点によって、それは相対化され、秘密が見えてくる。

これは平田オリザの青年団に入って現代口語演劇というものを体感して初めてわかったことですが、家族の会話を舞台で描くにしても、その関係を明かすような会話って、普通には進行しないんです。たとえばお父さんが銀行で働いている三人家族の場面があるとして、朝食を食べているときに娘がお父さんに「銀行の仕事うまくいってるの?」と聞くとすると、これは不自然ですよね。お父さんの仕事は家族みんなが知っている共通事項だから、それを言わせるのは完全にお客さんに説明するための言葉でしかない。でもたとえばそこに娘の友達が泊まりにきていて、一緒に朝ご飯を食べているという設定なら、友達に対して娘が父親の仕事を説明することは自然な描写になります。これはすごくベーシックなテクニックの話ですが。

『淵に立つ』©2016映画「淵に立つ」製作委員会／COMME DES CINEMAS

**長谷** 今のお話は面白いですね。『淵に立つ』でも、最初は家族三人だけでご飯を食べる場面がありますが、そこに流れ者の浅野忠信がやってくると、彼一人だけが異なるリズム、おそらくは刑務所のリズムで食事をするので、それまでの家族の食事風景とぜんぜん違って見える。

**深田** そうですね。第三者によって共同体を相対化させていくということです。

**長谷** 『淵に立つ』は俳優たちが非常に魅力的で、いわゆるテレビドラマや大ヒット映画に出てくるような顔とは違う輝きをもった方が多く配役されていますが、キャスティングはどのようにされたのでしょう。

**深田** 二〇一三年に脚本を書き始める段階で、すでに筒井真理子さんと古舘寛治さんから出演を承諾していただいており、二人は当て書きで書いています。古舘さんは青年団の先輩で、当時すでに『東京人間喜劇』(二〇〇八)と『歓待』の二本で出演してもらっていました。『歓待』では『淵に立つ』で浅野さんが演じているような役をやってもらっていたんです。

**長谷** そうでしたね、逆に撹乱者の方を演じられている。

**深田** 古舘さんには『歓待』の撮影中に「いつか『淵に立つ』をやるときは逆の役をお願いします」と伝えていました。古舘さんって、『歓待』のようにだいたい撹乱する側の変なおじさんの役柄をされることが多くて、逆に静かで受けの古舘さんを見たいという思いもあり、オファーをしました。筒井真理子さんについては、『淵に立つ』が企画として決まる以前にもプロデューサーと「筒井真理子さん、いいですよね」という話をしていて、章江の役にぴったりだと思い、依頼をしたんです。

**長谷**　筒井真理子さんはこの映画を通して存在感がすごくて、本当に素晴らしい女優ですね。後半ではかなり体重を増やしているように見えますが、あれは撮影期間を空けて撮影されたんでしょうか。

**深田**　ええ、一か月間あけて筒井さんからのご提案もあり、十三キロ増量してもらっています。正確には、一か月間のうち最初の一週間は筒井さんは別の撮影が入っていたので、それを終えてからの三週間。ときには一日に四食か五食を食べられていたそうです、「深夜の坦々麺が効いた」とおっしゃっていました。

**長谷**　恐ろしい女優魂ですね。

**深田**　そうなんです。古舘さんと筒井さんはそういうかたちで決まり、太賀くんにはオファーをする前から勝手に当て書きをしていました。断られていたら怖かったですけどね。浅野さんについては、脚本を全部書き終えたあとに考えた配役です。

**長谷**　浅野さんもある意味ではイメージ通りというか、一目で怖い人だとわかりますよね。いったいどんな俳優なのでしょう。

**深田**　浅野さんは意見をいろいろと提言してくれる方で、すごく面白かったですね。僕は基本的に現場で何かを提案してくれる方が好きなんです。たとえばあの白と赤いシャツは浅野さんからのアイデアでした。浅野さんは絵を描かれるんですけど、衣装合わせよりも早く自分で描いた衣装のイラストを見せてくれたんです。いろんな現場でそういう提案をしていて採用されたりされなかったりするらしいんですが、僕は面白いと思って演出に活かしました。この映画は前半だけで浅野さんの出番がなくなってしまうので、浅野さんが一番暴力的に見える瞬間に赤いシャツを着せて観客にその赤のイメージを印象付けることで、後半もどこかその雰囲気を感じさせるように、赤いものをあちこちに散りばめたんです。工場の赤い機械を背後にあえて映したりとか、わざわざ赤いランドセルにしたり、橋も赤にしたりといろいろ仕込んでるんです。こういうことをやるといろんな人から「あそこにも赤がありましたよね」と言われるんですが、でも三〇%くらいは自分に身に覚えのないようなものでした。

**長谷**　面白いですね。古舘さんからもそういった提案があるのでしょうか。

**深田**　そうですね。古舘さんも同じように、それ以上に提案をされる方です。

**長谷**　そうしたことはやはり深田監督自身が意図して、役者さんが提案しやすいような現場づくりを心がけているからでもあるのでしょうか。良い現場をつくることが映画を良くすることにつながるのだ、という監督のお考えを感じます。

**深田**　そうですね。やはり監督という立場の人間が抑圧的な現場をつくれば、俳優もスタッフも萎縮して自由に意見を言えなくなります。ある程度の緊張感は必要ですが、いわゆる完璧主義と呼ばれるような厳しい監督の現場はときに息苦しく、そういう空気が生まれづらいのではないかと思います。いかに撮影現場に他者性を導入するかが、僕の映画には重要なんです。「他者性」というのは、この世界には自分がコントロールできないものに満ちているという認識のことで、俳優やスタッフの意見や姿勢もそこに含まれます。そういうものが生まれやすい現場ほど、いいものができるのだ、と考えていますね。

ただ、口にするのは簡単ですが、これは現実にはけっこう難しいことなんです。あと環境改善を本気で考えるなら、逆に一度はクオリティというものを忘れなくちゃいけない。クオリティの向上をブラックな環境をなくすための理由として強調し過ぎると、クオリティを理由にブラックな環境を正当化することを許すことに繋がります。この業界ではそれがずっと繰り返されてきました。質の向上はあくまで副次的なものです。

**長谷**　ありがとうございます。もう一つ見せ方についてうかがいますが、ラストシーンで古舘さんが倒れた人たちの蘇生をしようとして、それがどうなったのかは見せないで終わりますよね。あるいは浅野さんが娘に対して暴力を振るうシーンも省略されています。こうした描写を見せないことについて、どのように考えておられるのでしょうか。

**深田**　そのあたりはやはり意識的です。暴力をできるだけ直接的な暴力描写なしに描くことがこの映画の一つの目標でした。いろんな映画で暴力が描かれ、どんどんその描写がリアルになっていく中で、でもその暴力の本質みたいなものをもうちょっと広い意味で捉えられないかと思ったんです。たとえば自然災害だとか交通事故は、理由も目的もなく、理不尽に訪れてしまうものだと思います。私たちの人生は理不尽な暴力、善悪もないような暴力に晒される可能性をつねに秘めている、それが日常であるという。そんな関係性を物語の構造から描けないかというのが最初のプランでした。なので前半は何気ない日常を描き、それが突然断ち切られて、後半は残されたものの日常を描く構成になっています。そうすることで誰にでも振るわれうる暴力が描けるのではないかと考えたんです。AがBを殴るとか、痛そうな芝居とか、血が出る様子を写実することは、その暴力性が物語の固有の関係性の中に閉ざされてしまい、スクリーンの外にまで広がらない気がしたんですね。物理的、身体的な痛みだけではなくて、心の痛みの描き方でも、悲しい人がすごく泣き叫んでいるとか、いかにもな演技というのが日本映画にはありがちで。一見すごく伝わってくるような気はするんですけれど、でもやはりそれはその瞬間固有の悲しみらしさの説明であって、その外にまで広がらない気がするんですね。なるべくそういった劇的な瞬間は最小限にしようと思いながらやっています。

## 日本から遠く離れて

**長谷**　今のお話は『海を駆ける』(二〇一八)にもつながりますね。人間に対する自然の暴力としての津波に晒された、インドネシアのバンダ・アチェという場所でこの作品はつくられていますが、その背景を教えていただけますか。

**深田**　バンダ・アチェはインドネシアのスマトラ島の一番北西あたりにある地域で、バリ島などと比べると、いわゆる観光地という雰囲気ではありません。二〇〇四年のスマトラ地震の津波で十七万人の方が亡くなりました。被害の大きさは数字のみで計るものでもないと思うので、映画の中ではその数はあえて出していないんですが、日本の東日本大震災における津波の死者数が二万人であることを踏まえると、バンダ・アチェの被害の大きさがうかがえます。二〇一一年一二月に、京都大学の東南アジア研究グループの先生方とバンダ・アチェにあるシアクアラ大学の先生方が、共同で津波と防災についてのシンポジウムを一週間にわたって開催することになり、僕は記録用のビデオ係として同行させてもらえることになって、そのシンポジウムの他にも津波の跡や被災者のインタビューするなどのフィールドワークをひたすら撮影したんです。

**長谷**　フィールドワークをされたということは、以前からこの地域に関心があったんでしょうか。

**深田**　いえ、最初はバンダ・アチェのことを知らなかったんですが、京都大学の山本博之先生という方が私の映画を見てくれていて、当初はカメラマンを紹介してくれないかと声をかけられたんですね。話を聞いてみたらインドネシアについてきてほしいということだったので、ああ行きたいです、自分が行きますと立候補して、行ってみてから惨状を知ったという感じでした。

**長谷**　面白いですね。最初から深田監督が撮りたかったわけではなく、偶然の出会いからその場所に行ったことによって、どんどん関心がシフトしていき、一本の映画がつくられるという。

**深田**　そうですね。現地ではいろいろと感じることも多く、いつかここで映画をつくりたいと。

**長谷**　でもその実現はそんなに簡単ではないですよね。

**深田**　そもそもバンダ・アチェは日本で全くと言っていいほど知られていない地域ですから。インドネシアに行った影響で、二〇一三年の『ほとりの朔子』という作品では鶴田真由さんにインドネシアの研究者という役を演じてもらったんですが、『海を駆ける』はそこからの発展として、じゃあ今度はインドネシアに行ってしまおうと。この作品は日活製作なのですが、日活のプロデューサーが何か一緒につくりましょうと言ってくれたときに、日本人が外国に行くような話にしたいと提案したんです。じゃあどこにしようと話になったとき、バンダ・アチェにしたいと伝えたら、プロデューサーがすぐに乗ってくれたんですね。外国との合作というだけでもプロデューサーの負担は重いんですが、わかりやすいエンタメでもない作品ですので、プロデューサーには本当に感謝の気持ちしかないです。しかもバンダ・アチェでの撮影自体がやはり大変で、同じインドネシアでもジャカルタやバリ島なら映画文化があるのでまだ楽なんですよ。でもバンダ・アチェには映画館もない、撮影機材や照明機材はジャカルタからスマトラ島を縦断して五日間かけて運ぶという、そういう世界でした。

**長谷**　そうした作品にディーン・フジオカさんを起用したことは、やはり大きかったわけですよね。

**深田**　はい。脚本が書き上がったあとに、ラウという記憶喪失の男を誰にするかが難航したんです。この役は普通ではない、いわば自然そのものというイメージがあったので、たとえば植物や動物を見て「ああ、美しいな」と私たちが思うことと同じレベルで美しいと思える人でなければ、と考えていたんです。候補者の中にディーン・フジオカさんの名前があり、ちょうど『あさが来た』というテレビドラマでブレイクしていた時期だったんですが、実は僕は全然知らなかった。でも、プロデューサーからディーンさんがインドネシアを拠点にしていると聞いて、興味を持ってプロフィールを調べてみたら、福島で生まれ、二十代にアジアを放浪し、俳優としてデビューしたのが台湾で、アジアでドラマ俳優として人気者になり、その後はインドネシアを拠点にしながら日本でも活動されている。そのプロフィール自体が、記憶もなくて無国籍で正体のわからないラウという人物に重なり、そして画像検索で顔を見てみたら、まさにぴったりだったわけです。

**長谷**　『海を駆ける』を海外合作・ロケで制作されたり、『淵に立つ』をフランスで編集されていたりと、日本以外のところでの制作環境を積極的に選択されていますが、それはどんな理由でしょうか。

**深田**　大きく理由は二つあって、一つはクリエイティブな面で、やはり海外にいる人の視点が入ってくるのが面白いからですね。日本でも俳優やスタッフから意見が出た方がより面白くなっていくと考えるように、自分とは全く違う文化圏で育っている人の意見がもらえれば、映画がそれだけ豊かなものになると考えているからです。もう一つは経済的な面で、日本はインディペンデント映画が非常につくりづらく、構造的に多くの弱みを抱えているからです。日本だけでは予算集めが大変なんです。自分の場合、合作にして海外からも予算を集めるようにすることでなんとか長編がつくれる。また、合作にすれば映画の出口が決まりやすいんですよ。この『海を駆ける』の場合は、最初からフランスとインドネシアでの公開がほぼ決まっており、そのメリットもあると思います。

## 非日常を日常の中で描くこと

**会場質問**──監督の作品では、突然の来訪者が訪れた非日常を描きつつ、普遍的なテーマやモチーフがあることが特徴的ですが、どういうところからインスピレーションを受けられるのでしょう。

**深田**　脚本のつくり方について言えば、『淵に立つ』は先ほど話したように、暴力というものを考えたとき、ある人物が突然やってきて唐突に理不尽に暴力を振るってしまうような状況をつくろう、その暴力性が一番感じられるのはどういう設定か、誰が被害にあうのか、みたいに芋づる式に連想ゲームのように広がっていくパターンがあって、ある程度はそれで書きます。そうすると、だんだんこういうラストシーンにしようということが見えてくるものなんですね。『淵に立つ』だったら古舘さんが人工呼吸をしているところで終わらせようと、どこかの段階で決まりました。あとはそのシーンが豊かに余韻を持って見えるためにはどうしたらいいんだろうと考え、いろいろとこねり回していく。

来訪者が来る、それ自体はまるで非日常のようで、それに対して恐怖を感じる人がいるかもしれませんが、それはやはり本質的には日常の一部でしかないわけです。非日常的なこともなるべく日常的に描くことでリアリティを持たせる。非日常をあからさまに非日常のまま描くと、それはどこかつくりもののようになってしまう。なるべく淡々とした日常の部分を丁寧にやりたい。やはり僕たちが生きている人生の中で、ドラマチックに見える瞬間というのはほんの一部なんです。映画やドラマは、ついそのほんの一部分ばかりを描いたり、そこにクライマックスを持ってこようとしますが、でもほとんどの人々は日常の繰り返しを生きているわけで、クライマックスの後にも日常は続く。そちらの方をちゃんと描いていくべきだと考えています。

**会場質問**——最後に橋の淵に立つところに「淵に立つ」という題名を連想させられますが、もっと深い意味合いがありましたら、そこについてぜひ聞かせていただければと思います。

**深田**　僕は二〇〇五年に青年団という劇団に入ったんですが、最初の新人研修の時に主宰の平田オリザから聞いた話からタイトルを考えました。平田オリザ曰く、俳優にしてもアーティストにしても、そういった人たちはいわば崖に向かってチキンレースをしてるようなもので、少しでもいい表現をしようとするなら、ときには人間の心の闇を覗かなければならない。たとえば俳優が殺人鬼を演じるときに、殺人鬼がどういう気持ちなのか想像することは、人間の心の闇に近づいていく作業でもあるということです。それは崖の際まで行って、その崖の淵から闇を覗きこむようなものなんだけれど、でも表現者自身が崖から落ちてしまってはそもそもプロとして表現なんてできなくなる。だからギリギリのところで踏みとどまれる人間が表現ができるんだという話で、それがすごく印象に残っていたんですね。だから「淵に立つ」というタイトルは、この作品自体がいわばお客さんと一緒に淵に立って人間の心の闇を覗くようなものになればという思いから当時つけました。ただ、ひとつ自分が間違えていたというか、途中で気がついたのは、「ふち」という言葉にはふたつ意味があって、たとえば池があったら池の端っこに立つのは「縁」だけど、その池の底にいるのは「淵」なんですね。

**長谷**　え、そうなんですか？

**深田**　そうなんです。このタイトルの当初の意図としてはむしろ「縁」の方なのですが、そのミスリーディングも含めて面白いと思ったんです。端っこにいると思っていたら、もう落ちていたという。

**長谷**　いつの間にか底にいたと。

**深田**　はい。だからなかなか英語には訳せないタイトルなんですね。ちなみに蛇足ですが、平田オリザが新人研修でその話をした意図というのは、だからこそ俳優やアーティストと呼ばれる人たちはみんな自分でブレーキを持たなければいけないということです。そのブレーキは家族かもしれないし、友達かもしれないし、趣味かもしれない。そのブレーキは自分自身で必ず準備しておきなさいということで、それは今ここにいるみなさんにも当てはまることかもしれないので紹介させていただきました。

## 深田晃司
ふかだ・こうじ

1980年生まれ。映画美学校修了後、2005年に劇団「青年団」演出部に入団。2006年『ざくろ座敷 バルザック「人間喜劇」より』を発表。パリKINOTAYO映画祭新人賞受賞。2016年長編5作目となる『淵に立つ』で第69回カンヌ国際映画祭「ある視点」部門審査員賞を受賞。2018年日本・フランス・インドネシア合作となる『海を駆ける』が世界各国で公開。2020年『本気のしるし〈劇場版〉』が第73回カンヌ国際映画祭のオフィシャルセレクションに選出。2022年最新作『LOVE LIFE』が第79回ヴェネチア国際映画祭コンペティション部門に正式出品され大きな反響を呼んだ。

**主なフィルモグラフィ**

⦿椅子（2001）⦿Home Sweet Home（2004）⦿ざくろ屋敷 バルザック『人間喜劇』より（2006）⦿東京人間喜劇（2008）⦿自転車と音楽（2009）⦿歓待（2010）⦿ほとりの朔子（2013）⦿さようなら（2015）⦿淵に立つ（2016）⦿海を駆ける（2018）⦿よこがお（2019）⦿本気のしるし〈劇場版〉（2020）⦿LOVE LIFE（2022）

# 忠実と誠実

## ──原作や登場人物たちにどう向き合うのか

Oku Akiko
大九明子［映画監督］

聞き手──谷昌親＋土田環
Tani Masachika Tsuchida Tamaki

二〇一八年六月一六日／二〇二二年四月三〇日

**劇映画の登場人物たち、彼ら／彼女らは虚構の存在であるのだろうか。この現実に決して存在していないと、誰が言い切れるのだろうか。大九明子監督はそんな存在たちに、どこまでも実直に、誠実に向き合う。避けられぬ過酷が襲いかかるとしても、決して物語を言い訳に彼ら／彼女たちを辱めない。その理由と方法について話を聞く（本稿は二回の講義で行われた対話を再構成している）。**

### 演じる側から演出の方へ

**谷**　本日のゲストは大九明子監督です。大学では政治学科を卒業されて、国家機関の外郭団体で秘書を務めていらっしゃったことがおありだとうかがいました。

**大九**　はい、四か月で無事退職しましたけれど（笑）。私が大学を卒業したのはバブルの終わりかけで、その後の氷河期と比べれば就職しやすい時期だったのですが、あまり真剣に考えず、大学の就職課で見つけたところで、ゆるく九時五時で帰れるんじゃないかしら、というたいへん甘い気持ちで。でも社会というものはやっぱりそんなに甘くなく、当たり前ですけど九時五時で働くということがそもそもどうしてもダメでして。「女性なんだからお茶汲みをしなさい」ということが当たり前に言われる時代だったこともあって、ちょっと窮屈だなと感じてもいましたが。

**谷**　それからプロダクション人力舎にお入りになった。お笑い芸人専門の芸能事務所ですが、最初は芸人を目指されたということですか。

**大九**　大学時代にコント集団みたいなことをやっておりまして、卒業後の私の目論見として、九時五時で普通に働いて、ライブの公演とかがあれば有給を使って出る、という人生設計を立てていたんです。でもやっぱりダメだった。そうしたら当時毎号買っていた「ぴあ」に、ちょうどプロダクション人力舎がスクールを始めますという話が載っていて応募したんです。一期だったこともあり、ほぼたぶん全員合格みたいな感じで、女性は私一人でしたけど採っていただいた次第です。ネタを作ってライヴに出たり、ネタ番組に出させてもらったり。

**谷**　その後、映画美学校に入られて、演じる側から映画監督という演出する側への転身をされるわけですね。こちらも第一期生だったと。

**大九**　よくよく考えると、自分にとって芸人であることの一番の醍醐味は、ネタを作って演出することだった。つまり自分が舞台に出たいわけじゃなかったんです。そうしたら、その頃の私の唯一の癒しだったのが映画館だったんですが、当時まだ渋谷の桜丘にあったユーロスペースに映画美学校のチラシがあって、「なるほど、好きな監督たちが色々講師をするらしい。じゃあ応募してみよう」と。一期生はすごい倍率だったらしいんですが、講師たちの話によれば、まずゴリゴリの締め切りで送ってきたやつは落とす、ジャン＝リュック・ゴダールのことをＪＬＧと書いた奴は落とす、みたいなエピソードを聞きました(笑)。そこでもすごく変わり者に見えたみたいですね、私は。経歴もそうですが、二十代前半の若者の応募が多い中で、私は当時二十七歳で少し歳が上だったこともあって、じゃあ試しに入れてみようかと合格をいただいたらしいです。

**谷**　実際に映画制作を学び始めて、どのような違いを感じられましたか？　芸人のネタは一人で作られていたと思うのですが、映画はそれよりは多い人数でつくられる。その違いは大きいのではないかと思うのですが。

**大九**　たぶん私に限らず、映画をつくろうと思った人が全員ぶち当たる壁だと思うんですけれど、ものをつくる才能や脚本を書く才能に長けていて、実際に映画美学校でのシナリオコンペで選ばれた人でも、コミュニケーションをうまく取れないがために撮れないまま終わるという人もいましたから、こんなに他人と接しながらものをつくるということは大変なことなんだなと。

**谷**　一期生はどれくらいの数の方がいらっしゃったんでしょう。その全員が映画監督になっていたり、映画の仕事に就いてるというわけでもないですよね。

**大九**　一〇〇人くらいかな、一期生では最初にばっと世に出ていったのは清水崇さん。古澤健さんや安里麻里さん、富田克也さんも同期です。

## 空間・人間関係・アクション

**谷**　在学中に『意外と死なない』（一九九九）という中篇を撮られていますが、『恋するマドリ』（二〇〇七）が長編第一作ですね。八年くらい間隔が空いていますけど、商業映画の世界でデビューするまでにはどんな経緯があったのでしょう。

**大九**　たぶん美学校の同期の中でも、私は映画監督になりたいという欲がいちばん薄かった、というかゼロでスタートしてるんですよ。映画に対してすごい畏怖があって。だからシナリオコンペで『意外と死なない』が選ばれたときは狼狽しました。映画を撮らせてもらう機会なんてもう一生に一回しかないだろうと思っていたので、好き放題やろうと撮った作品です。それ以降も映画美学校の仲間とは年に一回くらい自主映画を撮っていたんですが、『意外と死なない』の残りの熱でなんとか撮っているという感じで、自分が何を目指して撮っているのかわかってなかった。それから七、八年くらい経ったときに、当時美学校周辺でいろいろな仕事をされていて、のちにプロデューサーとなる松田広子さんから連絡があり、「大九さんてまだ映画やってる？『意外と死なない』が好きだったから、映画やってみない？」とお声がけをいただき、初めて自分の中で商業映画に目が向いたんです。

**谷**　『恋するマドリ』は脚本も大九さんが書かれておられますが、完全なオリジナルではなく原案があるのですね。

**大九**　ご自身も監督である筧昌也さんの原案で、二人の女の子の部屋が入れ替わることに始まる話です。インテリアショップFrancfrancの十五周年企画なんですが、このお話が松田広子さんのところに来て、私を抜擢してくださったんです。

**谷**　新垣結衣さんと菊地凛子さん演じる二人の女性がたまたま部屋を交換するような形でお互いに引っ越しをして、新垣さんの引っ越した先のマンションの上の部屋に松田龍平さん演じる男性が住んでいる。実はその人が菊地さんの元彼なのに、新垣さんが彼のことを好きになっていくという一種の三角関係の話ですが、部屋を交換するという設定は特殊ですよね。

**大九**　そこがすごく面白いなと。松田広子さんは何のキャリアもない私に対して、この企画についてすごく丁寧に説明をしてくださったんですが、キュートで可愛いFrancfrancの世界を表現するかのようなラブストーリーというのが、そもそも私には大きな課題でした。『意外と死なない』は私の映画の中では『勝手にふるえてろ』(二〇一七)に近い作風で、ご覧いただいた方にはおわかりかと思うんですけど、私はわりと乱暴なほうなので(笑)。

**谷**　ラブストーリーのようでいて、しかし実はこの女性二人の関係の方がメインなんじゃないかと思われるところが強く、それはやはり部屋の交換という要素が大きいですよね。片方の部屋は北品川、もう一つが目黒川沿いという設定ですが、これは原案の段階で決まっていたんですか?

**大九**　いえいえ、全く。北品川は当時私がそこに住んでいたからですね。やっぱり自分が普段見ているところへついロケに行っちゃうんですよ。

**谷**　北品川って面白そうなところですよね。都会なんだけどちょっと古い町並みが残っている。それから北品川にも目黒にもどちらも川があって、水辺の近くというところが共通しています。

**大九**　東京にはまだかろうじてそういうところがすごくいっぱいあって、そういう場所をいつも撮りたいなと思って選ぶようにしてます。無意識なんですけど、よく考えると私の作品って水辺が出てくるものが多いですね。なんか好きみたいです(笑)。

**谷**　新垣さんが忘れ物をしていて元の家に戻り、そこで菊地凛子さんと初めて会うシーンがあります。非常に独特な家ですよね。家の中で、机を開けたり、ガッと棚を動かす場面がありますが、こういうふうに空間がいきなり変化することで人と人が打ち解ける、人間関係を変えていくところが大九さんの映画にはありますよね。

**大九**　これ、実は合成してるんですよ。使っているのは米軍ハウスで、北品川のビル群と合成して使っています。ご指摘のように、空間の立体的な距離感で人間関係を描きたいなと思っていたので、そういうカラクリに利用できる建物を探したんです。そこで暖炉をロケハンで見つけたとき、じゃあここに作り棚を作っちゃって、それがなにか物語のフックになればいいなと考えました。

**谷**　新垣さんは新しい自分の部屋にいろいろなものを取り付ける。空間をつくり変える作業とともに、登場人物の人間関係や生き方がアクションとして変化するというのは、非常に映画的な表現だと感じます。

**大九**　一人暮らしの部屋というのはある意味では城のような場所で、一〇〇%誰にも見られてない、誰とも繋がっていない瞬間を描けるという意味では最高の舞台なんです。飾りや間取りもそうですが、立地にも非常にこだわって設計しています。

**谷**　部屋の外で言えば、この映画では橋が非常に重要な場所になりますよね。橋っていうのはそもそもある種の「境界」でもあれば「つなぐ」ものでもあり、二人は橋の上で立ち止まって話をしますよね。ほかのどのような場所でもなく、橋だというのが重要ですね。

**大九**　なんか、好きですね。橋は。

**谷**　その橋の上でのシーンで、「未来の自分が見たら……」という話になり、時間的な変化が関係してきますが、『でーれーガールズ』(二〇一五)でも、橋の上と下でつながる時間というものがありました。そしてこの場面の後、新垣さんは空港に向かうんですが、ここはすごい。最初は車に乗るんですが渋滞に巻き込まれて、降りて歩くまではともかく、そこから今度は船に乗る(笑)。これはすごい設定だなと。もちろん現実には船に乗っていたらむしろ逆に遅くなってしまうわけですが、荒唐無稽で映画としてはすごく面白い。

**大九**　「成田はそっちにはない」とか、ものすごくつっこまれました。「いや、わかってんだよ」と、船を撮りたかったからこういうふうにしたわけです。当時、とある番組に映画の宣伝で出させていただいて、アナウンサーの方と楽しく喋ってたんですけど、番組が終わった途端に「あそこはどうしてああいうふうにしたんですか⁉」とすごい怒られたんですよ。急にふざけやがってと思われたのかもしれないですが、私はもう大真面目にやってたんです(笑)。

**谷**　表現がどんどんどんどんエスカレートする、そこが面白いと思うんですよね。新垣さんの主演第一作としてのフレッシュ感と、大九監督の最初の長編映画としてのフレッシュ感が融合した面白さがあるように思います。

## モノローグとしての会話劇

**谷**　『勝手にふるえてろ』の原作には一種の妄想語りとしてモノローグがあります。でも小説と映画ではモノローグの機能は異なる。小説なら一人称の語りでもなんとなく読者として入っていけるんですけど、ふつうの映画のようなモノローグを使って処理するには、松岡茉優さん演じるヒロインの良香のキャラクター性にハードルが高い部分があったんじゃないでしょうか。そこで映画ではどうしているかというと、アフレコのモノローグではなく、良香が実際に街の人にどんどん話しかけるわけです。かなりテンションが高いのでこれは普通じゃないなと気がつくと思うんですが、そのためか、原作には登場しない人物もたくさん出てくるように脚色されている。これはどのように決められたのでしょうか。

**大九** 私はこの原作を本当に偏愛してしまったので、とにかくそこには忠実にやりたいなと思ったんですね。忠実というのは、言葉の切れ味や面白さをきちんと伝える映画にしたいということで、そうすると、アフレコでモノローグを加えていくような語りの映画にしてしまうのは違う。ヒロインには生きた言葉でモノローグを語らせたい、じゃあやっぱり会話劇にしなくちゃいけないなと、プロデューサーもそれを熱望していたんです。

良香という主人公の魅力って、いろいろなことを間違えているひねくれ者だというところにあるんですね。そうすると、たとえば都合よく主人公に親友がいる設定にして、妄想のようなモノローグの補足を喋らせるみたいなことはしたくなくて、ぜんぶ良香に語らせたかった。そう考えたときに前半には原作にいない登場人物を出して、原作では脳内で展開していた会話を、実際に画でみせてしまおう、彼女に本当に会話をさせてみようとしたんです。

私もプロデューサーも良香寄りの人間だという考えもあって、この作品はそんなに万人に届かなくていいから、同じようなタイプの人にきっちり届けようと考えたんですが、たくさん「共感しました」というお声を頂戴しまして。海外の映画祭でも、たとえばイタリア人男性に「こんなことを監督に言う人間は地球上に僕だけだと思いますが」と前置きされて、何を言われるんだと思ったら「僕は良香なんだと思います」と(笑)。こんなに地球上に良香的な人がいるとは思わなかったですね。

**谷** 中盤で友人の高層マンションに行ったあとに、ちょっとミュージカル風の演出になりますね。ふつうミュージカルのような場面って登場人物の気持ちが盛り上がるところだと思うんですが、ここでは主人公が落ち込んでいるのが面白いですよね。そして前半に出てきた街の人たちが再登場して、良香が彼らと実は会話をしていなかったことがわかる。

**大九** そうですね、その明かし方はすごく悩みました。後半になった途端にモノクロにするとか、急にアスペクト比を一対一にギュッって変えるとか、息苦しい感じでじんわり伝えるっていう方法も考えたんですけど、やっぱりこれも言葉で伝えたい、良香自身の言葉できちんと説明させようと思って、後付けで歌のメロディを思いついたんです。

**谷**　言葉をただセリフで言うのではなく、音楽をつけて歌にしてしまおうという発想になったわけですね。

**大九**　ええ。歌はぜんぶ現場で同時録音しているんですよ。この作品でも次の作品でもご一緒している音楽の高野正樹さんと、せっかくなので何かチャレンジをしたいなと。カットによっては良香が泣いていたりして音程が狂ったりしてるのですが、そういうものもまたいいなと思い、最低限の整音だけしかしていません。

## 都合の良い登場人物はつくらない

**土田**　『私をくいとめて』(二〇二〇)は『勝手にふるえてろ』と同じく、原作は綿矢りささんの一人称による小説です。『勝手にふるえてろ』では、主人公のモノローグを街の人々との架空の会話に置き換えていましたが、『私をくいとめて』では原作と同じく「A」(＝Answer)というイマジナリー・フレンドとの対話となっています。

**大九**　『勝手にふるえてろ』の撮影が終わる頃、白石裕菜プロデューサーから「大九さん、綿矢さんの新作読みましたよ！」と慌てて声がかかって、「我々が『勝手にふるえてろ』でやってる脳内の妄想のシーンのように、モノローグの対話相手として「A」って存在が出てくるんです」ってと言われて、「なぬ！」となり、撮影後に小説をすぐに読んで、一気にシナリオを書いちゃいました。他の人にやられたら大変だ！　と思って。

**土田**　この「A」の声は男性、中村倫也さんが担当されています。もしこの「A」がのんさん＝女性の声であれば単純に脳内での妄言になりますが、この声が男性であるという設計が重要な点ですよね。彼女にとっては脳内にいるけれども、他者なのだと。

**大九**　小説でそうだったから、と言ってしまうと元も子もないんですが、私自身が納得しながら原作を読んでいたので、そのまま。この主人公は他人とのコミュニケーションが苦手だと思い込んでいて、優秀すぎる女性も苦手だし、男性全般も得意じゃない。でも、社会人になってもう十年が経ったような年齢設定で、社会人としての外面はそこそこ保てていて、良い仕事をしようと頑張っている子だと考えた。そうすると彼女にとって脳内の声は、第二の自分じゃなくて、自分を癒してくれるような存在なんだな、と。しかも苦手と考えている男性だけど、気持ちのいい音域のジェントルマンな声で語ってくれて、彼女を癒すために生まれた存在なんだろうなと、小説を読みながら考えたんです。じゃあ誰の声なら一番気持ちいいだろうってけっこう悩んでいたんですが、プロデューサーに「中村倫也さんどうですか」と言われて、初めて『美人が婚活してみたら』(二〇一九)に出てくれた中村さんのことを思い出しました。「絶対断らないでください」ってお願いして出てもらったんです。

**土田** この映画には音符のイメージが映し出される場面がいくつかあります。まず、電線を五線譜に見立ててそこに音符が重なる場面、ここはCGですよね。

**大九** はい、ロケハンのときに、のんさん演じる主人公のみつ子の部屋を選んだ最大の決め手が、窓を開けたら電線がバァッと見えたことでした。脚本を忠実に再現できる場所を探すのではなく、この人だったらどんなところに住みたがるか、勤め先からどういうルートで通勤するのを好むのか、そういったことを考えながら、みつ子って人物はきっと窓からこの電線が見えたら面白がる子だろうなと。

**土田** ロケハン時点ですでに大九さんには電線の上に音符が見えていたんでしょうか。

**大九** そうです。ロケハンでは「音符があそこにひっかかったりしてね」みたいに、プロデューサーやスタッフに自分がやりたがっていることの感触だけは伝えておくようにしています。そういうことをすると、美術部や撮影部がそこから想像を働かせて新しい提案をしてくれるので。

**土田** 一方で、中盤でみつ子がローマに向かう際の飛行機の機内、大瀧詠一の「君は天然色」が流れる場面では、音符がCGではなく実際の作りもので表現されます。

**大九** 綿矢さんの原作に「君は天然色」の歌詞が丸々出てくる場面があるんですが、そこがとってもスカッと爽やかで、ワクワクしながら読んでいて、自分の頭の中で色が弾け飛んだイメージがあり、シナリオもこのシーンから描き始めたくらいなんですよ。字が空中に浮かんでいるイメージは、シナリオのト書上では「ドラえもんの「コエカタマリン」のように」と書いたんですが、じゃあ実際にやるにはどうしたらいいかと考えて、浮き輪を思いつきました。この場面では言葉を実写で作らないと意味がないと思っていたんです。なぜならVFXで後から加えるとなると、撮影現場では主人公にさえ見えていないものになってしまう。そうじゃなくて、本当にのんさんに文字を目で追ってほしくて。もちろん「いやいや、本当にやるんですか?」と、プロデューサーには言われましたけどね。一文字の浮き輪の金型一個で五万円くらいかかるんですよ。でも、こういう一見チープな画を、お金をかけて撮るのが私は好きですね。

**土田**　『勝手にふるえてろ』や『私をくいとめて』を「お一人様映画」として解釈する人もいると思うんです。しかし実際には、自分のなかの「他者」に癒され、反発し、少しだけ「外」の世界に足を踏み出す。自分が自分では気づかないことに気づくと言えばいいのかな。自分が自分ではないこと、自分では気づかないことに他人がいるから気づくということを主人公が気づく。ややこしいのですけれども。『私をくいとめて』のなかで、のんさんは、橋本愛さんが演じる皐月という友人に会うことで、自分と自分の閉ざされた世界との関係を変えていきますよね。大九さんの映画では、『美人が婚活してみたら』の臼田あさ美さんもそうでしたが、主人公の脇にいる女性の役割が大きいのではないですか。

**大九**　臼田あさみさんや橋本愛さんに演じていただいたような女性の友達とか先輩って、私の憧れも含めて出しているんです。ああいう「バディ」と言うんでしょうか、そういう人がいる人生って本当に豊かだなと思うし、ある意味では恋人以上に得難い存在ですよね。やっぱり女性同士の連帯ってすごく強いものだと思うんです。友達の少ない私ですが、振り返ってみると、自分の友達ってみんな仕事関係者で、そういう女性のスタッフ同士の言葉を超えた連帯感みたいなものを感じるときってすごくあって。

**土田**　一般的に、主人公の友人が登場する場合、都合よく主人公の正反対の性格をしていたり、足りない部分を補う役割だけになってしまうことが多いですが、大九さんの作品ではそうではない。たとえば『私をくいとめて』のローマで生活している皐月は、たんにみつ子の理解者というわけではなく、彼女自身が外国での暮らしと出産に悩んでいる。あるいは『美人が婚活してみたら』で黒川芽衣さんの演じる主人公は、それまでずっと不倫ばかりしてきたけれども婚活を始めて、親友の臼田あさ美さんに相談をする。臼田さんは「結婚」という主人公の手にしていないものを持っている人物ですが、彼女は彼女でストレスを抱えていることが黒川さんと同じような密度で描かれていて、そしてお互いがぶつかり合う。

**大九**　ドラマの『シジュウカラ』に酒井若菜さんが演じる冬子という人物がいますが、主人公の十八歳年下の恋人の母親で、彼女は息子（主人公の恋人）を虐待している母親の役柄でした。でも、私はこの悪人と見られる冬子にもこういう物語があるのだと、単純な悪役にはしなかった。世の中が悪者を見つけたときに一斉に攻撃するノリがどうも嫌いなんですよ。連ドラやってるとそういう声も聞こえてくるんですけど、この冬子に関しては全部ひっくり返してやる、それでもまだ彼女の悪口言えますか、みたいな感じで演出しました。主人公を引き立てるために都合いい人物を描くのが嫌いなんです。物語全体が豊かになるかどうかはもちろん考えていますけど、自分の意地みたいなところですね。

## 原作との距離

**大九**　『シジュウカラ』はプロデューサーが非常にのびのびやらせてくれる方だったので、やりたい放題やれた作品でした。お話をいただいたのは山里亮太さん原作の『あのコの夢を見たんです』というドラマの終わり頃、プロデューサーに原作漫画とともにプレゼンをしていただいたんです。原作は三巻までしか読んでいなかったんですが、そこに非常にサスペンスフルなものがあったので、家を舞台としたちょっとヒリっとするサスペンスものにしましょうとお引き受けしました。でも、その後に原作がジェットコースター的に展開していったんですね。でも、私は最初にお引き受けしたときのマインドを大事にしようと、原作から飛躍した内容にさせていただきたいとプロデューサーにお伝えしたんです。そうしたらすごく面白がってくださって、最終話ではシナリオを私も書いて、楽しく終わっちゃいました。ドラマであっても本当にケースバイケースで、それは映画でも一緒です。自由度がどれくらいあるかはどんなプロデューサーと組むかによってまったく変わりますね。

**土田**　さきほどの話の延長でうかがうと、『甘いお酒でうがい』(二〇二〇)の松雪泰子さんと後輩の黒木華さんとの関係が、ラストまで強く作品に残りますよね。最後に海に行くと、黒木さんのかけているサングラスに松雪さんの笑顔が映って。あの場面で、松雪さんの内面ということになるでしょうか、「サングラスに映った私の顔は美しかった」というモノローグの声が入りますよね。

**大九**　笑っている表情ですね。あれを真正面から撮ってる時に実際に写っているものはキャメラマンなので、ミラーサングラスをして撮ってそれに合成したんですけれど。

**土田**　その素敵な笑顔の後に、キャメラが正対して松雪泰子さんをとらえますよね。ほかの作品でも最終的に正面にまわって主人公の女性たちをとらえる一歩手前に、傍にいてくれる誰かの画が入る。『私をくいとめて』であれば、一晩を過ごした林遣都さんの寝顔からのんちゃんの側へキャメラを振る。自分を見てくれている存在に気づくかのようではないかと。

**大九**　『甘いお酒でうがい』のラストでは、泣くっていうト書ももちろんありましたけど、実際に本人たちも泣いちゃっています。シソンヌのじろうさんと『美人が婚活してみたら』でご縁ができたその翌年、また吉本さんからお声が掛かって、今度は私たちの得意なものというか、特にじろうさんの書かれた『甘いお酒でうがい』という日記文学がとっても美しいので、これを映画にさせてくださいということになりました。その日記の中で私が一番好きなエピソードだったんですよ、これが。そこに映っているのは笑顔だったと。映画にする時には、どうしても色々なうねりを設けたいとか提案があったんですけど。いやいや、ここで終われたら素敵だと思いますっていう話の最中に私がこみあげてしまって泣いたら、じろうさんが大爆笑していいんじゃないですかね、これで終わるってことでということになって。なんかいいですよね。

**土田**　一面的には『でーれーガールズ』以降、大九さんが主人公の女性の成長を描こうとしていると言えるかもしれないんですが、何か「成長」という言葉が安っぽいように感じまして。変わったのは変わったのだけれども、松雪さんにせよ、のんちゃんにせよ、誰かと少しだけ心を開くことによって自分を見返す瞬間が、映画になることで生まれているように思いました。

**大九**　正面とかバックショットとか、ベタっと無骨に撮るのが好きですね。人物もそうですけど、建物もなんかこう斜めに入って小粋に撮るのが苦手なんですよね。被写体に引っ張られるっていうところもすごくあると思います。やはり長く俳優をしておられる方たちの姿ってそう撮りたくなる誘惑にかられるといいますかね。こちらが何か技巧的なことをして斜に構えるよりも、すっと撮りたくなるんですよね。いい顔をしてますから、皆さん。あとは、手とか足にも惹かれるので、手に付けていって手がどこに行くかっていうことをフォローし続けるショットとかも割と好きですね。

**土田**　『勝手にふるえてろ』や『私をくいとめて』だけでなく、オリジナルの企画が通りにくい時代にあって、大九さんのお仕事も原作があってそれを映画化しているものが少なくないと思います。その際に、原作との距離に対して大九さんが大切にされている姿勢のようなものはありますか。

**大九**　たとえば綿矢さんの小説の映画化は、ファンとして私はこういうふうに楽しんだということを形にしているところがすごく多いです。だから原作自体にも忠実であろうともしましたが、それ以上に自分がその作品のどこに乗れたのかという感覚により忠実に描こうとしています。私としては原作に対してたんに忠実であるということは、同時に作品に対して不誠実だとも思っているんです。原作をもらって「じゃあ、このまんま再現すればいいですね、わかりました」みたいな態度は、演出家が手を抜いているんじゃないか。作品のために原作をお預かりする以上、誠実にそれに向き合えば、そのままにはならない。たとえば漫画原作の作品であっても、告知用メインビジュアルをつくるとき、原作の絵をそのまま実写に置き換えたようなビジュアルをつくる、なんてことにはならないはずなんです。

**土田** 「忠実」と「誠実」とは異なるということですよね。大九さんはまさに誠実な読み手なのだと思います。

## 大九明子

おおく・あきこ

監督・脚本家。映画美学校に第1期生として入学、在学中に初監督作『意外と死なない』を手がける。2007年に初の商業長編『恋するマドリ』を手掛ける。2017年、『勝手にふるえてろ』で東京国際映画祭・観客賞、日本映画プロフェッショナル大賞・作品賞を受賞。2020年『私をくいとめて』が東京国際映画祭にて史上初二度目の観客賞、日本映画批評家大賞・監督賞を受賞した。最新長編は『ウェディング・ハイ』(2022)。『シジュウカラ』『失恋めし』などテレビドラマ作品も手掛ける。

**主なフィルモグラフィ**

⦿意外と死なない(1999)⦿恋するマドリ(2007)⦿東京無印女子物語(2012)⦿ただいま、ジャクリーン(2013)⦿モンスター(2013)⦿放課後ロスト(2014/第3話:倍音)⦿でーれーガールズ(2015)⦿勝手にふるえてろ(2017)⦿美人が婚活してみたら(2019)⦿甘いお酒でうがい(2020)⦿私をくいとめて(2020)⦿ウェディング・ハイ(2022)

# 見知らぬ世界と出会ったときの驚きや喜びを忘れない

周防正行 Suo Masayuki［映画監督］

聞き手──谷昌親 Tani Masachika
二〇一九年四月二七日

**一九九〇年代以降、日本映画の新しい時代を切り開いた周防正行監督は、自身のデビューにおける出発点とは、撮りたいものがわからなくなったことであると語る。プロフェッショナルとしての姿勢を高めながら、アマチュアとしての視点を決して失わないことにおいて、周防映画の最もクリティカルな視座は見出される。**

## まず自分が好きなようにやってみる

**谷**　本日はまず周防監督が映画の世界に入られた頃のことからおうかがいしたいんですが、立教大学の文学部仏文科に在学中から映画の仕事を始められたそうですね。

**周防**　映画の仕事を始めたのは四年生の秋からです。皆が就職活動をしている中で、僕はまじめな学生じゃなかったのでフランス語もできなかったし、就職と言われてもどうしていいかわからなかった。とにかく映画が好きだったので、どうやったら映画の世界に入れるんだろうって思ってたときに、ちょっとお手伝いしていたアマチュア劇団の女優さんが新宿のゴールデン街でアルバイトをしていて、「うちの店には高橋伴明監督がよく来る」と。伴明さんは当時、ピンク映画のとても面白い作品を手がけていた方で、僕もよく観ていたので、じゃあ伴明さんに会って「助監督にしてください」って伝えようと。それが僕の第一弾の就職活動。夏休みだったんですが、そのバーで伴明さんが来るのを待っていた。伴明さんがやってきてお願いしたら、「じゃ、秋から来なよ」っていきなり言われピンク映画の現場に出入りするようになったんです。

**谷** ピンク映画は当時もよくご覧になられていたんですか。

**周防** 観てました。言葉は悪いですけれども、ピンク映画っていうのは(制作環境として)最底辺の映画で、僕がこの業界に入ったとき、一本の制作費が三百万円くらい。これがどれくらい安いかっていうと、撮影日数五日間が限界。今はデジタルの機材で撮る時代ですけど、当時のピンク映画は三五ミリフィルムで撮影はしていたけど、同録じゃなかったんですね。サイレントカメラといって、音は全部後でつける方式だった。内容として、六十分のうちの三分の一か、二分の一近く裸が出てくるものにする。役者さんのギャラも日数計算。でも、そういうところで若松孝二さんとか、高橋伴明さんとか、そういう人たちがエロティックなものとは違うところにもテーマを持つ作品を撮っていたわけです。日本映画を観ていればピンク映画も面白いっていう話は耳に入ったし、後発として日活ロマンポルノもあったわけですからね。これは日活っていう映画会社が、会社の経営が行き詰まった時に、裸を撮ることに活路を見出して、こっちは撮影所も使えるからピンク映画に比べたら予算があって、もう少し撮影日数をかけたりセットや女優さんにお金をかけたりして、ちょっと高級感のあるポルノ映画をつくっていた。そういう時代ですね。

**谷** 日本映画の特殊な事情ですが、ピンク映画や日活ロマンポルノは、いわゆる普通の商業映画ではやりにくいようなチャレンジングな企画もできる場としてあったり、あるいは、若手の監督が低予算だけど自由に撮れる場でもあったわけですね。

**周防** そうです。この時代は映画の世界に入りたいって思っても、なかなかちゃんとしたルートがない時代でした。大手の他の映画会社も、演出部、要するに監督になる人の新規採用をしてない時期だったんです。辛うじて日活だけがロマンポルノを始めていて、一年に二人くらい演出部の募集をしていた。根岸吉太郎さんや中原俊さん、そういう方たちはきちんと日活の入社試験を受けて入っている。僕もそういうことを考えたんですけど、受かった人の学歴を見るとかなり偏差値が高いところの大学ばっかりで(笑)、相手にされないんじゃないかなって思って。最初っからそこは無理だなって思って諦めてました。その他のルートとしてあったのは、今では当たり前になっているかもしれないですけど、自主映画。森田芳光さんとかもそうですけど、自主映画の中で注目を浴びてから商業映画へ行くということもありましたね。

ピンク映画の世界に入って映画監督としてデビューをしたのが国映の『変態家族　兄貴の嫁さん』です。配給は新東宝映画。一九八四年年の春公開だったから僕は二十七歳でした。ピンク映画は助監督を三、四年やると、なんとなく「あいつにも撮らしてやるか」みたいになる。昔の撮影所システムの助監督さんみたいに、「とりあえず一本やってみろ」って感じでチャンスをくれるんですよね。結局、ピンク映画はこれ一本しか撮ってないんですけども、これが監督のスタートでした。

**谷**　この映画がちょっと変わってまして、ピンク映画なんですが小津安二郎監督の作品を非常に意識した映画になっている。『晩春』(一九四九)『東京物語』(一九五三)『秋刀魚の味』(一九六二)あたりがなんとなく近いように思われますが、ピンク映画と小津安二郎って、普通に考えると対極にあって繋がらないと思うんです。それでも最初の作品で小津をやりたいと思われた。

**周防**　撮ってみないかと言われたときに、実は正直悩んでしまったんです。僕は映画監督になりたかったはずなのに、どういうものが撮りたくて映画監督になりたかったのかを忘れたというか、もしかしたら最初からそんなものなかったかもしれない、たんに映画監督への憧れだけで、映画の世界に入っただけなんじゃないかってことに、「一本撮ってみろ」って言われたときに気付いたんですよ。これには参った、どうしようと思ったときに、どうせ撮るなら、大好きなもの、大好きな世界、それがいいに決まってると考えた。じゃあ、一番好きなものって何だろうって思ったら、小津安二郎の映画だったんですね。小津安二郎の映画は僕にとって別格。映画として種類が違う、世界が違う、わかりやすくいえば神様みたいなもので。小津安二郎は他の面白い映画とまず比べることができない。加藤泰と鈴木清順だったら比べてみてもいいかもしれないけれど……比べる必要もないか。

さっき谷先生は優しく「意識されて」って言ったけど、意識なんてものじゃなくて、全部が小津安二郎なんです。ピンク映画の枠組みの中で、小津安二郎を徹底的に物真似する。この作品は、僕の卒論みたいなもの、小津安二郎大研究のつもりとして撮ったんですね。『晩春』という映画は、笠智衆演じる父親が、嫁いでいく娘の原節子に「結婚したからってすぐに幸せになるわけじゃないんだよ」と送り出すところで終わる。けどその娘が嫁いだ先が、「変態家族」

だったっていう設定にした(笑)。最初から幸せじゃない家庭生活を描いたのが、『変態家族』っていう作品なんですね。

**谷**　普通初めての作品を撮るとなると、自分のオリジナリティを出したくなると思うんですけど、周防監督の場合、模倣から始まってるのが面白いですね。でも、その模倣も徹底すると、オリジナリティになることがある。偶然ではあると思うんですが、ピンクと小津監督の映画は基本的に室内劇であることが多い点では共通していて、それが合体されることで奇妙な味わいのある作品になっています。『舞妓はレディ』(二〇一四)でのハリウッド的なミュージカルスタイルと京都の花街のマッチングもそうです。周防監督のオリジナリティがそこに自然に出てきている。そもそも小津監督の映画は日本的ってよく言われるんですが、これは括弧つきの「日本的」で、日本を描いているというよりは小津世界を描いている。独特のオリジナリティがある小津監督の奇妙な世界が、スモール・ワールドに転換されて出てきているところに『変態家族』の面白さがあるんじゃないかと思うんですよね。

## 素人の視点のプロになる

**谷**　その後周防監督は『ファンシイダンス』(一九八九)『シコふんじゃった。』(一九九二)『Shall we ダンス?』(一九九六)と続けて映画を撮られますが、これらの作品に共通するのが、私たちが知っているようで意外に知らない世界が舞台になっているということ、そしていずれも俳優が身体を動かすある種のアクション映画になっていることです。知らない世界を詳しく調べて映画にすること、それが監督の基本姿勢と言ってよいのでしょうか。

**周防**　はい、後で気づきましたけど、そういうことですね。『Shall we ダンス?』での社交ダンス、『シコふんじゃった。』での学生相撲もそうなんですけど、最初にそれを見て「何だこれ」って思った瞬間に、それを追求するっていうふうに僕の映画づくりは始まるんです。自分が知らないそうした世界の面白さって、いったいどこにあるんだろうかと。取材自体がまた楽しい。たとえば、僕、プロ野球が大好きなんですけど、その面白さは、野球場に行ったりテレビを観てたりすれば十分なんですよ。あえてそれを映画にするとなると、皆が気付いていない面白さを発見しないと作品にできない。それを発見するのはすごく難しいんですが、まだ一般には十分知られていない非常に限られた世界の話であれば、僕が素直に感じた面白さを伝えるだけで観客は十分驚いてくれる。後に、これは商業映画的にも割に正しい選択なんじゃないのかって思いました。とにかく自分が興味を持てるかどうかが出発点ですね。

そのときに重要なのが視点なんです。映画を観るお客さんの多くは、そこで描かれる特殊な世界には住んでない人たちですよね。そうすると、その世界の中に生きている人、たとえば『それでもボクはやってない』(二〇〇七)ならば、刑事裁判の専門家をもし主人公にしてしまったら一般の人はその人物に目線を重ねられない。映画を観るのは、僕が描こうとしている世界をほぼ知らない人たちだという前提に立つ。そうすると何も知らない人を主人公にして、主人公の視点からその世界を覗くことができれば、映画の入り口になる。『それでもボクはやってない』で主演の加瀬亮さんはフリーターを演じていますが、法曹の世界をまったく知らない彼が踏み込むからこそ、そこで起きている一つひとつに「何これ?」と驚き、疑問を持つ。起訴を初めてされる人間だからこそ、「起訴って何?」と弁護士なり検察官なりに訊ける。弁護士や検察官を主人公にしていたら、「起訴」は説明するまでもない。専門家がやってることと観客との間にギャップができて、その世界の面白さや不思議さになかなか辿り着けない。だから、僕はいつも異世界に入っていく人を主人公にするんです。

**谷**　周防組の俳優さんは大変ですよね。その都度、初心者から始めて、学生相撲やったり、社交ダンスをやったり、ミュージカルをやらなきゃいけない(笑)。

**周防**　『Shall we ダンス?』でよく憶えているのは、役所広司さんにお願いしていたことです。「これから撮影まで踊りの特訓をしてもらいますけど、撮影はまったく踊りを知らないというところから始めるので、いまこれを始めたときの感覚を絶対忘れないでください」とね。失礼だったかもしれないけど、役所さんと仕事するのは初めてだったので、本当に強く言ったんです。そしたら、ダンス教室でステップ踏めなくて頭を抱えるシーンで、それをきちんと演技で見せてくれました。あの日の感動って今でも憶えてます。役所さんはすごいなって思いました。ほかの皆にもいつも言ってます。とにかく初めてやったときの感覚を忘れないで、かつ、その道のプロになってくださいって。

**谷**　『Shall we ダンス?』以降、主人公のバックグラウンドを描くことが増えたように感じますが、それもこの「初めて」という感覚に関わるのでしょうか。

**周防**　少し違うかな。『シコふんじゃった。』のシナリオには、主人公と弟の二人はどんな家庭で一体どんな親に育てられたのかとか、一切出てこないんですよ。なのに成立してること自体が僕にとって驚きだったんですよね。でも『Shall we ダンス?』では、中年サラリーマンがあるときふと目に留めたダンス教室に通い始める、そうするとこのサラリーマンは独身なのか子どもがいるのかとかがやたら気になってくるんですよね。サラリーマンというキャラクターを描くためには、どうしてもその日常を描かないと嘘になりそうだった。だから、社交ダンスにのめり込むサラリーマンっていう素材が僕にその背景を描かせているんです。社交ダンスの世界を描くのに必要だからこそ、主人公の家庭を描いた。

**谷**　冒頭、役所さん演じる杉山が家に帰るまでのシーンが延々と映されます。郊外に住んでいて、仕事場と自宅を行ったり来たりで疲弊している姿を見せることによって、社交ダンスの世界が浮かび上がってくる、そういう構造ですね。杉山が電車の中から舞という人物を見ることから、社交ダンスというテーマが始まる。ダンス教室は杉山の乗る電車の上方にあって、空間的な高さの違いによって、杉山と舞と社交ダンスとの関係性が描かれる。杉山が舞を見た後、二人は事務的な会話はするんですけれども、自分たちの気持ちとかは言わない。その後、杉山は何回も舞を見るわけですが、逆に舞が一回だけ杉山をダンス教室から見るシーンがあります。「見る」「見られる」中で関係が作られてくる。これは非常に優れた映画的な表現だと思うんですね。

**周防**　僕自身の経験がもとになっている部分でもあります。あるとき、僕は東横線を使ってたんですが、ある駅のそばにある雑居ビルの窓に、社交ダンス教室の切り文字が貼ってあるのがふと目に入った。そういえば子どものころからずっと駅の近くの雑居ビルにはダンス教室があったよなってふと思った。ずっとあるってことは、誰かが通っている、けどそこに通ってる人を僕は一人も知らない。いったいどんな人がここに通ってるのかわからないけど、もしその窓から美しい人が踊っているのが見えたら、それは心ときめくかもしれないって思ったのがきっかけだったんです。僕が電車から見たダンス教室の窓はほぼ目線と同じ高さだったんですけど、それをシナリオではあえて見上げる形にした。お互いがお互いを見るときに、見上げるのか見下ろすか、そういう関係性の中で、二人の世界を組み立てました。

**谷**　杉山が社交ダンスの大会に出ることになってクイック・ステップの作戦を練る場面があります。そこで、役所さんペアがどういうふうに踊るのか、あらかじめ観客に見せている。実際の大会のシーンでは、複数のカップルが踊ることになり、ダンスの見せ場が伝わりづらいのを事前にカバーしている。それとここではスピード感が大事になるんですが、それも草刈さんが踊ってみせることではっきりとする。ふつうダンスのシーンでは、特に巧い人が踊るときってあまりカットを割らないのが原則だと思うんですが、ここではわざわざカットを割って足元を見せることでスピード感をアップさせている。そうすることで、大会の本番シーンが非常にわかりやすいものになっているんじゃないかと思います。

**周防**　社交ダンスはやはり非常にマニアックで専門的な世界で、何がうまくいっていて何が失敗なのかって、すごくわかりにくいんですよね。僕が感じる面白さを多くの人と共有するための準備は、やっぱりちゃんとしなくちゃならない。僕は取材をして準備をして実際に現場でやるのでその面白さがわかるんですけど、映画館に来る人はただその結果を観るだけですから。ダンスの理想形を動きと言葉で繰り返し説明する作戦会議の伏線があるからこそ、本番がうまくいったのかどうかがわかるし、舞の喜びに共感できる。そして舞があんなに驚喜すれば、前半で敢えてクールに描いた舞を、今度は好もしく思ってもくれるだろうと。もし小津さんが観たら「ゲスだね」って言うくらい説明的な描写かもしれないですけども。

## サイレントに音は欠かせなかった

**谷**　『カツベン！』（二〇一九）についてもうかがいたいと思います。活動弁士の世界をテーマに選んだきっかけ、あるいは、いまなぜ活弁なのかお聞きしてもよろしいでしょうか。

**周防**　活動弁士のようなスタイルでサイレント映画を見せていた国って日本を除いてほとんどないんです。全くなかったわけではないけど。アメリカでも、サイレント映画の映像に合わせてスクリーン裏にいる役者さんがセリフを言っていたという時期もあるんですが、長続きしませんでした。音楽と字幕だけで見せる、それが世界的なサイレント映画上映の主流です。にもかかわらず日本では、スクリーンの前に人が立って、今上映されている映画を実況解説するということをしていた。いったいなんでそんなことになったのか。そういう疑問を含めて、サイレント映画から今の映画までの繋がりを示しながら、日本映画の第一歩目の物語を映画として残すことは、歳をとってきた映画監督の使命かなという思いもありました（笑）。

**谷**　ある事情から本来繋がらないフィルム断片を繋いでみせるという場面が出てくるんですが、これは本当に面白い設定だと思うんですね。ばらばらな断片が繋がっていくのは、弁士がいるからこそなのだという場面です。永瀬正敏さんが演ずるベテラン弁士は、もともとはスター的な弁士だったんだけど、だんだん映画に弁士は余計なんじゃないかと考え始める。映画はそれ自体で成立しているのではないか、と。そういう懐疑的になっていく姿は、徳川夢声という実在した弁士をモデルにされているそうですね。

**周防**　そうです。たぶん弁士自身葛藤しただろうと。活動弁士が映画を見せることの面白さと苦しみ。実際に日本でも大正中期に「純映画劇運動」というのが起きました。それまで日本では、女優さんというのはいなくて歌舞伎と一緒で「おやま」、男の人が女の人を演じていたわけですね。アメリカやヨーロッパの映画を観て勉強していた映画人から、活動弁士やおやまに対する違和感が生じ、弁士はいらない、女の役は女がやるべきだと主張されるようになった。

一方、活動弁士によって映画を成立させることを前提に映画を撮り続けた監督たちもいて、むしろそちらの方が主流でした。たぶん外国の監督が日本では自分の映画に余計な説明が付けられていて、まったく別なものになっていると知ったら怒ると思うんですね。今の時代だったらあり得ない。活動弁士の存在は、理解できなかっただろうし、許しがたかったんじゃないか。なので僕は活動弁士のことを、もう一人の演出家だと思っています。

ただ、活動弁士がいた日本だけでなく、実は世界のどの国でも真のサイレント映画時代はなかったとみることもできます。エジソンが作ったキネトスコープという装置は、箱を覗いて一人で映画を観る形態の動画装置で、今でいえばネットを使って一人で映画を観るような感じですね。そしてキネトフォンという、チューブが箱から延びていて、それを耳に当てると音楽が聴こえる装置もあった。だからイヤフォンで音楽を聞きながら動画を見るってことが、映画のごく初期にもう生まれていた。今でもミュージックビデオの人気が高いのは、そもそも動画と音楽ってめちゃくちゃ相性がいいからでしょう。そうでない上映の形の鑑賞形態でも、サイレント映画に生演奏がつくのはごく一般的でした。実はサイレント映画が商業的に流通していた時代って、無音で観ていた人はほとんどいなかったんです。

日本で言えばいろんな活動弁士がいろんな説明を付けている。純映画劇運動をやっていた人たちだって、アメリカを見習おうと音楽は認めるわけです。ただ、いくら楽曲が指定され譜面があったとしても、演奏者も使う楽器も違うわけですから絶対同じ音楽での上映にはならない。でもそれは受け入れられていた。今振り返ってみると非常に不自然に感じるんですけど、今の映画環境と活動写真時代のそれは異なるので、その感覚の違いを考えた上でないと当時の弁士たちの悩みは想像できないという気がします。今思えば特殊な形態でスタートしてしまった活動写真の世界ですが、あくまでも今から思えば特殊なだけで、当時はごく当たり前のことで違和感を感じる人は圧倒的少数だったのかなと思います。

**谷**　この頃の映画上映は、今よりもライヴ的な催しという印象が強かったんだと思います。

**周防**　その通りですね。徳川夢声は活動弁士の第一人者で、弁士を廃業した後でもしゃべりの世界で人気を博した人なんですけど、彼は上映中に野次られるとその野次に応酬してたそうです。映画館がライブ会場のようだった、そういう時代を『カツベン!』でも撮ろうと思っていたので、撮影現場はとても賑やかな空間で楽しかったです。最近は声を飛ばしていい映画上映〔応援上映〕というのもありますけども、これは先祖返りですね(笑)。

### 大切なことはいつもすぐに忘れられてしまう

**会場質問**――日本の映画館では外国よりも観客がとても静かだと言われ、上映中に喋ることはかなりタブー視されています。鑑賞の在り方について監督が感じているものがあったら教えてください。

**周防**　初期のサイレント映画は基本的に短編だったんですね。たとえばアメリカでは、十五分上映をして次の映画への切り替えの時に生演奏で観客皆で歌ったりとか、スクリーンにスライド上映がなされ、そこに歌手が歌を乗っけたりしていた。映画が単独で興行されるようになるまで、それ以前の時代からあるヴォードヴィル劇場などの出し物の一つとして入ってくる形だったんです。日本でも見世物小屋の出し物の一つとして活動写真が普及していったり、映画の冒頭に風景が流れ、歌手が出てきてご当地ソングみたいなものを歌ったりする舞台演目のようなものもあった。

それがトーキーになって映画に音が付く。そうすると当然、台詞はいつ観ても同じだし、音楽も一緒。そうして映画が一本の作品として鑑賞される対象になったときに、静かに観よう、きっとそういう感覚が芽生えてきたんでしょう。昔は映画館で大勢で観るというのが一番オーソドックスな鑑賞スタイルでしたけど、今は家で一人で観るのが当たり前になっていて、これもまた先祖返りみたいなものでして、エジソンの装置のように一人で箱を覗いて見る行為と似てきている。カンヌ映画祭で、劇場公開されていない配信動画は映画じゃないってことを議論してましたけど、そんなこといつまで言っていられるのかなって思います。

**会場質問**――監督はご自身の知らない世界を描くとき、その世界のリアルな部分を引き出すために、取材やシナリオ執筆で特に気を付けていることがあればお聞きしたいです。

**周防**　取材で気を付けるのは、さっき役者さんに言ったことと同じで、最初の驚きを忘れるなってことです。その世界にいる人って、自分が一番その世界に詳しいって思っているじゃないですか。でも実は、その世界を深く知るほどに何かをどんどん忘れていっているものなんです。初めてその世界に足を踏み入れた時に感じた疑問だったり驚きを、あんまりよく憶えていない。だから、僕が取材のときに対象者に伝えるのは、面白いことを話そうと思わなくていいですからということです。社交ダンスをやってる人たちに話を聞いてると、一生懸命面白いことを話してくれようとするんですけど、それは今あなたがその技術レベルで、大好きなダンスの世界にいて経験している面白いことであって、その世界を知らない人にとっては面白いことであるかどうかはわからないですよと。

僕も取材者として取材していくとどんどん詳しくなる。刑事裁判の取材でも、最初のころに疑問に思ったことが一年も経ったら当たり前になる。十年以上取材していれば、罪状を否認してたら勾留が長く続くのは当たり前のことだとわかる。でもそれを最初に知ったときすごく驚いた。その驚きを忘れちゃいけない。カルロス・ゴーンさんが東京拘置所から保釈されて「わー、すごい」って驚いたんですが、これはもう法律の勉強しすぎなんです(笑)。保釈を実現させることがいかに難しいかを身に沁みてわかってるので、出てきたってだけでも大事件だなって思っちゃう。でも、法律の世界をまったく知らない人にとってはそこまで驚きになりませんよね。あるいは驚きの理由が違う。そういう意味で、自分がまったく知らずにその世界に首を突っこんだときの驚きとか喜びを忘れない。これが僕が取材するときの注意事項。

そして専門家の多くが勘違いしがちなことがあります。

何十年もその世界でやってきた人間の気持ちを、ちょっと勉強した僕なんかにわかるわけないだろうと言われる。確かに理解できないこともいっぱいあるんですけど、素人だからこそ理解できることも気が付くこともある。皆さんこれからどんな世界に入ってもそうだと思うんですけど、まったく知らない人の話にちゃんと耳を傾けた方がいいですよ。僕も一応映画をつくるプロですけど、観客という映画つくりの素人たちの話はよく聞くようにしています。映画の外にいる人が僕のつくった映画を見れば、そこに何か僕には気づけない新たな発見があるはずなんです。だから映画をつくるために僕も話を聞かなきゃいけない。自分のことを映画の専門家だと過信してはいけないと、取材をしていてすごく思います。

## 周防正行

すお・まさゆき

1956年生まれ。映画監督。大学在学中に映画監督である高橋伴明と出会い、助監督として映画制作の道を選ぶ。イメージフォーラム研究所で学び、助監督として撮影現場での経験を積んで、1984年、小津安二郎映画の様式を彷彿とさせるピンク映画『変態家族 兄貴の嫁さん』でデビュー。1989年『ファンシイダンス』で一般商業映画に進出、1992年には『シコふんじゃった。』が高い評価を獲得、興行的にも成功を収め、第16回日本アカデミー賞にて最優秀作品賞を含む6部門を受賞するほか数多くの映画祭でも受賞多数、山路ふみ子文化財団特別賞も受賞する。1996年には『Shall we ダンス?』が大ヒット、同作は2004年に『Shall We Dance ?』(ピーター・チェルソム監督)としてリメイクされた。その後の主な作品に『それでもボクはやってない』(2007)、『終の信託』(2012)、『カツベン!』(2019)など。著書に『『Shall we ダンス?』アメリカを行く』(太田出版、1998年/文春文庫、2001年)、『それでもボクは会議で闘う――ドキュメント刑事司法改革』(岩波書店、2015年)などがある。

### 主なフィルモグラフィ

⊙変態家族 兄貴の嫁さん(1984)⊙ファンシイダンス(1989)⊙シコふんじゃった。(1991)⊙Shall we ダンス?(1996)⊙それでもボクはやってない(2007)⊙ダンシング・チャップリン(2011)⊙終の信託(2012)⊙舞妓はレディ(2014)⊙カツベン!(2019)

# 現実と虚構、時代と社会

## ――ドキュメンタリー／フィクションの境域

⊙想田和弘［映画監督］

⊙空族――富田克也＋相澤虎之助［映像制作集団］

⊙是枝裕和［撮影監督］

# 観察の先に見える映画のありかた

Soda Kazuhiro
想田和弘［映画監督］

聞き手――長谷正人 Hase Masato
二〇一八年四月一四日

**対象に対してカメラを向ける行為が意味するのは、目の前の出来事を記録するにとどまらず、そのことによって撮影者自身がこの世界になんらかの影響を及ぼすということだ。映画づくり自体が一つの出来事と化すように、「観察映画」は生まれる。そのために必要な態度と姿勢とは何か。**

## 観察映画の十戒

**長谷**　今日は講義の前に『Peace』（二〇一〇）という作品を見てもらいましたが、『港町』（二〇一八）という新作が現在公開中です。そちらも見た方はいますか？　ああ、けっこういますね。

**想田**　嬉しいですねえ。

**長谷**　では安心して『港町』の話もうかがいます。『港町』も『Peace』も想田監督が掲げる「観察映画」として、ご自身でカメラを回して撮られたドキュメンタリー作品ですね。「観察映画」とはどのようなものなのか、まずはおうかがいしたいと思います。

**想田**　はい、「観察」という言葉には、第三者として離れたところから対象を見るようなイメージがあると思うんですが、僕の言う「観察」とは、まず何よりも「よく見る」「よく聞く」ことなんです。全身全霊を傾けて、被写体のことを、この世界のことをよく見、傾聴する。そしてその結果発見したことを、素直に映画にする。
　なぜこういうことをキーワードに映画をつくり始めたかというと、もともと僕が携わっていたテレビドキュメンタリーの世界では、最初にたくさんリサーチをして、被写体の候補になる人と打ち合わせをして、こういうものが撮れるはずだということを調べ上げた上で構成台本を書くんですね。そこには始まりからエンディングまで展開が全部書いてあって、インタビューの想定問答やナレーション案もあるし、必要なショットリストさえあります。つまり番組の青写真を撮影前にぜんぶつくり上げてしまい、それをもって局のプロデューサーと打ち合わせをして、ようやく撮影のGOサインが出る。でも、そうやって撮影に入ると、当然ですが目の前の現実よりも台本を優先することになる。現場では台本とは違う現実が展開していて台本通りにはまず撮れないのに、でも違うものを撮って帰ると「あれだけ議論した台本をなんで無視するんだ、台本通り撮ってこいよ」とプロデューサーに怒られ、追撮(追加撮影)に行くなんてこともあるわけです。
　これはよく考えると変ですよね。ドキュメンタリーは目の前の現実から何か新しいことを学ぶためにつくるものだと僕は考えているので、これでは予定調和になってしまい、学ぶことができにくくなる。だからこそ、自分の都合に合わせて現実を切り取るのではなく、とにかく目の前の現実をよく見る、よく聞く。観察する。それで発見したことをそのまま映画にする。そういうことを趣旨として僕は「観察映画の十戒」というのを考えたんです。僕はもともと宗教学を勉強していたので「モーセの十戒」にかけたんですけど、こちらがその十のルールです。

1――被写体や題材に関するリサーチは行わない。

**想田**　リサーチをして事前に知識を仕入れると、どうしても知っていることを撮ろうとしてしまうんですね。だからもういっそのこと、リサーチしない。

2――被写体との撮影内容に関する打ち合わせは、原則行わない。

**想田**　先に打ち合わせをすると予定調和になってしまうので、それはやらない。

3――台本は書かない。作品のテーマや落とし所も、撮影前やその最中に設定しない。行き当たりばったりでカメラを回し、予定調和を求めない。

**想田**　これを言うとみんな衝撃を受けるんです。普通はリサーチが大事だよ、プランが大事だよとドキュメンタリー制作の授業では教わるからです。世界のドキュメンタリーの九割以上はリサーチをたくさんして、それに基づいて撮られている。だから僕はある意味、常識とは真逆のやり方をしているんですね。

4——機動性を高め臨機応変に状況に即応するため、カメラは原則僕が回し、録音も自分で行う。

**想田**　撮影予定をつくらないので、何人もクルーがいると逆に現場が難しいんですよ。だから自分でカメラを回してしまえと。僕の場合は妻(柏木規与子)もプロデューサーとして現場にくることがありますので、クルーは最大二名ですね。『港町』では彼女も重要なキャラクターになっています。

5——必要ないかも？と思っても、カメラはなるべく長時間、あらゆる場面で回す。

**想田**　何が起きるかわからないわけですからね。テレビではコンパクトに撮るのがいいディレクターとされていたんですが、そうではなく、おじちゃんやおばちゃんたちが一時間茶飲み話をしていたらとにかく一時間撮る。つまみ食いするのではなくて全部撮る。

6——撮影は、「広く浅く」ではなく、「狭く深く」を心がける。「多角的な取材をしている」という幻想を演出するだけのアリバイ的な取材は慎む。

**想田**　ちょっとこれは挑戦的に書いています(笑)。

**長谷**　「アリバイ的」は面白い表現ですね(笑)。たとえばNHKの夜七時のニュースの街頭インタビューで、素人に聞いているけど、台本に書いてあるような当たり前のことを喋らせることですね。

**想田**　そうです。ちゃんと聞きましたよというアリバイのために取材するのは面白くない。

7——編集作業でも、予めテーマを設定しない。

**長谷**　大変ですね。ここまでやると、ちょっと苦しくないですか？

**想田**　ぜんぜん苦しくないですよ(笑)。このほうが実は楽につくれる。

たとえば『港町』では結果的に「過疎化」「高齢化」、あるいは「死」「生」といったテーマやキーワードが浮かび出たんですけど、それを先に決めてから編集に入ってしまうと、テーマに関連することしか素材から引っ張ってこなくなる。でも、そうすると新たな発見がしにくくなるわけです。

僕の場合は面白いシーンありきで、撮影素材から面白かったり映画的だったところを見つけて、そこからつないでいく。時系列関係なく。一番強いシーンは、もしかしたら一番最後に撮った場面かもしれない。『港町』だったら、たとえばクミさんが告白をするところで、あそこを一番最初に編集した覚えがあります。そうやって面白かったり印象に残ったシーンからどんどん編集して、ある程度シーンがたまってきたら、今度はそれらを一本につなげます。それが第一編になる。

そこから前後を入れ替えたり足したり引いたりという作業をはてしなくやるんですが、そうすることでだんだんと「この映画はこういうことがテーマだったんだ」とあとから

『港町』

発見できるんです。これが大事で、あらかじめあったテーマを証明するために人物やシーンを道具のように使うのではなく、人物やシーンが主で、テーマは従である。そこが大事だと僕は思っています。

8——ナレーション、説明テロップ、音楽を原則として使わない。それらの装置は、観客による能動的な観察の邪魔をしかねない。また、映像に対する解釈の幅を狭め、一義的で平坦にしてしまう嫌いがある。

**長谷** これは想田監督の作品を見て誰もが気づくことではないかと思います。ナレーションやテロップによる誘導がないので、その映像がどういう意味を有しているのかは、見ている側が想像したり考えたりしなければいけない。「いけない」と言いましたが、むしろその姿勢が観客の自由や能動性を引き出している。

**想田** そうですね、要は、僕自身も映画をつくることで目の前の現実を観察しますが、観客のみなさんにも映画を観察してほしいんです。だからその邪魔をしたくない。実は作り手から提供される情報が少なければ少ないほど、観客は自分から情報を取りにいこうとします。僕はそれを「観察眼が起動する」という言い方をしているんですが、起動するとはつまり「なんだろう」と考えて見ることなんです。その姿勢を導くために情報を与えすぎないようにする。

**長谷** ナレーションで説明すると、観客は映像を見なくなったり、台詞をちゃんと聞かなくなったりして、自分から情報を得ようとしなくなる。

**想田** そういうことですね。普通だったら新しい登場人物が出てくると「誰々さん、何歳」というふうにテロップを入れますよね。でもそういうテロップがなく、「これ、誰だろう」と思って見ていると、「こういう喋り方をするということは、こういう人に違いない」とか、「話の内容からきっとこの人は漁師さんに違いない」とか、見る側が想像し判断していくわけです。

**長谷** 『Peace』の最初の方で「うちの猫」というふうに想田さんが言いますが、あの「うち」という言葉で、ああ、想田さんの家なんだなと衝撃を受けるわけです。想田さんの家というか奥さんの家ですよね。

**想田** そうです。『Peace』の舞台は妻の実家なんです。

**長谷** お義母さんが仏壇の前に座って足を掻いているシーン、そこまで撮るのかと思っていると、さらにカメラが回り込んでいって、拝むところで「そんなところまで撮るもんじゃありません」って優しく言われるじゃないですか。

**想田**　「撮らないでくださあい」と。

**長谷**　それを使ってしまう、そこが面白いなと思いました。

**想田**　あそこは「これ、撮らないでくださいって言われているけど、どういう意味だと思う?」と妻にもいちおう聞いたんです。妻曰く「これは撮ってほしいんだと思う」とのことでした。

**長谷**　面白い(笑)。映像的にはその親密さがすごくよく出ているというか、あのシーンを撮っていることで、映っていることと我々観客との距離をすごく狭めているような気がしました。一種の親密な空間をつくりだしているような。

**想田**　ありがとうございます。観察は観察なんですけど、その中には僕自身も入ってるんですよ。僕がいることによって、あるいはカメラを持っていることによって、世界に対して影響を与えてしまうので、第三者のように離れたところから見ることとはぜんぜん違う。映画は「僕自身も含めた世界全体の観察」になるわけです。あそこでお義母さんが「撮らないでくださあい」というのもその一つで、ドキュメンタリーは作り手と被写体のダイナミックな関係性が映っている時にこそ面白い。だからこそ、作り手の気配を消すのが伝統的なドキュメンタリーのやり方ですが、僕は消しません。

9――観客が十分に映像や音を観察できるよう、カットは長めに編集し、余白を残す。その場に居合わせたかのような臨場感や、時間の流れを大切にする。

**想田**　カットを細かく割ると、見る側には観察する時間が与えられないので、なるべく長めに使うということです。

**長谷**　今のお義母さんのシーンも本来はやや余分なところですよね、枝葉的な。

**想田**　そうですね。というか、この映画は枝葉ばっかり。

**長谷**　見ているとその枝葉のところが楽しくなってきます。

**想田**　人生って枝葉でできているような気がするんですよね。枝葉の連続で僕らの生活というのは成り立っていて、それを丸ごと表現したいという欲望があります。

10――制作費は基本的に自社で出す。カネを出したら口も出したくなるのが人情だから、ヒモ付きの投資は一切受けない。作品の内容に干渉を受けない助成金を受けるのはアリ。

**想田**　『選挙』（二〇〇七）からずっとこのスタイルでやっています。つくっては公開してお金を回収して、そのお金を使って次の作品をつくるというかたちです。

## 偶然とともに映画が始まる

**長谷**　ありがとうございます。ここまでのお話も打ち合わせをした予定調和のものではなく、たった一つの質問から想田監督の基本姿勢を展開してもらいました。

**想田**　打ち合わせはやってないですね。コーヒーを一杯飲んだだけでした（笑）。

**長谷**　とはいえ僕はこんなにたくさん資料を用意してきたんですが（笑）。リサーチをしてもリサーチ通りにはいかないので、やっぱりリサーチしてはいけないのかと思えてきます。難しいですね。

**想田**　もちろんリサーチしてもいいとは思うんですが、それを捨てる勇気を持つことが大事なんじゃないかと思うんです。

**長谷**　これはただの感想なんですが、『選挙』や『演劇1・2』（二〇一二）といった作品と比べて、『港町』と『Peace』の二本はすごく不思議な映画でした。ご家族が関係していることもありますが、ある問題意識を持って撮影に臨むのというのとは違う入り方をされていて、これは何だろうと考えていると、予想外の展開が起きていって、見終わるとなるほどという感じがする。

**想田**　ありがとうございます。

**長谷**　最初、それぞれの映画の主役は誰だろうとか考えながら見ていたんです。たとえば『港町』なら最初にワイちゃんという漁師の方がいて、その人が魚を獲っていく作業が丁寧に延々と描かれていて、これは漁師の映画かなと思うわけです。そうやって最初はそのワイちゃんを中心に見ていたら、だんだんクミさんが入ってくる。

**想田**　ははは。クミさんはカメラの中に乱入してきたんですよ。クミさんはいつも港にいる八十四歳のおばあちゃんで、僕がワイちゃんを撮っていると必ず乱入してきて、いろいろ言ってくる。それが面白いからついついこちらもついていってしまう。そうするとだんだんクミさんが主人公になってしまうんですね。

**長谷**　ついにはあの場面で完全に主役になってしまう（笑）。

**想田**　そうですね。ほとんど主役になります（笑）。

**長谷**　撮影してから編集して公開するまでの期間はどのくらいなんですか？

**想田**　『港町』に関しては非常に長かったです。というのも『牡蠣工場』（二〇一六）という作品を二〇一三年の一一月に撮っているんですが、実はそれと同じ時に『港町』も撮っているんです。『牡蠣工場』をほぼ撮り終えて、その中で使う風景ショットを撮っていたらワイちゃんに出会い、そこから『港町』が始まっています。撮影期間として牛窓に滞在した三週間のうちに、二つの作品を同時に撮ったわけです。

実は当初は一本の映画にするつもりで撮影していたんですが、編集し始めたら、『牡蠣工場』と『港町』の世界は全く違っていて、二本に分けた方が面白いということに気づきまして。それで先に『牡蠣工場』の編集を終わらせたんですが、『牡蠣工場』を映画祭に出したり劇場公開時にインタビューを受けたりとプロモートをしているうちに、やっぱり一年や二年は経ってしまうんですね。なので『港町』の編集を始めたのは二〇一六年の夏ぐらい。そのくらいの時間差があって、それがいま公開になったんです。

**長谷**　そのあいだにクミさんが亡くなられてしまった。

**想田**　そうですね。本当に残念です。

**長谷**　『Peace』の撮影はどのようなものだったんでしょうか？

**想田**　実は韓国の映画祭からの依頼で始まった企画です。

『Peace』

北朝鮮と韓国のあいだにあるパジュという町で行われる、DMZ国際ドキュメンタリー映画祭からの依頼で。映画祭のテーマが「平和」とか「共存」なので、それをテーマにした短編映画をつくってくれないかと。

最初は乗り気ではありませんでした。というのも、あらかじめテーマが決まっていることは、先ほどお話しした十戒に反するのでお断りしようと思ったんです。ところが妻の実家でお義父さんが野良猫たちに餌をやっているのを見ていたとき、ちょうどカメラがあったので撮りたくなった。別に映画にするつもりもなく、柏木の父と猫たちとの間に流れる「いい時間」を撮っておきたいと思ったので。

**長谷** それがまさに最初のシーンですね。依頼した方もまさかそんなところから『Peace』を考えるとは思わなかったでしょうね。

**想田** 「泥棒猫」と呼ばれる余所者の猫が、平和に暮らしている四、五匹の猫のグループの餌を強奪するのが一番最初のシーンなんですが、それが偶然撮れてしまった。先ほど申し上げたように、映画にするつもりでカメラを回していたわけではなかったんですが、そのときにもしかしたら「猫の平和と共存」だったら撮れるんじゃないかと思ったんです。泥棒猫が北朝鮮に見えてきて、この北朝鮮みたいな泥棒猫と、それ以外の猫たちはどうなるんだろうと。

**長谷** どうやって共存するのか、そこは大事な部分ですよね。

**想田** 決裂するのかもしれないし、もし仲良くなるとしても、どうなったら仲良くなれるんだろうと興味が湧いてきたんです。それで短編のつもりで撮り始めて、お義父さんの仕事も撮ったりしているうちに橋本さんに出会い、映画が膨らんでいった。戦争体験の話のシーンは撮影の最終日だったんですけど、僕は何も聞いてないんですよ。いきなりあの話が始まった。だから背筋がぞわぞわしながら撮るわけです。平和と共存というテーマも忘れかけていたし、橋本さんにも言ってなかったんですけど、いきなりその話になった。ある意味ドキュメンタリーの神様みたいなものが降りてきたのかなと。

**長谷** 撮れるかどうかわからない中で撮影していき、結果として長編になったんですね。

**想田** そうです。だから撮ってみないとわからない。本当に偶然いろんなことが撮れた作品でした。

## 現実と虚構のあいだと映画の政治性

**会場質問**――監督は自分の映画を見た人に何を一番感じてもらいたいのか、率直にお聞きしたいです。

**想田**　まず僕は自分の映画って体験を伝えるものだと思ってるんですよ。僕自身がカメラを持ちながら出会ったいろんな人や場面を、映画的なリアリティに再構築する。そうすると僕の体験をみなさんに追体験してもらえるんじゃないか。映画というのは体験を共有する装置だと思うんですね。その体験に基づいてどう感じるかは人それぞれ違っていていいんです。

**会場質問**――以前に『選挙』を見たことがあって、正直この映画は何を伝えたいのかなと。選挙の仕組みもわかっていなかったので、これを見て何を感じればいいんだろうと。

**長谷**　面白くなかったですか(笑)。

**会場質問**――いや面白かったです。かなりキャラが濃い人だなと。

**想田**　そう戸惑われたのは、もしかしたら学校教育の影響かもしれないですね。国語の時間に「作者の言いたいことは何ですか」ってことをよく問われてきたと思うんですが、僕はそれはあんまりよくない教育だと思っていて。映画をつくるときに、言いたいことが必ずしもあるわけではないんです。たとえばゴッホが風景を描くのも、何か言いたいことが先にあって描くわけじゃないでしょう。あれと同じで、映画作家の仕事というのは、何よりもまず世界を描写することなんです。自分にはこんなふうに世界が見えています、ということを映画というメディアを通じて描くのが仕事で、少なくとも僕の映画には言いたいことやメッセージはないんです。

**長谷**　ありがとうございます。この授業にとってとてもいい質問でした。

**会場質問**――『港町』をあえてモノクロにされているのはどうしてなんでしょうか。

**想田**　『港町』をモノクロームにしたのは、ほとんどアクシデントです。実はずっとカラーで撮っていたし、カラーで仕上げまでやっていたんですよ。映画制作の過程には、最後にカラーグレーディングという色調調整の作業があるんですが、僕はこの映画は色が大事だと思っていた。特に夕暮れ時の色が大事だと。だから色調調整にものすごい時間をかけて一度完成させたんです。で、そのときの仮のタイトルが『港町暮色』。ところがこのタイトルが「演歌みたいだ」と不評で(笑)。

「タイトル、どうしようかなあ」と妻に相談したら、「全編モノクロにすれば?」といきなり言い出した。「これだけ色が大事だって言っているのに、何言ってんだ」とそのときは思ったんです(笑)。でもその日の夜中にちょっと気になってモノクロにしてみたら、ものすごく面白かった。それでモノクロでカラーグレーディングを一からやり直すと同時に、「暮色」がとれて『港町』になったという。

**長谷** ちゃんと夕暮れの感じが出てますよね。

**想田** でしょう? 同時に、モノクロにしたことでひとつ虚構性が加わったというか、いつの時代なのかよくわからない、もしかしたら二〇〇年前の世界かもしれないし二〇〇年後の世界かもしれないというような、現実と遠い感じが出たように思います。それがこの映画には合っていると思ったんです。

**会場質問**——虚構性がプラスされるという今のお話に関連しますが、観察映画ってもっとリアリティが優先されるものかと思っていたんです。いまお話しされたギャップみたいなものはどのように考えていらっしゃいますか。

**想田** そこは僕も悩んだところです。やっぱりドキュメンタリーは目の前の現実や情報を正確に伝えるもの、報道の延長線上にあるものとして見られてきたところがあると思います。色という情報があるのにそれを抜くのはどうなんだと。

だけど忘れていけないのは、ドキュメンタリーはやっぱり最終的にはつくり物なんだということです。ジャーナリズムではなく、アートとしてのドキュメンタリーをつくっているのであって、結局は映画なんですね。だからこそ編集もするし音の調整もする。そこで色を抜くという調整があってもいい。実は編集と白黒化には、それほど違いはないんじゃないかという結論に至って、モノクロでいこうと。だからちょっと自由になりました。報道の呪縛ってあるんですよ。

**長谷** モノクロームにするときに一種解放されたと。

**想田** 解放されましたね。ジャーナリズムとドキュメンタリーはやはり違うのであって。ジャーナリストは「真実」の存在を前提として、そこに辿り着こうと多角的な取材をするわけですが、ドキュメンタリー作家は「真実なんて土台わからないし、描けるのは主観的な現実だけ」という前提に立っている。たとえばクミさんの話も、実は本当かどうかわからない話がいっぱい含まれているわけです。

**長谷** ある種の社会派的な怒りを延々とぶつけるように話

していますね。

**想田**　ジャーナリストだったら必ず裏を取るような話ですが、でも僕は取らないんです。その真偽を確かめ始めるとＮＨＫかマイケル・ムーアになってしまう(笑)。ＮＨＫはＮＨＫでいいし、マイケル・ムーアはマイケル・ムーアでいいんですけど、僕はやっぱりちょっと違うアプローチで映画を撮っているので。

**会場質問**——監督の著作やご発言には現在の日本に対する問題意識が強くあると思うんですが、そういうものが映画の制作に関わってくることはあるんでしょうか。

**想田**　まず、Twitterなどで僕が政治的な意見を述べたりするのは映画作家でなく、一市民としての責任を果たすというつもりでやっています。

ただ、僕自身は子どもの頃からあらゆるものに政治性を見るタイプでして。たとえば、学校の先生と生徒のあいだにも、親と子のあいだにも政治性や権力関係がありますよね。そういうものが、僕にはすぐに目についてしまう。だからもちろん、映画を撮るときにも、そういうものは見えてきます。

たとえばワイちゃんが魚を獲っても、値段がどんどん下がってるので生計が立てられない。その背後には、政治の問題があるわけですね。前面には出していないですが、やはりそういう目線で世界を見ているので、映画に反映されることはたしかにあります。

ただ、政治的メッセージを映画で伝えようと思ったことはないんです。『選挙』も自民党の候補者を撮っていますが、自民党をこき下ろそうと思ってつくったわけではなく、とにかく観察する、よく見させてもらう、そういうつもりで撮っています。もちろんその過程でいろんな発見があって、中にはこういうやり方はどうなんだろうなとか、個人的にいろいろ思うところはあります。でもそれは映画のメッセージではないんです。

**長谷**　『Peace』にはいい意味で政治性を読み取りやすいかもしれないですね。猫の力関係が比喩的にわかったり、あるいは福祉の政策と現場のズレみたいなものが明確に映っていたりする。

**想田**　そうですね。あらゆる映画には何らかの政治性があることを僕は自覚しているつもりです。ただ、その政治性をどう評価するかは見る人によって違って、そこが作品にメッセージを込めることと、政治的視点を持つことの違うところだと思います。視点とはここを見てくださいということであって、でもここを見てどう思うかは人によって違うわけです。

**会場質問**——監督自身のことをおうかがいしたいんですが、想田監督が学生時代に学んだことや経験したことで今の仕事に活きていることってありますか。

**想田**　けっこう全部活きてるかな。僕の場合、東大に入って真っ先に入ったのが、大学新聞の編集部だったんですよ。夜も昼もなくずっと記事を書いて、編集長もやって、ものすごい忙しくて燃え尽き、いわゆる燃え尽き症候群だと診断された。そこを辞めたらすぐ治ったんですけど、その頃から人間って何で生きるんだろうとか、そういうことに興味を持ち始めて、宗教学を専門に選んだんです。そうやって自分のやりたいことだけに時間を使って、知的にも感情的にものすごい充実した四年間でした。それが今の仕事にも影響を与えていると思います。たとえば卒論ではいわゆる新宗教団体に信者のふりをして入って、どうやって洗脳されるのか自分を実験台にして観察をしたんですよ。今は使う道具がペンではなくカメラになっただけで、昔も今もやっていることはそう変わらないんですね。

**長谷**　将来どうなるかということとは関係なく、その時その時を一生懸命生きるということですね。

**想田**　そう思います。将来のことなんてわからないですよ。僕自身、大学を卒業する間際まで、映画に興味もなかったのに、急に「俺は昔から映画が撮りたかったんじゃないか」と思ったんですね。それでスーツケースひとつでニューヨークに行って、そこから映画を勉強し始めたので、今こうして映画の仕事をしているのはすごく不思議ですね。

# 想田和弘
そうだ・かずひろ

1970年生まれ。東京大学卒業後、ニューヨークへ渡りスクール・オブ・ビジュアル・アーツ映画学科に入学。卒業制作である短編『ザ・フリッカー』(1997)が、ヴェネツィア国際映画祭銀獅子賞にノミネートされる。多くのテレビドキュメンタリー制作に携わったのち、「観察映画」の第一弾となる『選挙』(2007)を発表。ベルリン国際映画祭ほか多くの映画祭に正式招待、短縮版が200カ国近くの国でテレビ放送され、米国放送界最高の栄誉とされるピーボディ賞を受賞。以降、『精神』(2008)が釜山国際映画祭やドバイ国際映画祭で最優秀ドキュメンタリー賞を受賞し、劇作家・平田オリザと青年団を追った『演劇1』『演劇2』(2012)でナント三大陸映画祭「若い審査員賞」を受賞するなど、多くの作品が世界的に評価され、最新作『精神0』(2020)はベルリン国際映画祭エキュメニカル審査員賞を受賞した。

## 主なフィルモグラフィ

⊙選挙(2007)⊙精神(2008)⊙Peace(2010)⊙演劇1・2(2012)⊙選挙2(2013)⊙牡蠣工場(2016)⊙港町(2018)⊙ザ・ビッグハウス(2018)⊙精神0(2020)

# 僕らはフィクションに未来を託しているのかもしれない

空族（Kuzoku）——富田克也（Tomita Katsuya）＋相澤虎之助（Aizawa Toranosuke）［映像制作集団］

聞き手——藤井仁子（Fujii Jinshi）
二〇二二年四月一六日

**空族の映画は、私たちの生きる現実への冷徹な観察を礎に生み出される。残酷無比な現実を、ときに悲劇的にときに喜劇的に彩るのは、映画をつねに未来を志向させるためだ。現実に対してウソをつかないために必要とされるフィクション。その所在をさぐる奮闘について話を聞く。**

## 仲間たちと撮り、仲間たちを撮る

**藤井**　個人的なことから始めさせていただくと、空族のお二人とはやっとお会いできましたねという感じで、実はちゃんとお話しするのは初めてなんです。私が東京に出てきたのは二〇〇二年のことで、こちらの自主映画界はどうなっているのかと、いろいろ観まくりました。そのなかでも映画美学校の人がつくるものは一味違うという感触を持ったのですが、そこで一本変なのがあったわけですね（笑）。八ミリなのに一四〇分と書いてある。自主映画の八ミリでは絶対あり得ない尺なんです。これはただごとじゃないぞということで、何の予備知識もなく観たのが富田克也監督の『雲の上』（二〇〇三）という作品でした。もうびっくりしまして。確かに自主映画の見かけかもしれないけれども、明らかにそれを超えたパワーを持っている。中上健次を読んでおられる方だというのもすぐにわかりました。叙事詩的といっていいスケールが自主映画の枠を超えている。その後、実は富田さんからお手紙をいただいたこともあり、もっと早くにお会いするべきだったんですが、今日になってしまいました。

もうお一人の相澤虎之助さんは富田さんの映画の脚本を一緒に書いてらっしゃることが多いんですけれども、相澤さんご自身も映画を監督しておられます。『花物語バビロン』(一九九七)などを後に拝見し、相澤さんもまたユニークな作家であると知りました。相澤さんの場合は最初からアジアという視点がはっきりしていたし、詩的なところもあるんだけれども、特定の人物に肩入れするというよりは、社会構造を冷徹に観察しているところがある。こういう二人が組み合わさると、ああいう日本映画の枠を超えたものができあがるのかと、私なりに見えた気がしたんですね。今のように個人がバラバラな時代に集団で映画をつくっておられるのは本当に面白いことで、その秘密をうかがえればと思ってお招きした次第です。

**富田**　もともと虎ちゃんは早稲田の出身で、僕は山梨の田舎から出てきたヤンキー兄ちゃんでした。映画が撮りたいけど何やっていいかわからないってことで、日芸映画学科の監督コースの連中と知り合って、彼らの卒業制作に潜り込んだら、そこには大学生同士のネットワークがあって、それで虎ちゃんと知り合って。俺が監督する時は役者で出てねとか、じゃあそっちが監督する時は俺が役者で出るよとか、そんなことをやってたんです。だから、その頃は映画撮るってなると最低でも四、五人は集まっていた。その後作品を重ねるごとに、その都度いろんな局面が来て離れたりまた歳をくってから集まったりみたいなことを繰り返して。

**相澤**　ある意味サークル的な活動ですよね。その時々でそれをずっと続けてる。関わった人が空族みたいな感じです。

**富田**　当時はミニＤＶカメラとかが出始めた頃だったんですが、ビデオっぽすぎてどうしても嫌でした。僕らは映画館でフィルムを観てきた世代だったんで三五ミリフィルムへの憧れもあった。それに少しでも近づきたくて、八ミリフィルムを選んだ。五年間くらいかけて、一四〇分の『雲の上』をつくったんです。僕は当時トラックドライバーの仕事をやってましたから、その稼いだ給料の中から毎月三万円こっちに引いてそれで八ミリフィルムを買うんですよ。土日になるとクルー皆と一緒に山梨まで行って撮影して、それから月金仕事して、また土日撮ってっていうことを三年間。シナリオを書くのに二年間くらいかかった。

**相澤**　僕はバイク屋とかでいろいろ働きながらやってまし

た。今皆さんに観てもらった『国道20号線』(二〇〇六)をつくってた頃はパチンコ屋で働いてて、その時の経験が作品に関わっています。

**富田** 全員監督やるし、全員カメラもやるし、全員車止めもするし、全員何でもやる。で、完成したら自主上映会をやろうと。でも僕らのことなんて誰も知らないから、必死にチラシを配ったり、掲載をお願いすべく雑誌に営業かけたり、少しでも褒めてくれる人を探したり。そうした中で作品を見てくださった藤井さんが評価してくれた。「映画芸術」でしたかね？ 誌面上で拝見して、本当に嬉しくて藤井さんに手紙を差し上げてしまいました。こんなふうな草の根活動でやってきたんです。『国道20号線』は初めてアップリンクで劇場公開したんですけど、初日にお客さん三人……。本当に腰が抜けた(笑)。

**藤井** 私の大学の後輩で、フランスに渡って映画のよろず屋みたいなことをしている男がいるんですけど、そいつがある日突然、空族になってしまった(笑)。彼が主にやっているのはフランスでのセールスみたいなことですか。

**富田** その小山内照太郎から『サウダーヂ』(二〇一一)を海外の映画祭に出しませんかって言われて(笑)。でも日本国内のことこそ頑張らなければならないと、当初僕はそれに消極的だったんです。とにかくあの初日三人というトラウマが……。でも結果的に出しといてよかったと思います。彼のおかげですね。以来、空族になった(笑)。

映画を観ていただければわかると思うのですが、自分たちが題材を追いかけていくうちに、取材対象その人自身に映画に出てもらうことになっていき、映画に出てもらったことで仲間になり、それが継続して、次の作品にまた違う役名を持って再登場したりする。こんなかんじでつくりたい映画を自分たちで勝手につくってきた。そういう二十年間です。

## 日本映画を継承する

**藤井** お二人が脚本で組まれたのは『国道20号線』が最初ですね。この作品はまずタイトルが秀逸です。国道のこの風景を見せれば自分たちが言いたいことは一目瞭然で伝わるはずだと。この風景を発見されたところが最大の勝因だと思います。

**富田** あの頃日本のマスコミでは、たとえば酒鬼薔薇聖斗事件のような猟奇的な事件ばかりが取りざたされていた。ワイドショーなんかでもひたすらそういったものに大衆の興味が引き寄せられている。人が興味を持たない平凡な事件は伝えられない。そんなとき、山梨日日新聞のような地方紙の三面記事に小さい事件が載っていた。信用金庫に勤めていた女が地元の不良男と恋仲になって、金を貢ぐために会社の金を横領していたが、痴情のもつれで男が女を殺した。自分の勤める土建会社の資材置き場に遺体を埋めたんだけど、身体の一部が地表に見えていた、みたいなね。こういう事件のこと、ちゃんと考えよう、そういうスタートだったよね。

**相澤**　『雲の上』を撮ってる時に、富田はトラック運送の仕事で山梨と東京を往復していた。その中で、国道沿いにドンキができ、サラ金ATMができ、ばーっと再開発されていくのを間近に見ることになった。交差点で信号待ちしていると、パチンコ屋から国道を渡ってサラ金ATMに金を借りに行きその足でパチンコ屋に戻る男がいた。最初は「コレ便利じゃん」と笑い合ったんだけど富田と顔を見合わせてアレ？　って……あの風景の中で実は生活が完結しちゃう人たちが確実にいるわけですよね。それを見ながら、これってなんかおかしいよな、と。

**富田**　山梨では国道20号線をバイパスと呼ぶんですが、かつてはいろんな地元のお店があった。そういう風景があっという間に大手チェーン店に一掃された。そんななか、虎ちゃんと一緒にシナリオ書こうとなって、自分たちが見ていたこの風景の変化は一体何なんだろうと考え始めた。『国道20号線』が出来上がって、それを上映するために日本全国行脚することになり、行く先々、どこに行っても山梨と同じじゃんてことに気がついた。だからその次の『サウダーヂ』では、『国道20号線』よりももうちょっと視野を広げて、地方都市全体を捉えるような映画をつくろうと。地方の空洞化とかがやたらテレビで叫ばれるようになっていた時代でしたからね。

**藤井**　お二人の仕事は、ある意味では日本映画の最も正統的な部分を継いでおられる気がします。つまり一九七〇年代後半くらいから八〇年代初めぐらいで一旦途絶えてしまった、先鋭的な日本映画の系譜があり、そこでは地方の鬱屈した若者の生活が描かれていた。そして溜め込まれた不満がある悲劇的なかたちで爆発する。長谷川和彦の『青春の殺人者』が一九七六年。八〇年代に入ると柳町光男の『さらば愛しき大地』(一九八二)。柳町監督が非常に重要な存在だったということをお二人は繰り返し語っておられます。

**富田**　絶対に観てください。

**相澤**　お願いします。

**藤井**　荒井晴彦脚本、根岸吉太郎監督の『遠雷』（一九八一）もそうです。これなど関東圏の地方を取り上げていて、東京に近いぶん、本当の田舎に比べれば恵まれているように見えるんだけど、実は出口のない暮らしがある。でもそうした映画の系譜は途絶えてしまった。理由は明らかで、バブルの熱狂で皆現実を忘れてしまったのでしょう。そしてバブルが弾けた九〇年代、あらためて自分たちの足元を見つめると、そうした問題が未解決のままだと判明した。この系譜を空族が継承したのだと思うと胸が熱くなります。

**相澤**　日本の独立系映画の歴史って案外古いんですよね。新藤兼人さんとかはその初めのほうでしょう。ATG映画だったり松竹から独立した時期の大島渚だったりとか、そういう映画への親近感が最初からありました。

**富田**　誰にも遠慮することのない、スポンサーから文句言われることもないやり方で、突っ込んだチャレンジをしているインディペンデント映画がかつて日本にもあった。じゃあ俺たちもやってやるくらいの若気の至りはあったってことです。空族として、配給や宣伝まで自分たちでやるっていう姿勢にも繋がっています。

## よそ者の視線の問題

**藤井**　『国道20号線』の時から、出演者が訓練された職業俳優じゃないのはすぐにわかるんですが、ただの素人とは思えない。一人ひとりが見事に個性を持っていて、実にいいキャラクターをしている。その後の作品にも続けて出てくる人たちがいますが、どういう方たちなんでしょうか。

**富田**　未だに主役級で出てくる人たちは、僕の小学校や中学からの友人、幼馴染ですね。そもそも映画を撮りたいって思ったきっかけはそこでした。カメラだけが手元にあって、それが友人に向いた。友人を撮ってると、当然生きている世界がそこにある。たとえば、彼は土方として働いているけど、今こうやって仕事がなくなっていってる、じゃあ何で土方の仕事が減ったんだって考えていくような流れで、世界のことを考えることになっていった。

**藤井**　その点が、空族の映画が日本映画の正統的な系譜を引き継ぎつつもまた異なるところだと思うんです。かつての映画は、厳しくいえば、破滅していく主人公にやや肩入れしすぎていた。できるものなら自分もこういう人生を送ってみたかったという憧れから、美化しているところがないわけではなかった。ところが空族は最初からそれがないんですね。かといってまったく冷たく突き放しているというのでもない。この辺の距離感は一貫して絶妙だと思います。

**富田**　『国道20号線』を公開した後に、観客の前でトークする場があったんです。そしたら、ある年配の観客の方がぱっと手を挙げて、「お前らの映画はな、登場人物が全部腐敗してるじゃねえか」って言われた。「俺たちの時代の映画は、世の中の腐敗に対して登場人物が抗って、最終的にそれが自滅するのかもしれないけど、でもそれが俺たちの時代の映画を観る上でのカタルシスだったのに、なんだお前らの映画は」って言われて(笑)。その頃、俺は何に対して、どう抵抗すればいいのかなんて、想像もつかなかったんだと思います。つねに現実からは逃避したいと思っていたんだと思います。時代が移り変わったのでしょう。この早稲田大学だって、政治の季節の時にはシュプレヒコールとかやってたんだからね。

**相澤**　そういう地方で暮らすことがこんなに絶望に満ちてますって、あんまり悲観的に描きすぎるわけにもいかないですよね。現にそこで暮らしている人がいるんだから。ほとんど実話を基に僕たちは脚本を書いているんですけど、自分の友だちが苦しんでるのを知って、それに対する怒りは確かにあるんだけど、そこから悲劇をベースにして何かを宣言していくみたいなことは、その友だちに対してもウソになる。そういう思いはやっぱりあったと思います。

**富田**　それは大きかったかもしれないですね。出てもらう人が実際にそこで生きている人。その人にあんまり嘘っぽいことをやらせられない。でも、本当すぎて出せないこともある。僕らの場合、そうしたエピソードが実際に自分の人生に起こった本人が、僕らの書き直した台詞で再度人生を演じ直すみたいなことはよくあるんですよね。恥ずかしさもあるだろうけれど、でも他の誰かに成り代わってるわけじゃないからこそ、自信を持って演じられるところもあると思うんです。

**藤井**　富田さんの場合、地元の山梨県甲府のネガティブなところを描いても、自分の出身地だから許されるところがあると思うんです。ある種の自虐と捉えてもらえる。だけどこれがたとえば外国になると、その現実を描こうとするとき、ネガティブなところに目を向けないわけにはいかないんだけど、それを撮ることが現地の人に歓迎されるとは限らない。わざわざ外国に来て、なんでそんな嫌なところばかり撮るのと言われちゃうことが絶対あるでしょう。

**富田**　まさに仰る通りで。だって俺がそうだったんだもんって言っちゃえばいい(笑)。『バンコクナイツ』(二〇一六)は、バンコクの夜の街で日本人相手に商売をする女性たちを主人公にした映画です。バンコクのタニヤストリートって、非常にデリケートな場所で、観光客が歩きながらカメラで通りに立つ女の子たちを撮ったら、強面のお兄さんがすっ飛んで来るようなところなんです。『サウダーヂ』の時も、最初、ブラジル人のコミュニティにカメラ持って入って行ったら、「また俺たちを叩きに来たのか」ってところから始まった。結局、映画というのは人間同士の繋がりなんです。しかも僕たちが相手にしているのは、映画のことを知っているプロの俳優さんたちじゃなくて、普通の人たち、生活者です。だから人間的に信用されなきゃ、はじまらない。『バンコクナイツ』はタイ、ラオスという外国が舞台でしたから、まずは、「お、日本人が何しに来た」というところからはじまる訳です。普段、日本人を代表する気持ちなんてからっきしないのに、急に日本人であることを意識させられるとか、あとは外国人が異国情緒で映画を撮っちゃいけないとか云々かんぬん、結局準備に六年かかった(笑)。

**相澤**　旅人や観光客としての目線はちょっと心苦しくなったりもするんだけど、まったく自分が知らない世界だから

『バンコクナイツ』©Bangkok Nites Partners 2016

こそ、自分に撃ち込まれる楔(くさび)は確かにあるじゃないですか。そういうものはすごい大切だなって最近よく思うんですよね。

**藤井**　空族が面白いのは、フィクションはドキュメンタリーのように撮るのに、いざドキュメンタリーを撮るとフィクションのようになってしまうところです。『典座 TENZO』(二〇一九)というドキュメンタリーはまさにそういう映画でした。曹洞宗の青年会の依頼で撮ったと聞いておりますが、『雲の上』に出てきた富田さんの従兄弟でもあるお坊さん、智賢(ちけん)さんがきっかけだとか。

**富田**　そう、実は僕は寺の孫なんです。これはめったにない依頼仕事でした。曹洞宗に青年会という団体がありまして、その年の青年会のメンバーが、四年に一度開催される世界仏教徒大会の為に映画をつくってみないかとなり、従兄弟づてで我々のところに話が来たわけです。

　で、どんなのつくる?　って話になり、曹洞宗を捉えなきゃなんないわけだから、じゃ手っ取り早いのは、曹洞宗で一番の高僧に会って話を聞くことだと思ったので、青年会にお願いしました。あの方しかおりませんと青年会が口を揃えたのが青山俊董老師で。とにかくカメラ担いで会いに行き、二時間半ノンストップでインタビューを撮りました。終わる頃には僕ら完全に老師に魅了されてしまいまして。すごい人を撮った!　この映画はもらったと思いましたね。

　因みに、「典座」というのは修行僧たちが食べる食事、世にいう精進料理をつくる料理当番のことを指します。曹洞宗独自の習慣なので、これをタイトルとすることにしたというわけです。

**藤井**　その着眼点も空族らしい。空族の映画は、基本的な欲求のところで人間を描くじゃないですか。食べるとか寝るとかセックスするとか。本人は生存欲求で動いているだけなんだけど、そういうものが実は世界を回している。お坊さんを撮るときでも、精神的な部分じゃなく、お坊さんだって毎日食べなきゃいけない、そういうところで切りとっていくのが面白かった。青山老師は尼僧なわけですが、その話の中で一見男社会に見えるかもしれないけれども尼僧こそが一番権力を上手いこと逃れてきた存在なんだ、という重要な話をします。前半で智賢さんの奥さんが料理している場面では、我が家の典座だと言う言葉があり、お坊さんの暮らしを支えている奥さんの存在が語られる。やはりこれは普通の仏教のPR映画では全然ない。お坊さんたちの青春映画といえるような作品で、空族じゃないとこうはならないでしょう。

## どこまでリアルに肉薄すべきか

**会場質問**――ドキュメンタリーに近い映画をつくるとなれば、取材というものをされますよね。作り手のもともとの思いが作品に入ってしまうことで、実情とはその内容がズレてしまう可能性があるのを考えると、取材の最中どこまで責任を持ってリアルを突き詰められるかが大きな課題になると思うのですが、当事者に起こっている物事を映画として描くために、どこまでのリアルさが追究されるべきだと思われるのか教えていただきたいです。

**相澤**　非常に難しい質問です。でもこれは皆が考えなきゃいけないことですね。映画をつくるうえで本当に大事なことだと思います。そこに明確なラインがあるとは言えません。たとえば『バンコクナイツ』で、バンコクの夜の街を撮るとなると酷い話とか嫌な話ってすごいいっぱいあるんですよ。なので、女の子たちと話し合いをした上で、自分たちや女の子たち、その当事者が嫌がったりすることは、すべて捨てようと決めました。映画的にすごい力があるとしても、それを捨てるべきだという判断をしました。それをそのままやらなくても、別のやり方があることがわかってきた頃だったので。

**富田**　出演者本人から実際に起こったエピソードを貰うことが多いから、やっぱり都度話し合うことですよね。エピソードを変形させて提案してみる場合だってある。フィクション映画というものを考える上で大事だったのは、そういう過程だったと思います。

**会場質問**――空族の皆さんは、映画をつくるとき、私たちが見えていない現実を映し出し、それに疑問を投げかけるという思いで映画をつくられているのでしょうか。それとも現実を映し

### 空族
**くぞく**

映像制作集団。2004年、「つくりたい映画を勝手につくり、勝手に上映する」をモットーに活動を始める。長期間に及ぶ独特の映画制作スタイルで、作品ごとに合わせた配給・宣伝も自ら行ない、作品はすべて未ソフト化という独自路線をひた走る。テーマは日本に留まらず、広くアジアを見据えている。

**主なフィルモグラフィ**

⦿花物語バビロン(1997、監督:相澤虎之助)⦿雲の上(2003、監督:富田克也)⦿かたびら街(2003、監督:相澤虎之助)⦿国道20号線(2006、監督:富田克也)⦿FURUSATO2009(2009、企画:富田克也)⦿サウダーヂ(2011、監督:富田克也)⦿RAP IN TONDOの長い予告編(2011)⦿バビロン2 THE OZAWA(2012、監督:相澤虎之助)⦿チェンライの娘(2012、監督:富田克也)⦿バンコクナイツ(2016、監督:富田克也)⦿典座－TENZO－(2019、監督:富田克也)

出した先にある未来へのメッセージとして、映画を投げかけようとされているでしょうかのか。

**富田**　みんなが当たり前だと思っている世界が、突然違ったものとして迫って来るような映画をつくりたいと思ってきました。

**藤井**　『国道20号線』の最後の主人公がバイクで去っていくところ。国道沿いの風景がもう一度映されますけど、ここまで映画を観てきた観客の目に、改めてその風景はどう見えますかと差し出しているわけですよね。当然、初めとは観え方が違う。

**富田**　僕らは『サウダーチ』という映画をつくる前に、一年間カメラを持って地元をリサーチしたんです。そのリサーチ映像もドキュメンタリーとして編集して、『サウダーチ』の予告編にあたる『FURUSATO2009』（二〇〇九）という作品としています。このドキュメンタリーを観た人から、これがあるのに何でわざわざ『サウダーチ』をフィクションとして描く必要があったのかと質問されたんです。確かにそうだと思ったけど、それ以上に僕らはフィクションに未来を託しているのかもしれないです。

## 富田克也
とみた・かつや

1972年生まれ。2003年発表の初長編『雲の上』が「映画美学校映画祭2004」にてスカラシップを獲得。これをもとに制作した『国道20号線』を2007年に発表し、ミニシアターを中心にロングランで上映が続き、大きな話題を集める。2011年の『サウダーチ』がナント三大陸映画祭グランプリ、ロカルノ国際映画祭独立批評家連盟特別賞を受賞。国内では、高崎映画祭最優秀作品賞、毎日映画コンクール優秀作品賞&監督賞をW受賞し、本作は日本とともにフランスでも全国公開された。2016年には『バンコクナイツ』が第69回ロカルノ国際映画祭で「若手審査員・最優秀作品賞」を受賞している。

## 相澤虎之助
あいざわ・とらのすけ

1974年生まれ。早稲田大学シネマ研究会を経て空族に参加。1997年の『花物語バビロン』は山形国際ドキュメンタリー映画祭にて上映、2003年に『かたびら街』が富田監督作品『雲の上』とともに7か月間にわたり公開。空族結成以来、富田監督作品では共同脚本を務めているほか、瀬々敬久監督作品『菊とギロチン』でも共同脚本を務めた。監督としての最新作は東南アジア三部作の第2弾、『バビロン2 THE OZAWA』(2012)。富田克也との共著に『バンコクナイツ 潜行一千里』(河出書房新社、2017年)がある。

# 作品を撮る中で何かを発見する方向に行きたい

**是枝裕和** Koreeda Hirokazu［映画監督］

聞き手――**土田環** Tsuchida Tamaki
二〇二二年六月四日

**是枝裕和監督の映画は、つねに現実とそれを取り巻く社会・世界との境界線に向き合う。その姿勢は、監督の出自であるテレビドキュメンタリー作品から培われてきたものだ。映像作品とは、フィクション／ドキュメンタリーを問わず、発見の過程の只中にこそ編み上げられるものであるという実感について、対話は続けられた。**

**探求を立体的にする――『しかし……福祉切り捨ての時代に』**

**土田**　今回は是枝さんの作品から、ドキュメンタリーを二本見てもらいました。『しかし……福祉切り捨ての時代に』（一九九一、以下『しかし……』）と『シリーズ憲法 ～第9条・戦争放棄「忘却」』（二〇〇五、以下『忘却』）。『しかし……』は一九九一年の番組で、当時是枝さんは二十八歳ですね。

**是枝**　教室にいるみんなが生まれる前か、けっこう長くやってきたな。自分の企画で初めてつくったドキュメンタリーです。

**土田**　この作品のクレジットに企画として入っていらっしゃる金光修さんは、フジテレビの社長を務められた方ですよね。

**是枝**　恩人ですね。金光さんがいなかったらたぶんテレビを辞めてると思う。続けられていなかったな。

**土田**　是枝さんは制作会社のテレビマンユニオンに入社された当初、自分は使えないADだったと幾度となくおっしゃっていますけど、どんな時期だったんでしょうか。

**是枝**　つらかった。今もまだ問題になることですが、パワハラというか純粋な暴力、そういうことの標的にされやすいタイプだったの。クソ生意気なのに、頭でっかちで身体は動かない。憧れからテレビマンユニオンに入って、組織についての知識はあったし、番組も見てたし、それなりに理論的なことも考えてたんだけど、現場に入ったらちゃんとお世辞が言えるとか、ちゃんとしたお店を予約できるとか、そういう演出に何も関係がないことを要求される日々だった。二十八歳になって、初めてレギュラー番組の取材ディレクターとして海外ロケにも行くようになったんだけど、レギュラー番組の取材って決まった型があってさ。そういうやり方に自分をアジャストしていかないと成立しない。でも、僕は自分のやりたいものをそこでやろうとした。そうしたらプロデューサーと衝突しちゃって。「これはお前の番組じゃなくて、俺の番組なんだ」ってプロデューサーに言われてから、仕事を外れてしばらく休んでた。当時のテレビマンユニオンは給料制ではなかったので、仕事しないと食えなかった。何かやらないとまずいなと思って企画書を書いてみたら、フジテレビの金光さんを紹介してくれる人がいたんです。

金光さんというのは、まずセゾングループに就職されてそこを退職されてから、フジテレビが一番元気の良かった八〇年代に中途入社されて、バラエティ企画をいろいろ成功させた編成マンで、世界中でリメイクされている「料理の鉄人」のプロデューサーでした。当時のフジテレビが面白かったのは、深夜枠を若手の編成マンに全部仕切らせるシステムがあって、そこには上からいっさい口を出さないっていうやり方をしてたこと。だから、夜十二時以降は金光さんが全部番組を組んでたんだよ。岩井俊二さんもその深夜枠のドラマで頭角を現してきていたし、僕が企画を持っていった「NONFIX」っていうドキュメンタリーの枠では、森達也さんも何本もつくられていた。

金光さんからは「深夜枠だから誰も見ないし、予算も少ない、だから他所ではできないことも好きにやってくれ、企画さえ面白ければ君のキャリアは問わない」と、今では考えられないようなことを言われ、そこで福祉・生活保護を考えるという僕の企画が通ったわけ。金光さんはすごく忙しかったから、放送までに僕がつくったものを一回ぐらいしか見てないんだよ、しかも編集途中のもの。「こんなにチェック緩くて大丈夫なの？」っていうぐらい。完成してから後でナレーション原稿を送って、それでもうオンエアみたいな。今同じようなことをすると本当に細かくチェックが入っちゃうんだけど、当時はそんな感じだったから、とにかく自分が全部番組の責任を取らないといけない。さっき話した通り、テレビマンユニオンの上のプロデューサーとケンカしちゃったもんだから、ほとんど誰もスタッフに付いてくれなかったこともあって、本当にほぼ全部一人でつくりました。

**土田**　『しかし……』で使われている厚生省の山内豊徳さんのお書きになった詩や、ホステスの原島信子さんの肉声の入ったカセットテープはどのタイミングで是枝さんが見つけられたものだったんですか。

**是枝**　金光さんのとこに最初に企画書を持って行ったのが一九九〇年の九月。で、企画が通ってから九一年の一月放送って言われて、それで準備を進めているうちに、最初はホステスの原島さんが、自死の前に録音した肉声の入ったテープだけが見つかったの。このテープをめぐる話をやろうと構成を考えていたら、一二月の頭に山内さんが亡くなったニュースが出た。最初の構成では原島さんのテープをめぐっていろんな人の話を聞くというだけの構成でやろうとしていて、そうなると生活保護を断る役人ってたんなる悪者として出てくるはずだったんだよね。構図的には非常に単純。ところが、山内さんの自殺のニュースを新聞で読んだら、その肩書の「厚生省社会局保護課長」っていうのが目に入った。つまり、生活保護行政の事務方の実質的な担当者で、「AERA」に彼のことを追悼する記事が出たりして、それで興味を持って調べたら非常に面白い人だった。上級公務員試験の席次は、全体で二位。どう考えてもこの成績ならふつうは大蔵省(現財務省)に入って、事務次官になって、未来は日銀総裁だろうという、もう官僚としてのゴールが見えちゃうぐらいのすごい成績。なのに、自分の意思で厚生省に行ったという変わり者なんだよ。彼の人柄について書かれたものとかを読むと、その選択はすごく納得がいくんだけど、彼の優しさがやっぱり首を絞めていくんだよね。官僚として優秀だったからこそ、ポジションが上がっていくにつれて、自分がやりたかった福祉行政のことを自分のポジションこそが裏切っていく、非常に複雑なジレンマを抱え込んでしまった。山内さんに出会ったことで、それまで単純に生活保護を切り捨てる悪い奴だと描こうとしていた、福祉事務所の側の人間の描き方を白紙に戻した。

でも、山内さんが亡くなられたのは一二月だったから、もう一月の放送には間に合わない。そこで金光さんに電話して「二月の放送なんですけど」って言ったら、金光さん、僕の企画通したことを忘れていたの。改めて三月の放送日を決めてもらって、そこからもう一度構成を練り直した。四十九日が過ぎた後に、山内さんの奥さんに連絡を取って、ご自宅にお伺いしてお話したとき、番組の冒頭で見せたような引き出しに入っていたいろんな文章の書かれた紙束をお借りしたんです。持って帰って読んでみたら、その中にあの詩があった。それで構成が見えた。

**土田**　この山内さんの詩から採られた「しかし」という切り返す言葉は、是枝さんの自身に対する問いかけでもあるでしょうし、視聴者に対する問いかけでもありますよね。生活保護を切り捨てられた原島さんの話だけで番組をつくってしまうと、単純な国の政策批判みたいなものになってしまう。しかし山内さんという制度側の人のことを知るに至って、二人、より具体的にはテープと詩という「声」が重なったことで、この作品がとても立体的になるという確信を作り手が得たような印象を受けました。

**是枝**　『しかし……』で一番ネックになったのは環境庁への取材。企画書を持っていって「大蔵省出身の方たちの取材をしたい」って広報の窓口に伝えたら「わかりました、検討します」と、そのときはニコニコしてたんだけど、受け取っ

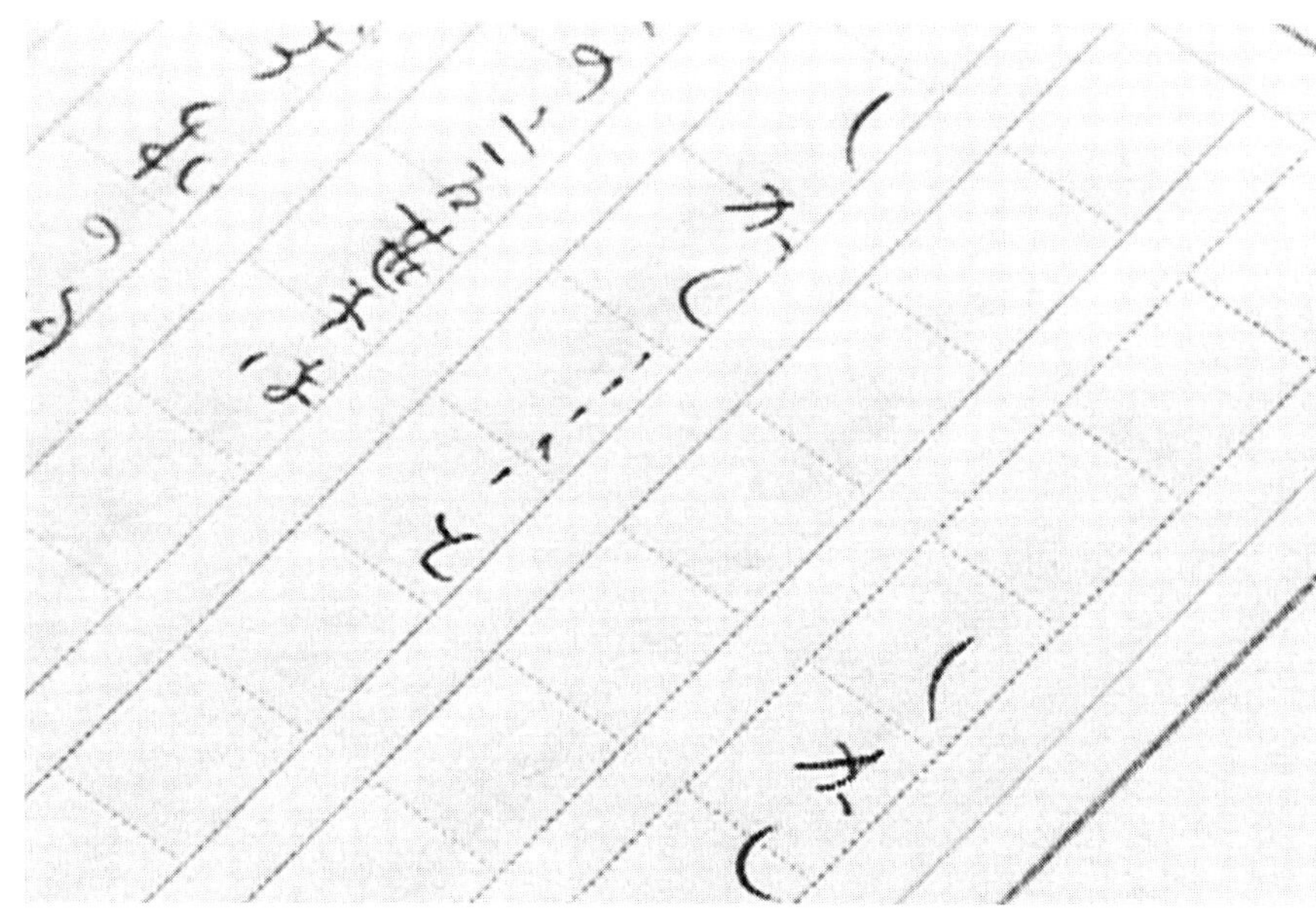

フジテレビNONFIX『しかし……福祉切り捨ての時代に』(1991年) 演出：是枝裕和 ©テレビマンユニオン

た直後にフジテレビの報道局から連絡が入って「勝手なことをするな」と言われた。要するにこちらを通して依頼しろと。でもその通りやったら、今度は「取材はお断りします」って言われちゃった。それでもう一回しつこく環境庁へ行ったら、「あなたのような出入り業者の取材を受ける義務は私たちにはない」とはっきり言われた。彼らとしては報道機関なら取材は受けるけども、制作会社のどこの馬の骨かも分かんないようなディレクターの取材なんか門前払いで当然、という発想だったわけ。

それで懲りてさ、今だったら問題になるかもしれないんだけど、都庁の電話の録音なんかも全部断りなしで使っている。正面から行ったら断られるのは目に見えてたから、相当無理してやっているんだよね。目を伏せながらしゃべってくれてる荒川区の福祉課長さんなんかは、出てくれただけ偉いなって。でも、このときも断られたら番組成立しないと思ったから、約束よりもすごく早い時間に会議室を開けてもらって、カメラをセッティングして、テープをテーブルの上に置いて、入ってくるのを待ち構えいてた。嫌がられて部屋出てかれたら困るから、誰もいない会議室だけでも撮って帰ろうと思ってたわけ。

山内さんの奥さんのところに取材に行ったときも、彼女が取材を受ける義務はないわけだから、断られたらどうしようかなと思ってた。でも、彼女はそれまでの取材に対してすべてノーコメントだったけれど、僕のことは部屋に上げてくれた。最初に彼女に言われたのは「自分にとっての夫の死というのは非常にパーソナルなものだけれども、彼が取り組んでいた福祉についての番組であるならば、彼の死はパブリックな側面もあるから、自殺をセンセーショナルに扱うのではなくて、彼の取り組みをきちんと描いてくれるのであれば、そのことについて私が語ることを、夫は喜ぶと思います」ってことだったの。彼女の口から出た「パーソナル」と「パブリック」っていう言葉は、その後もドキュメンタリーの取材をするなかで、どこにカメラを向ける必要があるのか自問自答する上で、とてもヒントになった。

のちのち番組が放送されてから、この番組について本を書いたんだけど、出来上がった本を持って彼女にもう一回会いに行ったとき、「なぜ私があなたの取材だけ受けたと思いますか？」って言われて、正直よくわからなかったと答えたら、「あなたがそこに座って、どうしゃべったらいいのかわからずにモジモジしてる姿が夫とそっくりだったんです」って言われてね。別にいい話でも何でもないんだけれど、山内さんの『しかし……』という詩を読んだとき、「あ、この感覚は自分の中にもあるな」と思った。この感覚が当時二十八歳の自分の生きにくさに直結してたんです。だから彼女に「夫に似ている」と言われたとき、完全に見抜かれてるなと、ちょっとびっくりしました。

### 押し通す力──『シリーズ憲法～第9条・戦争放棄「忘却」』

**土田**　もう一つの『シリーズ憲法 ～第9条・戦争放棄「忘却」』では、是枝さんご自身や家族のお話が使われているほか、アメリカやポーランドなど国際映画祭などの時間で、旅日記的に撮られた映像も使われていましたよね。その映像は作品にする意思があって撮られたものだったのでしょうか。それとも偶然捉えられたものだったのか。

**是枝**　こっちは番組制作が決まった後、目的を持って撮っています。ただ、全部映画祭がらみですね。映画祭に行ったついでに、ちょっと足を延ばして考えるってことをテーマにしてた。

**土田**　ご自身のお話や家族のお話が要素として使われていることは珍しいわけではないですが、ここまで直接的な使い方は他にありませんよね。そうした話を憲法と重ねることは最初から見えていたんでしょうか。

**是枝**　うん。このシリーズ、もともと僕が「NONFIX」をやってたのを見ていた若手の編成の人が、いろんな制作会社のディレクターを集めてやれないかっていう話をもちかけてきたのが始まりでした。そこで僕が知り合いの優秀なディレクターたちとか、森達也さんに声をかけて、憲法をテーマにしてやることになったんだけど、当時ちょうどそのタイミングで自民党の憲法草案っていうのが出てきた。これがクソみたいにひどいもんで、びっくりして。

そういうこともあってやるならちゃんとやろうっていう話になったんだけど、フジテレビの担当者が「面白そうですね、やりましょう」って簡単に言うわけ。あ、この人わかってないなって思った。そもそも、森達也を呼んで、僕も入って、憲法を題材にしてシリーズ企画をやる……そんなことが今のフジテレビで本当にやれるのか？　そういう危機感をその人とは共有できてなかったんです。当時憲法を扱う番組を放送で流すなら「両論併記しろ」と言われた。何を根拠に言ってるのか理解できなかったんだけど、彼らからすれば放送法が根拠だと言う。もちろん、そんなことは放送法にはちゃんと読めば書かれていない。だから戦えば勝てたと思うんだけど、あっちはもう完全に守りに入っちゃってたから。当時でも──今はもっと厳しいけど──

報道番組でさえ憲法九条を扱うなら、賛成派のコメントを三十秒使うなら反対派のコメントも三十秒を使ってくれと言われた。でも、秒数を同じにすることが放送における公平なのかって思うじゃない？　だけども、彼らはそうしておけば裁判で訴えられた時に負けない、言い訳が効く、あるいは自民党に突っ込まれても「いや、秒数は同じにしてるんですよ」っていう言い訳ができるって考えてる。

そういう状況で、でも僕も両論併記だけはしたくなかったから、「これは憲法をめぐる話をしているけれども、セルフ・ドキュメンタリーなんです。一人称で僕がナレーションを読んで、旅のついでに憲法のことを考えるエッセイなんです」と企画を伝えた。逃げとも言えるけど、理論武装したんだよ。それでも放送直前になって「両論併記になりませんか」って言ってきた。もちろん「なりません」って伝えました。最初の企画書から全部遡ってお見せして、こういうプロセスでつくってますので直せません、放送できないということであれば編成権はそちらにあるので放送なさらないで結構です、だけどそれについて僕は公に記者会見なりなんなりをして話しますから、ということで押し切りました。でも、見ていただければわかりますよね。実際には何かに対する大掛かりなアンチテーゼではない、穏やかな番組だと思いますけども。

**土田**　穏やかでありつつも、主張ははっきりとされていますね。そのなかでご自身の少年時代の記憶として『帰ってきたウルトラマン』の「怪獣使いと少年」のエピソードがあります。これは非常に有名なエピソードなのですが、沖縄出身の上原正三さんが脚本を書かれた回で、差別問題を直接的に扱い、ウルトラマンが人間のために戦わないことを選択しようとする話です。ここで少年時代の是枝さんが正義について考えるようになったと言うエピソードを憲法九条に繋げようと考えたのは、やはり先ほどお話にあったパブリックとプライベートの関係から出発されたんでしょうか。

**是枝**　方便ですけどね。でも多分、自衛隊の話から始めたかったんだろうね。

**土田**　なるほど。是枝さんはもともと練馬の朝霞駐屯地の近くに住まれていましたものね。

**是枝**　うん。「怪獣使いと少年」、あれはやっぱりショックだったんだよな。ウルトラマンのことは好きだったんだけど、いくつかの回にはウルトラマンの正義を疑うエピソードもあるじゃないですか。

**土田**　「怪獣墓場」とかもそうですね。

**是枝**　「故郷は地球」もそうだし、「ノンマルトの使者」っていうのもある。そういうエピソードで正義を相対化することに触れて、子どもの頃はそこまで整理できないし、上原さんが沖縄出身だってことも知らなかったけど、なにかトゲのように刺さる回があって、ウルトラマンとか怪獣以外のものの、なにか嫌な感情が記憶に残っちゃったんだよね。「怪獣使いと少年」が放映されたときはもう小学校の高学年になりかけてた時期だったから、低学年のときに見ていたときよりもう少し明快だった。その辺からあんまり子ども番組とかヒーローものが楽しめなくなった。それまでウルトラマン一色なくらいだったのに。

**土田**　そうした記憶が『忘却』のなかで、自衛隊や正義をめぐる議論に結びついてくる。

**是枝**　うん。でも『忘却』って、そんなに整理されてつくられてないよな、きっと。その都度、その都度思ったことをエッセイ的につくってるような気はする。大丈夫かな。

**土田**　作品として「エッセイ」と記すと軽く見られてしまうようなときもありますが、この作品の『忘却』と言うタイトルによって、この作品が記憶に関わることがはっきり伝わるのではないかと思います。憲法自体はともかく、それにつながる戦争を含む無数の記憶と、その忘却を許して良いのかということにつながると思うのですが。

**是枝**　つまり九条は戦争を忘却することへの抵抗という解釈だよね。でも、改憲さえしてないのに集団的自衛権を認めちゃってる。そういう状況に突き進んでますけどね。

**土田**　現在のロシアとウクライナの戦争についても、この作品を見て考えてもらうことは大事なことですね。

## 怒りをそのまま言葉にしても伝わらない

**会場質問**——私は福祉関係のゼミに入っているのですが、是枝監督の作品は今回見た『しかし……』のようなドキュメンタリーも、『誰も知らない』(二〇〇四)や『万引き家族』(二〇一八)というフィクションでも、どれも福祉を必要とする社会的弱者に視点をむけている点で共通しています。是枝さん自身、以前からこうした格差の問題や福祉に強い思い入れがあるのでしょうか。

**是枝**　福祉や弱者に特別な思いがあるかと言われると、たぶんない。ただ、『しかし……』の企画をなぜ立てたかというと、話が遡るけど、プロデューサーと揉めて仕事を休んだときに、たまたま中学の同級生と会ったんだよ。そうしたら、彼の家が中学時代に生活保護をもらってたことを告白された。「恥ずかしくて言えなかったんだよ」って。それから、当時付き合ってた彼女からも、高校生の時にお父さんが亡くなって生活保護もらっていたっていう話がポロっと出たりした。

そもそも「生活保護」という言葉が良くなくて、本来は「生活権保障」だと思います。生活権というのは憲法に記されている国民の権利であるにもかかわらず、もらうことが後ろめたく感じられてしまうこと自体が間違っている。根本的に福祉というものが、お上からの施しであるという認識がおかしい。これは日本にすごく根深くある問題で、自分自身が国の主権者であるという感覚が希薄なんですよ。これが日本の一番の弱点だと僕は思います。権利なのに生活保護について隠さなきゃいけない、この感覚っていったい何なのかっていう単純な疑問からスタートした番組です。僕が弱者に優しいとかそういうことではなく、僕が企画を考える時に最初に芽生えているのは疑問符、それが怒りのような感情につながる。それが原動力になって企画が動くっていう感じですね。

**土田**　表現以前に、人として弱者に興味がない人はあまりいない、そういうことを考えていて当然なのではないか、そういう社会であるべきではないかという疑問、問いから作品が生まれてくるということですね。そしてもう一つ、社会的なテーマを扱ったから作品が社会性を持つかといえば、それは別の問題ですよね。確かに是枝さんは、劇映画を含め社会性の強い作家だと語られることも多いですし、直接そうしたテーマを扱ってることには自覚的だと思いますが、だからといってそのまま作品が社会的であるかといえばそういうわけではない。たとえば高校生二人の恋愛を描いたとしても、その二人の周りには社会も世界もあるわけで、色んな考え方があると思う。たとえば海外では是枝さんって「死後を描く作家」として語られることが多いですよね。個人的には「えっ」って思うんだけど、そういう見方もある。あるいは今日のドキュメンタリーを二本見ると、父親が不在の子どもというテーマも見えてくる。それは『そして父になる』(二〇一三)までずっと続くんだけど、いろんな解釈があります。だから「社会性がある」という一言で断定するだけでは見落としてしまうことがあるような気がしますね。

**会場質問**——是枝監督のドキュメンタリーを見て、たとえば平和ボケに対する警鐘だったりとか、福祉と倫理の板挟みだったり、そういうメッセージに政治の授業を受けてるような感覚を覚えたのですが、監督は自身の作品から政治や道徳・倫理について感じ取ってもらいたいのか、それとも映像のドキュメンタリー的な性質を感じて欲しいのか、どのように考えていますか。

**是枝**　君はどちらだと思う？

**会場質問**――わかりません。これまでの講義では劇映画が多かったので創作的な態度のようなものを学んでいた気がするのですが、ドキュメンタリーの場合、そこで語られる主義や主張みたいなものがあらかじめ定まっているように感じてしまったんです。高校生のころ、政治経済の授業でドキュメンタリーを資料に扱われたときは、やはりその教員の伝えたい意見がにじみ出ていたように感じていて。

**土田**　一つ前の質問にも関係していることですが、あらゆる映像作品は政治的であり、社会的であり、道徳的です。劇映画であったとしてもそれは変わらないと思います。たとえば、画面のフレームをどのように決めるのか。これは監督とキャメラマンの仕事ですが、ある一定のサイズのフレームを決めるっていうことは、そのフレームの外にある存在を切り落とすことになるわけですね。「福祉「切り捨て」の時代に」と同じで、そこには写らない人やものがある。おそらく、質問をしてくれたお二人の「社会的な作品」という見方には、直接的な題材としての政治が扱われているかどうかが関わっているように思います。『忘却』のなかで、是枝さんが棒読みで大島渚の『体験的戦後映像論』（朝日新聞社）という有名な本を読むシーンがありましたね。大島渚は、木下恵介という監督の『二十四の瞳』（一九五四）など、戦争を題材にした劇映画を批判します。木下が戦争を映画の中で描くと非常に美しいイメージで終わる、しかしそれは戦争を美化するような表現ではないか、日本人の反戦意識とはその程度のものなのか、という内容ですが、要するに戦争の記憶を劇映画の中で夕焼けのような美しいイメージでごまかしてよいのかという疑問を投げかけていて、扱うテーマと映像の形式の関係が問題になっている。木下恵介のようなドキュメンタリーを撮っていない監督の劇映画作品にも、こうした意味での政治性は見出せるわけで、ドキュメンタリーは現実的な題材を教条的に扱うもの、社会的な映画はそういう題材をフィクションにするもの、といった認識は、ちょっと偏っているような気がします。もっと広くいろんな作品に触れてほしいですね。

**是枝**　今の土田さんの説明はよくわかったな。作品について聞かれるとき、「何がテーマですか」とか「何を訴えたかったんですか」って聞かれるのが、実は一番難しい。『しかし……』はたしかに福祉を描いてはいるんだけど、じゃあ福祉についての政治的社会的な作品かと言えば、そういう見方もあるだろうけど、あれは個人的には人間の弱さについての話だな、と思ってる。『忘却』も、確かに憤ってつくってはいるけど、政治的なメッセージよりは、「忘却って暴力だよな」っていう素朴な感覚が起点だったりするんだよね。

**会場質問**――『忘却』には、「怪獣遣いと少年」の映像が使われていましたが、短い映像にもかかわらず、強い怒りみたいなものを感じました。ですが、同じように怒りを原動力として制作をされているという是枝監督の作品からは、むしろ穏やかな感じを強く受けます。怒りという強いパワーを穏やかなものに変えていくプロセスはどのようなものなのでしょうか。

**是枝**　怒ったことをそのまま言葉にしても、人には伝わらない。そう言うと土田さんには笑われるかもしれないけど、けっこう日頃から怒ってるからね、僕(笑)。でも、まず自分の中で怒りを憤りにするみたいに、別の形にする変換機能は必要。つねに怒りだけでつくっているわけではないけど、ただ怒りがスタートになると、それはやっぱり届くというか、強いなというのが実感ではあります。

それから疑問や違和感って言ってもいいですけど、特にドキュメンタリーでは、何かをつくる上でわからないことがあるというのは強い動機になる。わかってることを訴えたいっていうより、わからないからこそもっと知りたいっていう姿勢の方が、面白い。伝えたいメッセージが撮る前にあるのなら、それを言葉にして伝えればいいだけの話。たとえば『しかし……』なんて、まさに撮ってるプロセスで自分の価値観や考えが変わっていったことが一番面白かった。それをどこまで番組に反映できたかわからないけれども、僕はこれをつくった二十八歳の時に、本当に心の底からこの仕事は面白いと思った。この仕事は自分を成長させてくれる。世の中を変えられるとは思わなかったけど、この仕事は確実に自分が成長できる。それまで四年間仕事をしていてそんなこと一度も思わなかったのに、この一本の番組で「あ、僕はこの仕事は面白い」という発見があった。

**土田**　ずいぶん前に是枝さんが演劇博物館の依頼で、それまで映画をつくったことのない子どもたちと映画をつくるっていうワークショップに講師として参加されたことがありました。そこで是枝さんは子どもたちに向かって最初に「?(ハテナ)を探してみよう」って言いましたよね。そうしたら、大隈講堂の先にある鶴巻町の通りに、小さな銅像が並んでるんだけど、このことに気づいていた人っています? 俺も気づかなかったんだけれども、子どもはそれに気づいて、何でこんなものがあるんだろうっていうところから、構成も何も準備なしに、作品が始まっていく。もちろんプロじゃないからキャメラワークや編集はめちゃくちゃだけれども、見ている側に彼らが自分たちの外側の世界を発見していく躍動感みたいなものが伝わってくる。ドキュメンタリーという表現にはそういう力があるなってことを思い出しましたね。

**是枝** 同じようなことをあちこちでやってるんだけど、子どもと一緒に映画をつくると「そうだよな。ドキュメンタリーってこういう出発だよな」って改めて考える。やっぱりキャリア長くなってくると、なんとなく逆算して考えたりするようになるわけ。で、自分でもちょっとつまんなくなっているときに、「いやいや、こうすればいいのだ」って気づかせてくれるから、子どもと映画つくるのは面白い。

一番面白かったのは、以前に「ようこそ先輩」ってNHKの番組をやったことあるんだけど、『忘却』にも出てくる母校である練馬の小学校に行って、六年生と一緒に映画をつくったとき。その班はまず「この町には野良猫がたくさんいるから、野良猫の巣を探したい」って、非常に安易にテーマを決めていたの。僕も安易に子どもが猫を追っかけてるだけでも面白そうだなっていうくらいに思っていたんだけれど、子どもたちが見つけた猫には、どれも耳に欠けたところがあったのね。なんでだろうと思って調べていったら、野良猫の保護をしている家にたどり着くんだけれど、それは不妊の処置をした猫の印で、処置が終わると耳にパチって穴を開けて放っていたわけ。要するに保健所に連れていかれないようにする目印だ。でも、そもそもなぜこの地域に猫が多いのか、しかも黒猫ばっかり。で、調べていったら、そこは昔ながらの古い商店街があるんだけど、昔、黒猫を飼うと黒字になるっていう話が流行って、商店はみんな黒い猫を飼ってたらしい。でも景気が悪くなってみんな店を閉めちゃったもんだから、その黒猫が野良になってしまい、そこからどんどん野良の黒猫が増えていったという、そういう話にたどり着いたわけ。すごいでしょう、ドキュメンタリーとして。だって、最初は子どもが猫を追っかけてただけなんだよ。それが、自分たちが暮らす町の商店街の盛衰の話にまで広がっていった。自分はそういうものをつくりたいんだなって思った、この歳になって。そういうふうに撮りながら発見していきたい。それは劇映画をやっていても同じで、作品を撮っていくなかで何かを発見する方向に行っちゃいたいんだよ。

## 是枝裕和
これえだ・ひろかず

©藤井保

1962年生まれ。映画監督、早稲田大学理工学院教授。早稲田大学第一文学科卒業後、1987年にテレビマンユニオンに参加、1991年の作品『しかし……福祉切り捨ての時代に』などが大きな話題を集める。1995年、初の劇映画長編『幻の光』がヴェネツィア国際映画祭で「金のオゼッラ賞」を受賞。続く1998年の『ワンダフルライフ』は世界30ヶ国、全米200館の公開となり、日本のインディペンデント映画としては異例のヒットとなる。2004年の監督第4作『誰も知らない』はカンヌ国際映画祭公式コンペティション部門に出品され、同映画祭での史上最年少で主演の柳楽優弥が最優秀男優賞を受賞。2018年、『万引き家族』が同映画祭にて、日本映画では歴代5作品目となる最高賞パルム・ドールを受賞した。著書に『映画を撮りながら考えたこと』(ミシマ社、2016年)、『家族と社会が壊れるとき(ケン・ローチの共著、NHK出版新書、2020年)など。

### 主なフィルモグラフィ

⦿しかし……福祉切り捨ての時代に(1991、TV作品)⦿幻の光(1995)⦿ワンダフルライフ(1999)⦿DISTANCE(2001)⦿誰も知らない(2004)⦿シリーズ憲法 ～第9条・戦争放棄「忘却」(2005、TV作品)⦿花よりもなほ(2006)⦿歩いても 歩いても(2008)⦿大丈夫であるように －Cocco 終らない旅－(2008)⦿空気人形(2009)⦿奇跡(2011)⦿そして父になる(2013)⦿海街diary(2015)⦿海よりもまだ深く(2016)⦿三度目の殺人(2017)⦿万引き家族(2018)⦿真実(2019)⦿ベイビー・ブローカー(2022)⦿怪物(2023)

# V

# メディアとしての映像作品——映画とテレビのあいだ

⊙**西谷弘**［ドラマ演出家｜映画監督］
⊙**大友啓史**［映画監督｜テレビディレクター］
⊙**関弘美**［プロデューサー］
⊙**岸善幸**［演出家｜テレビディレクター｜映画監督］

# テレビドラマと映画の横断から見えるもの

西谷弘 Nishitani Hiroshi［ドラマ演出家｜映画監督］

聞き手──藤井仁子 Fujii Jinshi
二〇一九年七月一三日

**かつて映画とテレビドラマは異なる領域を生きていた。しかし二〇世紀の終わり頃から、その境界は徐々に本質的な差異ではなく、相互に関係を有するメディアとして近年の映画史を形作っている。西谷弘監督はそのような領域の横断のただ中においてこそ、自作の可能性を広げている。**

## テレビと映画の関係の変化

**藤井**　この二十年ほどの日本映画界で起きた変化で最大のものは、テレビ局主導の映画が主流を占めるようになったことです。そのなかで西谷弘さんはテレビドラマを手がけられる一方、映画においても高い評価を受ける作品をつくってこられました。今回のお話が、映画とテレビの不毛な対立を解消する機会になればいいと思っています。西谷さんは現在フジテレビに所属されていますが、もともとは映像制作会社でCMやドラマをつくられていたそうですね。

**西谷**　ええ、最初は広告をやっていました。もちろん映画は好きでしたが、自分が就職した一九八〇年代中頃は映画会社が人材をあまり採らない時期で、バブルもあり、広告業界がすごくイケイケな時期だったんですね。

**藤井**　西谷さんは是枝裕和さんと同い年ですよね。一九八〇年代に学生だった世代で、まさに今が働き盛りです。ちょうど八ミリ映画の全盛期に学生時代を送られたと思うんですが、映画を撮ったりはしておられたのでしょうか？

**西谷**　まったくです。幼少の頃から絵を描くことは好きでしたが学生時代は体育会でして。そもそもこういう仕事に携われるなんて思ってもいなかった。だから日中はもっぱら授業と運動。ただ、夜中にアルバイトで資生堂とかカネボウのショーウィンドーを飾る、装飾のバイトをしていたんですね。そこにはキャッチコピーを大きく掲げてるような装飾もあれば、商品のみのワンビジュアルだけでアプローチする装飾もあって、ショーウィンドー自体がひとつの絵で、そこからストーリーを想像させてることに感動を覚えたんです。このフレーズだったら自分の方がいい言葉を生み出せそうだとか、思い上がったりもしてましたし(笑)、なんか夢のある世界だなあと思いながらバイトしてました。そこがきっかけになっているのかもしれません。

**藤井**　広告が思想を持ちうると考えられていた時代でしたね。一方で日本映画界は非常に低空飛行の時期で。

**西谷**　映画界の人たちも皆さん食べるためにCMを撮るような時代でしたね。

**藤井**　映画監督になる場合はまず助監督からというコースが一般的ですが、CMや広告の世界ではどういうかたちで修行を積まれたのでしょうか。

**西谷**　当時の話ではありますが、CM制作会社の場合はプロダクションマネージャーという役職の人が、助監督も制作も全て熟(こな)していました。だからCMディレクターになりたい者は、とにかく毎日CMのコピーを書いたり絵コンテを描いたりする。映画やドラマでいえば脚本をつくるみたいに商品が主人公のストーリーやコピーをつくるんです。題材としては代理店のクリエイティブがしっかりとした華やかな商品が与えられることもあれば、プロダクションへ丸投げのを白紙からつくらねばならないこともあって、それが修行になったかなと思います。

**藤井**　そこからテレビドラマを撮られるようになった経緯はどういうものだったんでしょうか。

**西谷**　共同テレビCM部という部署に属しているときに、すぐ隣でドラマや映画をつくっていて長編への憧れを抱きはじめました。それで「ドラマか映画を撮りたい」とお願いしたところ割とすぐに撮らせてもらいました。ラッキーでしたね。周りからは妬まれましたが(笑)。ただ、CM撮影は基本ワンカメでやっていたんですが、テレビドラマでは「マルチ」と呼ばれる常にカメラが五、六台使われていて、とにかく芝居を切らずに早撮りすることを求められていました。最初はそのスピードに付いていけずに、現場で「オッケー」と言いながらも、本当に「オッケー」なのかもわからずにいた時もありました。

**藤井**　テレビとドラマの関係を変えた最も大きな出来事は、九八年の『踊る大捜査線』の最初の映画化だったと思います。それ以前はテレビ局が映画を製作するときにも、テレビドラマのスタッフではなく映画畑の監督を立ててテレビとは異なる内容にするのが普通でした。ところが『踊る大捜査線』でテレビドラマの演出担当だった本広克行さんがそのまま映画も監督するというパターンが生まれた。映画界の側からするとテレビに縄張りを荒らされたように受け止められた風潮があったと思うんですけど、その前後の空気の変化みたいなものは感じておられましたか？

**西谷**　プライベートではほとんどテレビドラマを観ることなく、観るんだったら映画という感じでしたが、つくり方の意識の違いとして、テレビはいつでも簡単にザッピングされてしまうという危機感ですね。一方、映画は観客から時間とお金を奪うという責任は感じますが、とりあえず頭から結までは見てもらえる前提。でもテレビドラマはつまらなければ即チャンネルを変えられてしまう。視聴者の目を離させないことについて、ものすごく考えるんです。たぶん、物語のラストさえよければいいみたいな余裕は一切なくて、テレビの方が視聴者に鯛焼きの頭から尻尾まであんが詰まっているような満足感を与えてきたのかなと。『踊る』の成功はたぶんそういうところにあるのだと思います。

## フォーマットと演出のあいだで

**藤井**　西谷さんの最初の映画は二〇〇六年の『県庁の星』ですが、このころはまだフジテレビの社員ではないですよね。フジテレビが映画で勢いづいていた時期とはいえ、局の社員ではない、しかも映画を監督したことのない方に任せたことになりますが、どのような経緯があったのでしょうか。

**西谷**　これはたぶん、織田裕二さんとの信頼関係みたいなものがドラマをやっているときにできたからだと思います。

**藤井**　しかも、『県庁の星』は原作はあるものの、ドラマを経由しないいきなりの映画化です。ドラマの映画化以外にも、いろいろな映画をフジテレビが製作していた時期ですね。

**西谷**　そうですね。このころフジテレビは、テレビドラマ発の映画と、周防監督や是枝監督の作品のようないわゆる生粋の本格映画の両輪で製作してましたね。

**藤井**　映画第二作の『容疑者Xの献身』(二〇〇八)は、ドラマ『ガリレオ』の映画化です。

**西谷**　ハナから映画化が決まっているプロジェクトのものと、ドラマ人気を受けて後発で映画化されるものの二種類があります。自分の場合は最初から映画化が決まっているものはほとんどないんですが、これは唯一映画化することが先に決まっていた作品でした。

**藤井**　西谷さんのその後の作品と比べると、この作品はまだテレビの要素を忠実に引き継ごうとしているところもありますが、それでもやはりテレビとは違うコンセプトでつくろうという意志がこの頃から明確だったように思えます。

**西谷**　十年以上前になりますが、その頃はテレビドラマはコミック雑誌を読むかのように、映画は小説を読むかのようにという棲み分けが勝手に自分の中にありました。テレビの連続ドラマは週刊漫画のように毎週刷り込まれていくものなんです。見た人が覚えやすいフレーズとポージング、物真似したくなるような流行という要素をテレビドラマでは考える必要があるんです。『ガリレオ』なら主人公の湯川の「さっぱりわからない」「実に面白い」というフレーズですが、それは東野圭吾さんの原作から拾っていました。アイキャッチな要素としては、湯川の謎解きという脳内の模様を、やたらめったらどこにでも数式を書きなぐるという表現ですね。でもこれは真似をしようとしてもできるものではないので、簡単に真似できるものとしていわゆる「決めポーズ」を作りました。これは取材やロケハンで行ったある大学に、学生がつくったフレミングの法則の手のオブジェがあったんですよ。その手のかたちの向こうに主人公の顔が浮かんだので、キャッチーな決めポーズにしようとしたわけです。でも、このようなギミックはテレビの方ではやりましたが、映画では一切使っていません。というのも、テレビの方はあくまでも主人公に先頭を走らせましたが、東野さんの原作は本来犯人主体のお話。映画では、あくまでもストーリーを先頭に立たせてつくりました。

**藤井**　テレビシリーズには毎回ある程度決まったフォーマットがあったけれども、映画ではそうしたフォーマットをあえて捨てたということですね。『容疑者X』には最初と最後に少しテレビとのつながりを意識したようなところもありますが、内容自体はテレビ版を知らない人でも問題なく見られるようになっています。

**西谷**　当初プロデューサーたちはテレビの延長でやると思っていたようで、ホンづくりの時に「映画はつくりを変えたい」という提案をしたところ、かなりザワつきましたね。せめて冒頭とかはドラマの要素を入れてほしいということで、あそこはちょっと後付けでつくったんです。

**藤井** 先ほど出た決め台詞の「実に面白い」も映画では福山さんではなく堤真一さんの方が言う。そのあたりはどれほど監督に権限が認められているものなのでしょう。そもそも西谷さんはどの段階から企画に関わるものなのでしょうか。

**西谷** テレビは作品によりますが、映画は基本的に頭から入らせてもらうようにしています。ただ『アマルフィ 女神の報酬』(二〇〇九)のような作品だと、フジテレビの五〇周年記念作ということでしたので、企画の大枠は入る前から決まっていました。

**藤井** 全編アマルフィでの海外ロケということも決まっていたと。

**西谷** そうです。

**藤井** 映画としては『アマルフィ』の次に『アンダルシア 女神の報復』(二〇一一)という姉妹編も撮られています。そして『任侠ヘルパー』(二〇一二)なんですが、私自身、西谷監督の作品は全部追いかけなきゃいけないとあらためて確信させられたのがこの作品でした。さらに一段高いところに行かれたという印象です。

**西谷** これはもともと連続ドラマの作品なんですが、日頃から、もっと等身大の作品をつくりたいと思ってました。だから、当初与えられた企画を自分の思うように根底から覆した作品でもありました。元々は草彅剛さんがもっと「いい人」の役だったんですよ。

**藤井** 当時の草彅さんのイメージは完全に「いい人」でしたよね。

**西谷** そうです。これも簡単に言えば、暴力団の親分の息子として生まれた人が実はいい人、みたいな企画だったんですが、でもなんか既視感があるなあと。そんな中、久しぶりに草彅さんにお会いしてみたら、以前とは違う〝男臭い〟いい顔をしていたんです。だったらもう思い切ってもっと任侠の方の人間にしようと。まあ、チンピラなんですけれども、底辺の人間を描く方が自分としては興味がありました。これまでは物理学者とか外交官といった、かなりレベルの高い人たちだったので、自分でもいつも背伸びをしながら、冷汗をかきながら彼らの心情をつくってました。だから『任侠ヘルパー』の場合は等身大の自分が投影できて楽しかったですね。

**藤井** 俳優の使い方として、その人のイメージを裏切るといいますか、思ってもみなかった別の顔を引き出すというのは西谷さんに一貫していると思うんです。たとえば圧倒的にモテるイメージが強かった福山雅治さんから恋愛要素を取り除いてしまったり、清廉なイメージの上戸彩さんに『昼顔』(二〇一七)で不倫させてしまうといった大胆なことをされている。

**西谷** もちろんキャスティングありきで始まっているものもありますし、後からキャストが決まるものもあるのでその時々ですが、基本はやっぱりまず頭の中で登場人物のキャラクターをつくり、そこからキャストにお会いして、改めてどう変化させられるかを探ります。せっかくのチャンスですから、まだ見たことのないキャラクターにチャレンジしていければなと。

**藤井** 内容的にも西谷さんが監督されるのは大人の映画が多いですよね。『任俠ヘルパー』では認知症の老人が不潔な施設に押し込まれている描写がありますし、『容疑者X』も原作通りではありますがホームレスが物語に関わってくる。正直なところ、あの時代のフジテレビ映画で、都市の日常から壁一枚隔てたところにあんなダンボールハウスのあるような現実が描き出されるとは、かなり驚きでした。

**西谷** 自分の中で関心が強いんだと思います。もちろん原作にも書かれてますが、子どものころの通学路にダンボールハウスのような場所が多かったので、どこか残像があったのかもしれません。

**藤井** 『任俠ヘルパー』の次は『真夏の方程式』(二〇一三)で、この作品だけ撮影が北野武作品でお馴染みの柳島克己さんです。これまでは井筒和幸さんの映画や北野作品ならば『HANA-BI』(一九九七)の撮影をされている山本英夫さんと組まれることが多かったと思うんですが。

**西谷** はい、『県庁の星』からずっとご一緒させてもらってます。『真夏の方程式』では山本さんのお師匠さんにあたる柳島さんと組ませてもらいました。これまでの自分の作品はカメラワークを多用してたのですが、この『真夏の方程式』の真夏という「動」のイメージをカメラワークではなく、フィックスというフレームで描いてみたかった。柳島さんは一枚画を非常に美しく撮られる方で「動」の空間をどう撮らえるのかを見てみたかったんです。ただ柳島さんは、ちょうどこの頃に撮影していた『アウトレイジ』(二〇一〇)を全カットカメラワークで攻めてたようで、動きたいところを我慢もしていただきながらフィックスで撮っていただきました。

**藤井** 撮影は真夏ではないんですよね。

**西谷** 夏の終わりから秋ですね。九月から一一月にかけて。

**藤井** 見ただけではわからなかったんですが、まさにカメラで夏の光をつくっているわけですね。それから、フィックスを多くしたことも一因だと思いますが、編集がこれまでよりもさらに複雑になっています。いくつものドラマの層を複雑に重ねられていて、時系列で見せれば倍以上の時間がかかるのかもしれませんが、にもかかわらず、見る側は混乱しないつくりになっている。熟練の演出です。

**西谷**　どうなんでしょう、後々見て複雑だったかなあと思うこともあります。コマーシャル出身だからかもしれないですね。〝いかに短い時間の中でどれだけ多くを語れるか〟が好きなのだと思います。

**藤井**　なるほど、何か腑に落ちたような気がします。それから『真夏の方程式』は、白竜さんや前田吟さん、風吹ジュンさんといったキャスティングも渋い。

**西谷**　このあたりは要望を通させてもらったところです。味のある人が大好きなのですが、「もっと派手に！」ともよく言われます(笑)。

**藤井**　『真夏の方程式』の男の子や『昼顔』の子どもたちのように、子役の芝居の付け方もいつも印象的です。いわゆる天才子役などでは全然なく、つくられた芝居に見えない。

**西谷**　子役のオーディションは粘って徹底的にやります。演技についてもトレーニングを積み重ねますが、たとえば『真夏の方程式』の男の子であれば、ニカッと笑ったときにすきっ歯が見えるところが決め手でした。オーディションの段階では、その表現力以上に本人の持ち味を見逃さないよう努めてます。是枝監督は子役の使い方が凄まじく巧い。オーディションでの観察力に長けてるのだと思います。子どもを丁寧に描いている作品はやっぱり好きです。

## やらないことのプレッシャー

**会場質問**――『エンジン』や『月の恋人～Moon Lovers～』で一緒にやられている木村拓哉さんのお芝居がすごく緻密に組み立てられているように見えました。現場ではリハーサルもされると思いますが、どういうアプローチで芝居をつくっているんでしょうか。また、木村さんご本人は芝居以外の部分でも控え室に戻らず、スタッフさんとコミュニケーションをよくとられていると聞いたんですが、どのように現場におられるんでしょうか。

**西谷**　木村さんは撮影現場で芝居場から離れるようなことは絶対にありませんね。その空間との一体化という役作りもあるでしょうし、スタンドインに代役を立てることもなく全て本人です。それにより、カメラマンもライトマンも非常に早く、正確な仕事ができます。つねに現場ファーストな方です。本人が誰よりもものづくりが好きなので、自然と現場の士気は上がりますね。それから彼の緻密な表現というのは、もちろんディスカッションからも生まれることもあるのですが、そもそも観察眼がものすごい。撮影がワンクール終わる頃には、スタッフさん全員の物真似ができるくらい(笑)。そのセンスがたくさんの感情の引出しを持たせ、幅の広い表現力につながってるのだと思います。

**藤井**　テレビドラマを映画化する場合、すでに俳優さんにキャラクターが十分染み付いているので、あまり細かい指示は出さなくて済むのでしょうね。

**西谷**　確かにそれはあります。だからこそドラマ発の作品の場合、映画を単なるドラマの延長にしないように心がけています。ドラマを観ていないから映画も観ない、という流れを軽減したいという理由もありますが、やはり予測できないものにチャレンジしていかないとつくる楽しみがなくなってしまうんですよ。だから『任侠ヘルパー』も『昼顔』もテレビシリーズでの設定や登場人物をなるべくリニューアルしていきました。新しいキャラづくりをしていかないと、自分自身がすぐに怠けてしまうので(笑)。

**会場質問**――『ガリレオ』の決め台詞を映画ではあえて入れないとお話がありましたが、でもドラマを見ている人は、やっぱりその決め台詞を期待すると思うんです。そこへの怖さはなかったんでしょうか。

**西谷**　怖さはいつもありますが、そこは博打ですね。決め台詞を言わせることに何の支障があるのか？　という話にもなりますが、でもその代わりに見える彼の表情や表現力を楽しんでもらおうと考えています。ただ『真夏』ではちょっとだけ遊んでみました。女性刑事役の吉高由里子さんに決めポーズを一瞬やらせたりと。

**藤井**　『踊る大捜査線』より前であれば、映画版はテレビドラマからは意識的に差別化していたわけですが、でもやってみたら興行収入が期待したほどではなかったというケースも多かった。それでテレビの映画化は当たらないものだと思われていたのに、『踊る大捜査線』の大ヒットでみんなびっくりしたわけです。そうした経緯を踏まえると、西谷さんがやっていることはある種反時代的というか、いわば『踊る大捜査線』以前の姿勢を貫きながら、しかしちゃんと成功させておられる。そこが稀有なところだと思うんです。

**西谷**　いちばんは観客の皆さんの目が肥えてきたからだと思います。もちろん『ガリレオ』シリーズの映画化でも、テレビと同じことをやって欲しいという要望もありましたし、興行的にどちらがよかったのかはわかりませんが、自分の中の映画に対する良心というか、テレビではなくお金と時間をいただく責任がそうさせたのだと思います。

**藤井** シンプルに、どうしてそこまで抵抗できるのでしょう。つまり、テレビと同じようにつくれというプレッシャーを毎回どのように撥ね除けておられるのか。

**西谷** どうなんですかね。撥ね除けているのか、諦められているのか……。

**藤井** 良い意味で頑固ということなんでしょうか。もう一点、音楽の使い方について質問させてください。映画でこちらの気持ちが入る前に扇状的な音楽が流れてきたりするとシラケてしまうものですが、西谷さんの場合そのタイミングがいつも繊細で、こちらの情感が高まってくるのを待ってすっと入ってくるんです。

**西谷** そう思っていただけると非常にありがたいです。自分が映画やドラマを見ているときも、音楽が感情よりも先行されてしまうと、やっぱりシーンの行方が想像できてしまう。たとえばピアノソロが入ってきて「ああ、泣けってことなんだな」みたいな。台詞や行動も先読みできてしまう。昔のテレビの場合、いつどこから作品を見始めても大丈夫なようになるべく説明した方がいいと言われたものですが、映画の場合はより観客とのコミュニケーションを大事にしたい。つまり、いま露出している部分がすべての答えではない、設定のための設定のシーンだけはつくらないようにと心掛けています。

**会場質問**――先ほど子役のオーディションはたくさんされるというお話がありましたが、何を決め手に子役を決められることが多いのでしょうか。

**西谷** 最初に頭の中で登場人物の青写真をつくり、たくさんシミュレーションします。その上で、たとえば「僕は君のことが好きだ」という台詞があったら、まずは、自分のイメージに合う子を探していきます。次にあらかじめ持っていたイメージを超えてくる子、そうきたかという想定範囲外の子。『真夏の方程式』の少年のように、その子にしかない持ち味も大事です。そこからさらに数人に絞り、トレーニングを積みます。その過程での進化や変化も注意深く見ます。逆に〝これ〟といった決め手を持たずに、オーディションにはフラットな気持ちで入りますね。

**藤井** 昨今は最初からすっかりできあがった状態でオーディションを受けにくる子役も多いんじゃないですか。

**西谷** オーディションの部屋に入ってくるとき、それはもう正しい挨拶ができる子が多いですね。もちろん練習させていると思うのですが、ただあまりにもこちらの目を見てハキハキと「おはようございます」と言ってくると、礼儀としては正しいのですが、それよりも色に染まってない子どもらしさが欲しい。照れがあったり、不安気味の子の方が興味が湧きますね。

**藤井**　辛抱強くオーディションを重ねていくと、色に染まってない子役が見つかるわけですね。

**西谷**　見つかります。ただ、たとえば表情がいいけれどもしゃべったら全部嘘になってしまう、というような場合には、逆に計算を変えたりもします。たとえばしゃべらせない、台詞も全部削る。そのうえで感情を伝えられる他のアプローチを探るんです。個性が生きる方法を考えます。

**藤井**　できないことは初めからやらせない。これはまさに演出の極意だと思います

## 西谷弘

にしたに・ひろし

1962年生まれ。ドラマ演出家、映画監督。テレビドラマ『白い巨塔』(2003)、『ラストクリスマス』(2004)、『エンジン』(2005)、『ガリレオ』(2007)、『任侠ヘルパー』(2009)、『昼顔』(2014)など、数多くの話題作のメイン演出を担当する。『県庁の星』(2006)で映画監督デビュー。主な映画作品に『容疑者Xの献身』(2008)、『アマルフィ 女神の報酬』(2009)、『任侠ヘルパー』(2012)、『沈黙のパレード』(2022)など。

### 主なフィルモグラフィ

⊙県庁の星(2006)⊙容疑者Xの献身(2008)⊙アマルフィ 女神の報酬(2009)⊙アンダルシア 女神の報復(2011)⊙任侠ヘルパー(2012)⊙真夏の方程式(2013)⊙昼顔(2017)⊙マチネの終わりに(2019)⊙バスカヴィル家の犬 シャーロック劇場版(2022年)⊙沈黙のパレード(2022)

# 組織から個へ
## ──時代と社会とフィクションと

Otomo Keishi
大友啓史［映画監督｜テレビディレクター］

聞き手──Okamuro Minako
岡室美奈子

二〇二一年五月二九日

**少なくとも実写作品であれば、映像作品が個のみで生み出されることはほとんど稀なことであるだろう。しかしそのことは、個の仕事や責任の放棄を意味しない。むしろ集団であるがゆえにこそ、個はより大きな影響を作品に及ぼす。大友啓史監督は作品の外と内の双方で、フィクションの登場人物を通じて自身のあり方を思考するように、映像作品に向き合う個の可能性を追求する。**

### 身体性と物性の併存

**岡室**　今日は大友啓史監督に来ていただいております。まずは監督からひとこといただけますでしょうか。

**大友**　はい。僕がこの講義に来るのは三回目になるんですけれども、もうすぐコロナ禍による映画館の休業も終わるということで、今日は自分の新作『るろうに剣心 最終章 The Final / The Beginning』(二〇二一)の呼び水になるような話題も含めて、皆さんにお話できればと思っております。よろしくお願いします。

**岡室**　今日は事前に第一作目の『るろうに剣心』(二〇一二)を受講者のみなさんに見てもらいました。まず冒頭の戦いの場面がすごいですね。あるインタビューの中で監督は、この映画は漫画が原作だけれども、演じるのは生身の人間だから汗が出たり、疲労したり、俳優たちの思いがけない感情が注ぎ込まれたりするとおっしゃっていたんですが、まさにその息遣いが伝わってくる。一方で、死体の描写では、その上に雪が降り積もってまるで物体のようになっている。こうした動と静の対比がすごい。この冒頭シーンは真夏の京都で雪を降らせて撮影をしたとうかがいました。

**大友** 『るろうに剣心』は僕がフリーになって最初の作品です。アクション含め仕掛けの大きいエンターテインメント映画なので、観客を冒頭から巻き込むような描写をどうつくるかをずっと考えていたんですね。そんなときにロケハンで、周りに現代物が何もない、三六〇度全景が撮れる場所を見つけた。シーン自体は江戸幕末の鳥羽伏見の戦いという設定、いわば当時の〝戦争〟ですからね、映像的な奥行きや高低で画の広がりをつくれるような場所で、乱撃戦の中、剣心がバサバサと多勢の相手を斬っていく。そういうプランニングが実現できる、すごくいいロケーションを見つけることができたのは大きかったですね。

**岡室** 監督は長回しでも有名でいらっしゃると思うんですが、やっぱりそういう造形感覚が素晴らしい。死体に雪が降り積もっていて、剣に手をかけるとまるで過去の記憶が蘇ってくるようなシーンを通して思ったのは、詩情豊かだということなんです。たんなるアクション映画だったら佐藤健さんがバサバサと切り倒すだけで終わりだと思うんですが、ある種の詩情とか余韻のあるアクション演出が監督の持ち味ですよね。その辺は、どのように意識されているんでしょうか。

**大友** 二〇一〇年に『龍馬伝』を撮り終わり、会社を辞めた二〇一一年に『るろうに剣心』の準備をしていたのですが、そのタイミングで東北大震災が起きました。ほとんどの日本映画が中止になりましたが、この映画は外資のワーナー・ブラザース映画でしたから、中止という判断までには至らなかった。既に多くのスタッフも動き出していて、ワーナーさんはとにかく最後までやってくれと。そんな中、なんとか続けたいという思いと同時に、一刻も早く地元の盛岡に帰って何とか故郷の人たちと辛苦を共にしたいという気持ちがありました。震災という思いがけない出来事によって、朝に「行ってきます」と出ていった大切な人ともう二度と会えなくなってしまった人たちが、知人にもたくさんいた。その後、遺体にすら会えない人もいたんですね。『るろうに剣心』は二〇一一年の八月に撮影をしているんですが、あの頃は日本全体が、不意に眼前に飛び込んできた死と、魂と身体の関係性みたいなものを見直し始めていた時期だったと思うんですね。撮影時には僕もトラメガを持って、死体役のエキストラの方たちに「みなさんは死にたくて死んだんじゃないんだ」なんて言っていた。生命を失い、肉体という一つの物体になっているけれども、各々まだ生きたかったという〝無念〟の思いを発してほしいと現場で叫んでいた。その念が、これまでさんざん人を斬ってきた抜刀斎が抱える贖罪の念にもつながるイメージがあったんですね。要するに自分がその時思っていたこと、感じていたことが自然に映画に投影されているのかもしれないですね。

**岡室** 興味深いお話ですね。直接的に震災を扱っていなくても、震災は作り手の方々に影響を与えている。確かに震災以降につくられたドラマなどを見ていると、たとえば家族を暖かく見守るような幽霊が出てくることが増えていて、生と死に関する感覚の変化が人々の中にあったのかもしれないと思われることがあります。これはNHKを辞めたあとの最初の作品ですが、この題材を選ばれたことや、佐藤健さんをキャスティングしたことにはどういう経緯があったんでしょうか。

**大友** 『龍馬伝』を撮っているあいだに、映画をやりませんかという外からのオファーがけっこうあったんです。その中で『るろうに剣心』の原作が送られてきてプロデューサーとお会いしたら、現在進行形で『龍馬伝』の中で佐藤健が岡田以蔵役をやっていたこともあり、そのつながりで佐藤健はどうですかと提案してきたんですね。『るろうに剣心』という企画自体は、最初にオファーされた時は諸手を挙げて喜んで引き受けたわけではなく、『ハゲタカ』(二〇〇七)とか『白洲次郎』(二〇〇九)とか『龍馬伝』をつくった僕のイメージとは全然違う真逆のものが来たと、ちょっと驚いたんですよね。でも読んでみたら、幕末の人斬りの贖罪の話で、そのコアにあるものが、僕の中で『龍馬伝』で死んだ以蔵がもし明治の時代に生きていたら、どんな思いで新しい時代を見たんだろうという発想とつながった。佐藤健も事務所も大友さんならとおっしゃってくれたこともあり、それで会社を辞めて飛び込んだわけです。佐藤健と心中しちゃおうかなという感じですね。

**岡室** 少し、『龍馬伝』の映像を見てみましょう。

**参考上映**──『龍馬伝』

**岡室** 岡田以蔵は人斬り以蔵と呼ばれた土佐藩出身の実在の人物で、二十八歳で死んでしまうんですが、その役を佐藤健さんが演じていて、これが本当にすごい。『るろうに剣心』の剣心というキャラクターは、ありえたかもしれないもうひとりの『龍馬伝』の岡田以蔵に見えるような気がします。それに続けて、坂本龍馬と平井加尾〔土佐藩士・平井直澄の娘。龍馬の初恋の人と言われている〕のシーンがあまりに感動的なので、そこまで上映しました。私はこのシーンを見ただけで泣きそうになっちゃうんですが、今ご覧になっていかがでしたか。

**大友**　『龍馬伝』って僕のキャリアのなかでもひとつの基準になっていて、それはある題材を取り上げるとき、自分はそれに足りうる人なのかを考えるということです。龍馬のドラマを一年間やるってどういうことなのか。あの時代に生命の危険を覚悟で脱藩し、いろんな人の協力を仰ぎつつ、まだ見ぬものを探して、そして国を変革しようという意思で日本全国を歩くというのは並大抵ではない。飛行機も車も自転車もない時代に、龍馬は徒歩で地球を二周半歩いたとすら言われています。新しいものに触れて外からの視点を獲得して、いろんなものをすごいスピードで変革しようとした。そういう人物を題材に取り入れるからには、僕ら自身も変わらないといけないんだと思い、この作品では伝統的なＮＨＫ大河の方法論を全部変えようとしました。当時、バラク・オバマが黒人で初めてのアメリカ大統領になった時期で、一方で変わらない日本を見ていたイライラもあり、「変わる」ということ、「変える」ということが僕自身の一つのテーマとしてあった。もちろんいろんな反対の声が起こりましたが、「龍馬をやるんだからしょうがないんだ」と、蛮勇を振り絞って走り切った感じですね。

　その直後の作品ということもあり、『るろうに剣心』は、「続・龍馬伝」としてつくっている気持ちもありました。まだ封建的な制度が多く残り、男女の恋愛すら自由ではなく、上司と下司という身分差別があった時代に、みんなが笑って暮らせる世の中をつくろうと自分の人生を注ぎ込んで、いろんな人に利用され、最後は虫けらのように殺された龍馬の人生が僕はやっぱり好きで。それと双璧をなす生き方を剣心はしているのではないかと思った。最初にこの原作を読んでいたとき、どこにも属さない浪人が自分の剣技で周囲の人を助けるところに、そういうスピリットの近さは感じていましたね。

**岡室**　そのお話だけでも胸がいっぱいになってしまいます。ここで『るろうに剣心 京都大火編』〔二〇一四〕の冒頭近くのシーンをちょっとみてみましょう。

**参考上映**――『るろうに剣心 京都大火編』

**岡室**　非常にインパクトのあるシーンですね。どんなふうに演出を考えられたのでしょう。

**大友**　まさに「地獄絵図」ですね。本物の地獄絵図って見たことありますか？　釜ゆでにされたり、炎に焼かれたり、鋸引きされたりする人たちが描かれた昔の絵巻物などで見られるのですが、このシーンはある意味それを再現するシーンなのだとスタッフには伝えました。志々雄は本来剣心の跡継ぎとなった人物ですが、剣心と違って野心が強すぎ、そのため新政府側に警戒され、その命によって全身を焼かれてしまった。包帯ぐるぐるの姿はそのためですが、そういう人物を表現するには、炎に焼かれた彼が経験した灼熱地獄のビジュアルをどのぐらい印象付けるかで決まるわけです。

**岡室**　この場面、志々雄を演じた藤原竜也さんはまったく顔が見えない。俳優によってはそういう撮り方にNGが出ることもあると思うのですが、藤原さんはどんな姿勢だったんでしょう。

**大友**　不思議なことに良い俳優って、こういう役をめちゃめちゃやりたがるんですよ。僕の『ミュージアム』(二〇一六)という映画でも妻夫木聡くんが顔がほとんど見えないカエル男という役で出演したのですが、優れた役者はその技術によって、外面も内面も他の誰かになり切ることを理想としているものです。自分の顔を売るために芝居しているのではなく、誰かの人生に成り代わるために。この映画でも佐藤健が佐藤健に、藤原竜也が藤原竜也に見えてるようじゃダメですから。実はこの志々雄役には、けっこうな方々からやりたいというアプローチがあったんですが、そこで藤原くんに決めたのは、彼は舞台出身の役者なので、芝居の基礎体力がとても強いというか。映像出身の俳優は、どちらかといえば僕らが普通に話すような声で、いかにナチュラルに、いかに「演じていない」かのように演じるかが持ち味になる。でも舞台の人たちは本当に舞台の隅にまで声が届くように腹から声を出す。発声方法からしてまず違う。そういう身体の奥から絞り出すような低温の声が志々雄にうまくハマったかなと。声だけでも、その存在感が圧倒的ですからね。加えて身体的な強靭さがある。あの衣装でアクションをするのはめちゃめちゃ大変なんですよ。サーフィンのウェットスーツを着て、上に巻いている包帯は実は全部レザーでつくっています。普通の包帯でやるとアクションしているうちにどんどん解けてしまうので、そういう造りになったのですが、そのうえであんな動きができる俳優というのは、やっぱりなかなかいません。

## アクションから人物像をつくる

**岡室**　そうした意味でも非常に身体性が重要な映画になっていると思うんですけれども、たとえば宗次郎役の神木隆之介さんと佐藤健さんの殺陣のシーンでは、どういうふうに芝居をつけているんでしょうか。

**大友**　神木くんとは撮影に入る四か月前くらいから、それこそ部活みたいに練習していたんですよ。アクション自体は、アクションチームが一人ひとりの役者と一緒に時間をかけて、カウンセリングみたいに役者の個性を見ながら決めていくんです。殺陣の戦い方も含めて、二か月、三か月といろんなことを練習する。この二人ならこういう動きになると面白いよね、というようなことを、僕とアクション部が確認しながら決めて、それを仮映像で撮るなどして俳優に伝えながら一手一手落とし込んでいき、現場に入る。だかこの『るろうに剣心』に関しては、登場人物たちの個性は、その人物の性格とかから見えてくるものだけはなく、戦い方から見えてくるようにしようと思ったんです。普通の役づくりはどちらかというと、この人はこういうプロフィールで、こんな性格ですというようなアプローチから入るのですが、この映画ではまずアクションを通して、俳優たちが自分たちで手探りをしながら、身体で役を摑んでいくというアプローチだったと思います。

**岡室**　アクションから人物像をつくるというのは面白いですね。関連する話ですが、この『るろうに剣心』では、悪人もたんなる悪人ではない。志々雄も含めて、誰もが何かしら切ないものを抱えている。宗次郎も平気で人を殺す役ですが、しかし彼にも虐待されて育ったという背景がある。その切なさは、彼のどこか変な笑顔として現れているんですが、その顔のままアクションをしているのがすごいなと。

**大友**　やっぱり演出の妙というのはそういうところにあると思うんです。わかりやすい例で言えば、たとえば小津安二郎さんが撮る映画は、アングルがビシッと決まっていて、カメラの高さやレンズも全部決まっている。箸を持つ手の動きも、茶碗の置き方も、すべてが小津さんという監督のルールの中で決まっています。そういうやり方がまずひとつありますよね。それとは別に、監督が答えを与えるのではないやり方もあって、僕としては俳優に答えを自分で見つけてもらうことが、すごく大事なことだと思っているんです。僕がオーダーしたことを「忠実に」やるのではなく、それ以上を自分の中で発見してほしい。

もちろんそのためには時間がかかったりするんですが、たとえばリザルト演出〔求める結果を抽象的に演出家が提示し、そのために必要なプロセスやプランについては教えない演出法〕のような、「ここで笑ってください、ここで泣いてください」という、ある種俳優に結果だけを求める方法は、俳優のクリエイティヴィティを封じ込めてしまう。たとえば悲しいシーンでも、その悲しさをどう表現するかは、やっぱり俳優自身に発見させるべきだと。それぞれの役者のオリジナリティと個性、クリエイティヴはそこに出る。そういう基準で見ていくと、たとえばロバート・デ・ニーロやメリル・ストリープがいかにすごいかがわかるんですよね。普通に笑えばいいシーンでも、必ずちょっと違った工夫をしている。神木君は若いけど、すでにキャリアがすごく長いので、やっぱり普通のことは絶対にやらないんですよ。自分なりのオリジナリティを付け加えてくる、変幻自在な〝フィクションの人〟なんです。いろんなタイプの俳優さんがいますけれども、監督業をしていて面白いのは、僕らの想像を超えてくるオリジナルな表現を持つ役者たちですね。もちろんこちらとしても、その時に超えてほしいハードルを何パターンか想定していくわけですが、そういうやり方を望んでいくことが、作品のクオリティを上げていく作業になっているような気がします。

**岡室**　やっぱり神木さんはある種フィクションを生きている俳優さんですね。『3月のライオン』(二〇一七)でも、そうした神木さんへの監督の信頼の厚さが窺えます。加瀬亮さんが演じる宗谷名人と神木さん演じる主人公の桐山零が対決する場面を少し見てみましょう。

**参考上映――『3月のライオン』**

**岡室**　主人公が負け、覚醒していくすごく重要なシーンですね。監督はインタビューで、この原作のすごく豊かな物語には向田邦子さんのドラマと共通するものがあるとおっしゃっていて驚きました。向田邦子さんは一九七〇年代の後半から八〇年代初めにかけて大活躍された脚本家で、飛行機事故で亡くなってしまったんですけれども、そのドラマでは日常会話の中から亀裂が見えてきたり、人間の業とか欲が見えてくる。この『3月のライオン』も、一方では日常がものすごく細やかに描かれていて、その一方ですごく厳しい将棋のシーンがある。宗谷名人とは二回対決する場面がありますが、二回とも将棋の対決の場に入っていくところから丁寧に映される。それはどこか非日常的で孤独な場に参入していく儀式のようで、日常と非日常のメリハリをすごく感じます。

**大友**　この映画をつくるにあたって、取材で名人戦などの将棋を見ていると、二人の向き合った棋士たちというのは何手先、何十手先、何百手先を考えられるかという戦いをしている。でもその戦い自体を描こうとすると、底なし沼に入ってしまうなと思った。だからこの映画で見せるべきポイントは、将棋盤に向き合うまでに、彼らが何を経て、どういう思いでそこに向き合っているのか、それをドラマとして積み上げていかないといけないんじゃないかと考えたんです。先ほどおっしゃっていただいたように、重要なのは日常からふっと非日常にスイッチが入っていく瞬間です。今見ていただいたシーンで、桐山は本当に将棋が好きかと聞かれて、好きですと嘘をついたりしている。描くべきは、将棋が好きではなかった彼が、本当に将棋を好きになるまでの話であり、その才能の開花の瞬間だろうと思ったんですね。天才棋士が覚醒するその瞬間を、どうドラマティックに、一方で日常の中にさりげなく隠れていたかのようにつくるか。同じような経験をしてきた天才である宗谷名人と向き合うことで彼の中で何か才能がスパークする、そういう勝負の世界の向こう側に見える非日常的な瞬間を描くためにも、まずはそこの土台としての日常を描くということをものすごく意識していました。『るろうに剣心』における戦いとはまた少し違うような戦いにこだわっていたといいますか。

**岡室**　今のシーン、加瀬亮さんは一言も喋らないんですよね。だけどすごい存在感で、本当に二人の緊張感がミシミシと音を立てるように伝わってくる。加瀬さんのキャスティングは監督がされたのでしょうか。

**大友**　宗谷名人っていったい誰がやったらいいんだ、こんな人いないよなと悩んでいる中で、唯一思いついたキャスティングが加瀬さんでした。そうしたら本人もやりたいと言ってくれて、実際に将棋の練習を一番やったのは加瀬さんなんですよ。練習と言っても、実際に将棋が強くなることとはちょっと違って、一つは駒の持ち方ですよね。地味に思えるかもしれませんが、何十年も駒を持っている人を演じるわけですから、パチンと駒を置く時の置き方って本当に難しい。どうやって手を指すかという単純な動作に、やっぱり人間の目は集中していく。

そこを本当の棋士たちと同じレベルになるまでに練習するのは、将棋が強くなることよりも難しいかもしれない。そのことを加瀬さんがすごく意識して、ずっと将棋盤を抱えていたり、将棋の駒をポケットに入れたりしながら暮らしているというような感じで、それがすごく映像に出ていると思います。歩き方一つひとつにも、やはり何か加瀬さんの中には呼吸があって、僕らにはわからない役者ならではの領域もあると思うのですが、そういうものこそが俳優のオリジナリティだと思うんです。逆に言えば、そのためのステージをどう用意できるかどうかが、ある意味で私たち監督の力量にかかっているのかもしれません。

## 作品をつくること／社会と対峙すること

**会場質問**——『3月のライオン』と『るろうに剣心』のどちらのシリーズでも、『るろうに剣心』の第一作目以外、すべてエンディング部分に作品のタイトルが出てきます。どういう考えがあってそのように付けられたのか、教えていただければ嬉しいです。

**大友**　面白い質問ですね。僕はもともとテレビをやっていたんですけれども、テレビはチャンネルをつけたら何かやっている、偶然に見るってことがあると思います。でも映画って、「この映画を見よう」と思って映画館に来るじゃないですか。だから最初にタイトルを言わなくてもわかっている。僕としては、劇場が暗転して映画会社のマークが出たら、すぐにみなさんに映画の世界に入っていただきたくて、そういう客観的な情報はいらないと思っているんです。もちろん監督誰々、主演誰々という名前がゆっくり入るような映画もあるんですけれども、僕はできるだけすぐに物語を始めて、そして物語が終わったあとにタイトルを出すというスタイルなんです。フィクションの世界に早く没入してほしいからこそ、すでにわかっている情報はいらないんじゃないかと考えています。

**会場質問**——フィクションの中に監督が生きている中で感じたことが自然と出てきてしまうとお話がありましたが、そうしたことがNHKという組織の中でつくっているときと、今のようにフリーで作品をつくっているときとで、違うところはあるのでしょうか。

**大友**　組織の中で作品をつくるときは、「リソース」というんですけれども、機材、コスト、スタッフを、基本全部会社が用意してくれます。たとえば『ハゲタカ』を何月何日までに放送するという企画が通ったとしたら、会社の中にもう技術部としてカメラマンなどのスタッフがいるわけですし、機材もあるので、作品をつくるためのリソースはだいたい揃ってしまう。ところがそういう組織を出ると、一作ごとにそのリソースを全部自分たちで集めていかなければいけない。たとえば『影裏』(二〇一九)という作品は僕の故郷で撮っているんですけれども、自分でつくった会社でプロデューサーと制作費を集めて、そこからスタッフや俳優をかき集めてつくった作品です。もちろんすごく大変なんですが、逆に言えば自分のやりたいことができ、そしてコピーライトも自分たちのものになる。でもNHKでつくるのなら、監督は大友だけれども、コピーライトは全部NHKのものになる、そういう大きな差が出るわけです。ちょうど『龍馬伝』をやったときにトークショーをやっていたら、年配の方から「あそこの描写は歴史的にちょっとおかしいんだけど、NHKはどう思っているのか」と聞かれたことがあって。「すみません、僕はNHKじゃないです、大友です」と答えました。僕はNHKを代表して何かを言う立場ではない、一演出者ですよ、と。でも見ている人にとっては、作品の差異を含めて僕は一括りに抽象的なNHKの人だということになる。作っている人は組織の中に居ても個々それぞれなのにね、と。今は、僕は監督という立場で作品をつくっているから、ある意味すべてが自分の責任と考えています。良い結果も悪い結果も含めて、ですね。だからエンドタイトルの最後に自分の名前を入れていることにも多少こだわってはいて。要するに、すべて尻を拭うのは自分だよね、ということですね。

そうした違いは社会と自分が向き合うときにもあります。NHKにいるときは、比喩的にいうと会社がすごい巨大な城を建てて僕のことを守ってくれている。視聴者からの苦情があったり多少の問題が起きても矢面に立つのは組織ですからね。一方で今の僕には、僕を守ってくれる巨大な城はありません。この二週間ぐらい、僕は必死でコロナ禍の映画館休業要請と闘っていました。自分の映画が公開されないで潰されてしまう、劇場に届かないということに対して、早急に動いてくれる会社はほとんど無かった。一人で国会に行ったり、興行者連盟の会長さんと一緒に憲法学者の意見を聞いたりしていたんですが、誰かが声を上げないと、そして本当に届く場所に届けないと社会はまったく動かないんだということが改めて分かって、とにかく衝撃的だった。安全でクリーンな空間を映画館が自助努力でつくってきて、コロナ禍で日本史上最高興行収益を『劇場版「鬼滅の刃」無限列車編』(二〇二〇)は叩き出し、映画館はエンタメの砦としてクラスターも起こさなかったのに、舞台はＯＫで映画館はダメだと言われてしまう。どういうことなんだという疑問が当然浮かぶ。でも、もし僕がまだＮＨＫの職員だったら、たぶん部長とかに「いやいや大友さ、そうは言ってもしょうがない、言うことを聞いておけよ」と説得されて、表で声を出せなかったと思うんです。でも今は自分を止めるのは自分しかいない。もちろん間違った判断をしたら全部自分に返ってくる。それがやっぱり組織でものをつくるということと、フリーでつくるということの大きな差かなと思いますね。

**岡室**　今のお話をうかがっていると、大友さんはまさに龍馬そのものだなっていう気がしますね。ＮＨＫから脱藩して、改革を志していらっしゃる。

**大友**　やっぱり自分がつくっていく中で考えてしまうわけですね。『ハゲタカ』をやっていたときも、いろんなファンドマネージャーや経営者に話を聞くと、いい組織、ダメな組織というものの違いがわかってきた。『龍馬伝』や『白洲次郎』をやっていく中では、自分でつくりながらその登場人物たちに影響されたり、その考えに感化されたりするわけです。本当は行政に対してもっと言いたいこともいっぱいあるんですが、あんまりそこで自分の作品に色がついてもいけないとも思いますので、今回はこっそりと言わせていただきます。

**岡室**　やっぱり大友監督がそのように動かれたことが、作品にも影響を与えていたと思います。

**大友**　そう思っていただけるとしたら、怖がらずに、自分の思うこと、言いたいことを言っていくことが、本当にベースとして大事なんだと思いますね。作品をつくるって、つまりはそういうことなんです。とにかく世の批評にすべてをさらけ出していく。怖いことでもありますが、それがやっぱり面白いんですね。

## 大友啓史
おおとも・けいし

1966年生まれ。映画監督。慶應義塾大学法学部を卒業後、NHKに入局。1997年から2年間、インターンとして南カリフォルニア大学などでディレクティングや脚本を学ぶ。2007年に制作したドラマ『ハゲタカ』が国内外で高く評価され、世界で最も歴史と権威のある国際番組コンクールとされる「イタリア賞」を受賞。2009年に映画版『ハゲタカ』で映画監督デビューをする。2011年にNHKを退職し独立。主なテレビ作品に『白洲次郎』(2009)、『龍馬伝』(2010)など。主な映画作品に『るろうに剣心』五部作(2012–2021)、『3月のライオン』前後編(2017)、『影裏』(2020)など。2023年1月に東映70周年記念作品として製作された最新作『THE LEGEND & BUTTERFLY』が公開された。

**主なフィルモグラフィ**

⊙秀吉(1996/テレビドラマ)⊙レガッタ〜国際金融戦争(1999/テレビドラマ)⊙ちゅらさん(2001/テレビドラマ)⊙私の青空2002(2002/テレビドラマ)⊙恋セヨ乙女(2002/テレビドラマ)⊙ちゅらさん2(2003/テレビドラマ)⊙夢みる葡萄〜本を読む女〜(2003/テレビドラマ)⊙もっと恋セヨ乙女(2004/テレビドラマ)⊙ちゅらさん3(2004/テレビドラマ)⊙きみの知らないところで世界は動く(2005/テレビドラマ)⊙ハゲタカ(2007/テレビドラマ)⊙ハゲタカ(2009/劇場版)⊙白洲次郎(2009/テレビドラマ)⊙龍馬伝(2010/テレビドラマ)⊙るろうに剣心 シリーズ(2012–2021/5部作)⊙プラチナデータ(2013)⊙秘密 THE TOP SECRET(2016)⊙ミュージアム(2016)⊙3月のライオン 前編/後編(2017)⊙億男(2018)⊙影裏(2020)⊙THE LEGEND & BUTTERFLY(2023)

# 憧れと共感
## ——オリジナル・アニメーションを手がけるために

関弘美 Seki Hiromi［プロデューサー］

聞き手——土田環 Tsuchida Tamaki
二〇二一年五月二二日

**多くの映像作品がそうであるように、テレビアニメーションもまた、もちろん無数の制約や約束ごとの上に成立する産業のなかに生み出される。心躍る物語や魅力的なキャラクターたちの自由とは、それを生み出す人々の作品に対する現実的な取り組みの上に生まれるものだ。関弘美プロデューサーは、子どもたちの憧れと共感の対象を、いかに息づかせ続けるかに信念を捧ぐ。たとえ彼らが子どもを終えようとも、物語は続いている。**

### アニメに現実を反映する

**土田**　実は関弘美さんにご登壇の依頼をする前に小学生の娘と『魔女見習いをさがして』(二〇二〇)を見に行ったんです。そうしたらコロナ禍の始まりということもあったのですが、周りに子どもが全然いなくて、おそらく二十代後半から三十代半ばくらいの女性の方が非常に多かった。そして子どもたちの期待する魔女が映画には全然出てこない。

**関**　(笑)。

**土田**　それに驚いた上に映画も面白くて、どうしてこういう企画になったのかと調べてみたら、関さんのお名前が出てきたんですね。インタビューなどで私は大和屋竺の弟子ですというお話をされていて、大和屋さんがアニメの脚本や構成などをやられていたことは知っていたものの、しかし大和屋さんと『おジャ魔女どれみ』をやっている方がまったく結びつかなく、すごく意外に思ったんです。それで他の記事を読んだら惹き込まれてしまい、このたびご登壇をお願いさせていただきました。

**関**　はい、よろしくお願いします。

**土田**　まず『魔女見習いをさがして』の話からうかがいます。これは『おジャ魔女どれみ』シリーズの二十周年を記念した作品ですが、どれみたちが主人公ではなく、小さい頃に『おジャ魔女どれみ』を見ていた三人の女性たちが主人公です。シリーズとしてはどれみが小学生から高校生になっていくプロセスがあるわけですから、八歳だったどれみが二十八歳になっている物語を考えるのが普通にも思えますが、どうしてこのような仕掛けになったのでしょうか。

**関**　まず、もとのテレビシリーズは視聴者の年齢を三〜八歳に絞ってつくっていたので、当時見ていた子たちがもう二十代になっているんですね。なので、その十九〜二十九歳くらいの人たちをターゲットとして考えつつ、実際に二十八歳のどれみたちを主役にしたプロットを監督や脚本家と一度つくってみたんです。でもあんまり面白くならなかった。というのも、どれみたちは人生のかなり早い段階で自分がなりたい仕事を見つけている。でも現実の世界の二十代の人たちは、学生であれば就職のことだとか、仕事をしている人でもずっとこの会社でいいのかなとか、実際のところ一番迷っている時期だと思うんですね。大学に入ったばかりの人でも、全国平均を取ると大学生の約五〇%の方が奨学金を受けていたりする。だから今の二十代に向けて魔法ものをつくるということはどういうことなのか、そこを考えなければいけませんでした。

そもそもテレビシリーズの『どれみ』自体、視聴者となる小学生について徹底的に調査してつくっていたんです。たとえば全国的に小学生のひとつのクラスのなかに何らかの事情で親御さんがいない、あるいは片親であるというご家庭が、当時の統計では一五、六%いらっしゃった。そういった数字から、『どれみ』だったら妹尾あいこというキャラクターの両親が離婚していたり、『デジモンアドベンチャー』だったらヤマトとタケルという兄弟が両親の離婚で別々に暮らしているという設定が生まれています。だからこの映画も、普通なら二十年後のキャラクターたちが主人公であるのがアニメの世界でも当たり前なのですが、でも『どれみ』の原点に戻るということを大事にして考えると、それは違ったんです。「魔女見習い」というのは、かつてはどれみたちのことを指していた。だから「魔女見習いをさがす」というのは、どれみたちを探すことであると同時に、皆さんの記憶の中の『どれみ』というアニメを思い出してもらうという気持ちを込めてつけたタイトルなんです。

**土田**　たしかに、この映画はいわゆるハッピーエンドでは終わりませんし、関さんの手がけられた作品にはシングルマザーや登校拒否といった社会の現実的な要素が入ってきますよね。『デジモン』シリーズの二十周年作品となる『デジモンアドベンチャー LAST EVOLUTION 絆』(二〇二〇)では、主人公の八神太一くんが大学生になっていて、人生や進路に悩むという話です。

**関**　私はスーパーバイザーという肩書きなんですけれども、本当に久しぶりに『デジモン』のシナリオの打ち合わせに一から立ち会うことになり、こちらも『魔女見習いをさがして』とは異なる大人になる意味を入れ込んでみました。ですから劇中では「宿命と運命」や「成熟と喪失」といった言葉を対比というかたちで出しています。『デジモン』は男の子たちに向けた作品だったということももちろん違いですね。

**土田**　少し大学時代のお話をうかがいたいと思うんですが、関さんはこの早稲田大学にある稲門シナリオ研究会に参加されていたとうかがっています。大和屋竺さんや田中陽造さんという素晴らしい脚本家を輩出している映画サークルですが、大和屋さんとはどこでお会いしたんですか。

**関**　大和屋さんはもちろん名前は知っていたんですが、当時早稲田の演劇博物館に大和屋さんの映画の絵コンテがあったんです。絵のデッサン力はないんですけどものすごい熱量で描かれていて、それがとにかく印象的だった。そうしたら稲門シナリオ研究会が、『ツィゴイネルワイゼン』(一九八〇)という映画をシネマ・プラセットで配給していた当時の鈴木清順監督やプロデューサーの荒戸源次郎さん、大和屋さんといったメンバーを学祭にお呼びして、シンポジウムを開いたことがあったんです。そこで大和屋さんに自分が書いたシナリオを読んでもらおうと住所をお伺いしたのがそもそもの出会いです。

**土田**　もともと物書きになりたいと考えていたのですか?

**関**　いや、ただ私が学生の時代はまだ男女雇用機会均等法ができる前でしたから、映画会社もテレビ局も四年制の大学を出た女性は採用しない時代だったんです。そんなとき、映像の仕事をしたいと思っても、監督として特別な教育も受けていない私に唯一できることはシナリオを書くことくらいだったんですね。なので、映像の仕事をやりたいけれどどうしたらいいかわからないぞ、と思いつつ書いたシナリオを大和屋さんに読んでいただいた、それがちょうど十九から二十歳にかけての時でした。

**土田**　その結果、土屋斗紀雄さんと共同脚本で『ロボット8ちゃん』でデビューをしたわけですね。

**関**　そうですね。プロの手で最終的に直してもらったデビュー作品です。

**土田**　これはまだ大学に在学中の作品ですか？

**関**　そうです。大和屋さんに読んでもらったシナリオ自体にはいろんなことを言われたんですが、ちょうどその頃、東映から日曜朝九時に放送する実写の子ども番組のシリーズ構成の話が大和屋さんにきていたんですね。大和屋さんにシナリオを読んでもらっていた人は私も含めて十人くらいいて、みんなでその番組のプロットを書いて出した。そうしたらたまたま私のプロットだけ残り、デビューした。あろうことかヤクザ映画の東映とのつながりができてしまった日です(笑)。

**土田**　すぐに東映動画に入社したわけではなく、二十五歳で入社するまではライターをされていたとうかがいました。

**関**　そうなんです。大学卒業後、食べていくために必死になって雑誌の仕事をした。雑誌の黄金時代と言われている頃だったので結構稼いでいたんですが、そもそも私は映像の世界に行きたかったんだとはたと思い出して、先ほどの子ども番組を通じて東映プロデューサーの紹介もあり、二十五歳のときに東映動画に日給六四〇〇円のアルバイトとして入社しました。ただ、その面接の時に、私自身が交渉ごとが好きだったのかなと思うんですけど、日給六四〇〇円はOKです、ただし企画書を書いたら一本いくらギャラを付けてくれます？　という交渉をしまして。それで毎週一本ずつ企画書を書いていると、何とか生活ができるという感じでした。

## 会社の意向に反して

**土田**　その後、様々な仕事を経て『GS美神』でプロデューサーになられて、日曜朝のアニメを数多く手がけられていきます。中でもとりわけ「トレンディアニメ三部作」(『ママレード・ボーイ』『ご近所物語』『花より男子』)が有名で、関さんは「ニチアサの母」と称されるようになっていくわけですが、これらは八〇年代のトレンディドラマのように題材としてはかなり攻めている作品ですよね。日曜の朝なのに大人が見るような内容で。

**関**　ニチアサって意外に十代がよく見ているんですよ。『ママレード・ボーイ』を見てから部活に行くみたいに、女性だけでなく中学生や高校生の男の子も見てくれていた。実写の世界でトレンディドラマが流行っているときにテレビ局の人に聞いたところ、小学校高学年くらいからみんなトレンディドラマを見ているのだと。実写で見ているならアニメも見るでしょうと普通に思ってつくったんですけど、「エッチした？」みたいな感じのサブタイトルを付けたりしていたので、これはけしからんと部長に叱られた記憶があります。でも「局プロにも代理店のプロデューサーにもみんな許可取ってまーす」「原作どおりで〜す」みたいなことを言ってすっとぼけてやっちゃいました。

**土田**　関さんが手がけられたアニメ作品の多くは関連のおもちゃやグッズが作られていますよね。バンダイなどがスポンサーに入っている枠なので当然ですが、たとえば魔法ものだったらステッキなどがわかりやすくあるけれども、こうした三部作ではいわゆる作品のキーになる「アイテム」を思いつくのが難しかったのではないですか？

**関**　『ママレード・ボーイ』は恋愛ものなので、恋愛もの＝コミュニケーション系のグッズだったら売れるんじゃないかとバンダイさんの方に持ちかけて、交換日記とかアナログなボイスメモのおもちゃを劇中に入れたりしたんです。ただ、そのうえでシナリオつくるときにはコツがありまして。そういうアイテムはもちろん原作には出ていない、だからそれをアニメで出すのなら、原作の大事な部分を損ねてはいけない。なので、シェイクスピアの『オセロ』という作品がありますけれども、その中で出てくるデズデモーナのハンカチーフ、あれとまったく同じ使い方をしてシナリオに入れたんです。シナリオライターの方にも相談して、「それならできますね」という感じで。シェイクスピアの名作をおもちゃを出すために使うなんてけしからん話ですが（笑）。でもそういうふうに作品のコンセプトに沿ったかたちならば、シェイクスピアの小道具と同じ使い方ができるはずだというのが私の持論です。

**土田**　この三部作のあとに『夢のクレヨン王国』という作品を手がけて、そのあとに『おジャ魔女どれみ』がくるわけですが、『おジャ魔女どれみ』は東映アニメーションにとって十五年ぶりのオリジナル作品ですよね。これはやはりオリジナルでやりたかったということなんでしょうか？

**関**　もちろんです。私は本当にオリジナル作品がつくりたかったんです。というのも、二十七歳のときに私がアシスタントプロデューサーになるきっかけになった企画書があって、それが『明日のナージャ』というオリジナル作品だったんですね。ただ、二十七歳だと企画書をつくるのはいいけれども、やっぱり頭でっかちすぎて具体的にどういうキャラクターがほしいのか、といったところまで追いついていなかったんです。企画は考えられたけれども、自分にはまだそれをつくるだけの力はなかった。そのことを誰よりも自分が一番よくわかっていたので、原作ものをつくりながらいろんなノウハウを手に入れていったわけです。それで『クレヨン王国』を当ててみせたあと、これを実績にしていよいよオリジナル作品の企画を出したんですね。そうしたら朝日放送さんの局のプロデューサーが、『夢のクレヨン王国』をつくったプロデューサーの私と監督の佐藤順一、それとシナリオライターの栗山緑、この三人がオリジナルものをつくるのであれば局としてはOKですと根回ししてくださったんですよ。あとは代理店とスポンサーですが、先ほどの『ママレード・ボーイ』以降の私の作品はすべて黒字でしたので、代理店もスポンサーもNOとは言えないですよね、みたいな感じで、オリジナルものの『どれみ』を立ち上げたんです。

**土田**　信用と実績の積み上げということですね。『おジャ魔女どれみ』が着想を得たもののひとつにロアルド・ダールの『魔女がいっぱい』があるとうかがったんですが、どういったところにインスパイアされたのでしょうか。

**関**　私は基本的に魔女ものの児童文学はかなり読んでいたつもりだったんですが、ロアルド・ダールの『魔女がいっぱい』は準備段階の時に初めて読んだんです。そこで私の思想とまったく一致したのが、魔女というのは別世界とかにいるのではなく、どの町にもどの村にも必ず一人はいるという部分でした。たとえば私の同じクラスのあの席に座っている子は魔女に違いないというようなイメージを持っていたので、身近なところに魔女がいるという発想が同じだった『魔女がいっぱい』には非常に感謝しています。

**土田**　その辺りがたぶん先ほどおっしゃっていた現実の小学生の実態をリサーチするお話にもつながっていくと思うのですが、別の場で関さんが話されていたことですごく面白かったのが、『おジャ魔女どれみ』にあるのは「憧れ」ではなく「共感」なんだということでした。要するにそれまでの魔法ものや魔女ものは、変身してある種なんでもやってしまう憧れとしての存在なんですね。全能の力を発揮するヒロインやヒーロー。けれども共感というのは、あ、こんな子いるなとか、こんなことあったなということなのだと。

**関**　あるあるネタと言ってしまえばそれまでですが、憧れというのは戦隊ものや『仮面ライダー』も同じで、見ている子どもたちは小さいのに、実際に演技している役者さんはみんな大人ですよね。『セーラームーン』のように八頭身の人物像もやはりそれは憧れなんです。もちろん魔法を使いたい、みたいなこと自体は永遠の憧れなのでしょうが、主役に対して抱く感情、こんな子だったら友だちになれるかもしれないと思うこと、それが私が共感と呼ぶところなんです。

**土田**　先ほど言及された『明日のナージャ』という作品が『どれみ』の後につくられますが、四シリーズ続いた『どれみ』をそのまま続けることは選択肢にはなかったんでしょうか。

**関**　実はその頃上司に「中学生の体格で戦え、アクションにしろ」と言われたんです。でもそれだけはお断りしますと伝え、『明日のナージャ』の企画を上司よりも先にスポンサーや代理店に見せて、先にスポンサーの役員を取り込んだんですよ。そうしてしまえばOKするというのはプロデューサーとしてわかっていたことなので。

**土田**　会社からは怒られませんでしたか？

**関**　ひどく怒られましたね、なぜ続けないんだと。やろうと思えば頭身を変えてアクションものにして、『セーラームーン』や『プリキュア』みたいにすることはいくらでもできますけれども、それは私でなくてもいい、男性のプロデューサーでも誰でも。すでにパターン化されているものなんだから誰でもできるだろうと。そういう作品はやりません。

**土田**　そうした経緯を経てつくられたこの『明日のナージャ』がやはり繊細かつ複層的でとても魅力的ですよね。登場人物が色々な国に行くのでリサーチとか絵を描く人も大変だろうなあと思ったりしてしまいます。

**関**　そうですね。土田さんももちろんご存知だと思いますが、『旅芸人の記録』（一九七五）というギリシャのとんでもなく長い映画があるのですが、あれはもうギリシャという国の歴史に深く関わっている映画で、要するにあれくらいの大河ドラマがつくりたかった。パリ万博やベル・エポック、世界大戦といったものを経て、文化の中心がヨーロッパからアメリカに移っていく時代を通しで描きたかったんですけれど、そこまでいきませんでした。残念です。

### 若手監督の起用と細田守の存在

**会場質問**──今回関さんが来るということで先週『ハートキャッチプリキュア！』を全話見ました。それについての質問で、『映画 ハートキャッチプリキュア！ 花の都でファッションショー…ですか⁉』（二〇一〇）で、松本理恵監督という二十五歳の若手の女性を起用されたことに関して、プロデューサーとしてどういう考えがあったのか、おうかがいしたいです。

**関**　厳密には『ハートキャッチプリキュア！』は私が企画部長だった時代の作品でプロデューサーは別にいるんですけれども、あれをつくっているスタッフは『どれみ』とまったく一緒なんです。それで松本理恵監督は、今はなき東映アニメーション研究所に入ってきた演出志望の人で、細田監督の『デジモンアドベンチャー ぼくらのウォーゲーム！』(二〇〇〇)を見てアニメを志したそうです。彼女が東映アニメーション研究所を卒業するとき制作した作品に、魔法のほうきに乗ってとても気持ちよく空を飛ぶカットがあったんですよ。それを見て、私はまたひとり天才がうちの会社に入ってくるんだなと思い、ずっと注目していた。そんな彼女が配されたのが『どれみ』のスタッフルームを引き継いだ『プリキュア』のチームだったんです。そこにはかつて私と一緒に『どれみ』をつくってくれたベテランの演出さんたちがいて、そのベテランたちが彼女を可愛がってくれたんです。二十五歳だから生意気盛りで、同僚だとか管理する制作現場の人たちからは「あいつはまったくもう！」みたいに言われていましたが、彼女を映画の監督にしたいと言ったのが、これまたうちの変わり種のギャルマト・ボグダンというプロデューサーです。彼はルーマニアとハンガリーの二重国籍者で、かつてルーマニアのチャウシェスク〔当時のニュースではチャウチェズクと読まれていた〕政権という恐ろしい独裁政権と戦った革命闘士なんですが、この人は本当に怖いもの知らずなので、二十五歳の松本に映画を撮らせると言ったんです。それをOKするかどうかは企画部長の私が判断することで、ボグダンには言ってませんけれども「悪いけど私の方が先に見つけてんのよ」と内心思いながらOKしたんです。

ところがまあ、実際には色々とやってくれちゃうわけですよ。栗山緑さんという、『夢のクレヨン王国』から私とずっと一緒にやっている、『どれみ』のシナリオや『プリキュア』のシリーズ構成を手掛けた方のシナリオを、彼女は勝手に変えちゃったりする。ただ、私は部長の立場ですからプロデューサーには言わなかったんですが、その時点での栗山緑さんのシナリオはあまり良くなかったんです。私が入っていたら「栗山さん、このシナリオはまだ三稿ですよね」というくらいの、決定稿にはできないくらいの出来だった。でも担当プロデューサーが日本人ではなかったので、この表現はまずいでしょうというような、微妙な日本語のまま決定稿になっていたんですね。それを松本理恵が直しちゃった。当然シナリオライターとは揉めます。そのときに私が出て行って、「だってこれ、私だったら三稿だよ」と伝えてその場は収めたんですが、でも、この映画を見て私は久しぶりに『どれみ』をまたつくりたくなったんですよね。そう思わせるくらいの力を持った監督だと思います。

**会場質問**——松本監督は『京騒戯画』を見て天才だなと思ったんですが、細田守監督から影響を受けているということを今日初めて知りました。『おジャ魔女どれみドッカ〜ン！』には原田知世さんが声の出演をされている細田監督の回があって、これは『時をかける少女』(二〇〇六)だと感動したんですけど、やっぱり東映アニメーションにおける細田守監督の存在は偉大なのだなと改めて実感しました。

**関**　ジブリに出向していた細田さんが『ハウルの動く城』(二〇〇四)を途中で解任されたというのはかなり有名な話ですが、そこで東映に戻ってきて最初に細田さんがつくったのがその『ドッカ〜ン！』の第四十話だったんです。だから画面のつくり方がテレビ的ではなく、もう完全に映画になっていた。今年は細田さんの新しい映画が公開されますが、彼はここのところ数字があまりよろしくないので、そうするとうちの会社に戻ってくるしかないんじゃないかしらと、私はニコニコしながら心配しているところです(笑)。

**会場**　(笑)

**関**　もちろん心の中では成功してもらいたいと思っています。ちょうどうちの会社を辞めた監督の話が出たので、名誉のためにお断りさせていただきますと、うちの会社をなぜ監督が辞めるのかということについてはいろんな噂があります。待遇が悪いんじゃないかとかそういう話ですね。でも、実はそうじゃないんです。基本的に東映アニメーションは監督の数が多い会社なんです。『どれみ』や『デジモン』の当時は演出、つまり監督が五十人いて、今は七十人いるんですね。助監督まで含めればもっといます。でも監督が五十人とか七十人いるとなってくると、学校と同じで、この子は優秀だなと思っていても、先生の立場はそのようなことは一切できない。みんなが同じ待遇で、特別待遇するといったよう子を贔屓するわけにはいかない。しっかりと印税を払っている数少ない会社なんです。監督だけでなく、たとえばテレビシリーズなどで絵コンテの人と後処理の人の二人の名前が連名で出ていれば、その二人にちゃんと印税を払うという、アニメーション業界ではたったひとつの会社だと思います。だから監督を目指されている方、実写をつくろうかアニメをつくろうか迷っているのであれば、東映アニメーションはいいですよ(笑)。

**土田**　僕も細田さんの劇場版『デジモンアドベンチャー』を予習なしで見た際にこれはすごい映画だなと思ったら、細田さんが「これは『ミツバチのささやき』(一九七三)です」とお話しされているのを読んで、兄妹の一方だけが人間とは別の存在に気がつく時点からすでに、ああやっぱりビクトル・エリセだよなあと。

**関**　そうなんですよ。私も細田くんも『ミツバチのささやき』が好きで、そのテイストを出そうと私が言ったんです。映画の中で同じ旋律をリピートするクラシック音楽と言えば関さんは何考える？　と細田さんに聞かれたので、バッハのトッカータとフーガか、そうでなければラヴェルのボレロだと答えたら、「ラヴェルのボレロ！　それだ！」と。だから私は慌ててラヴェルのボレロの著作権ってもう切れてますか？　という電話を音楽出版にした記憶があります。

**土田**　ボレロの反復が「映画」を次第にかたちづくってきますよね。お話を聞くと、やっぱりいろんな本を読んだり映画を見ていた経験が関さんの発想の基盤になっているように思います。少し時間超過となってしまいましたが、本日はありがとうございました。

**関**　ありがとうございました。

## 関弘美
せき・ひろみ

1959年生まれ。早稲田大学在学中、稲門シナリオ研究会に所属し大和屋竺にシナリオを見せたことが契機となり、「東映不思議コメディーシリーズ」の『ロボット8ちゃん』等の脚本を執筆。大学卒業後、雑誌ライターを経て東映動画(現東映アニメーション)に入社。『レディレディ!!』(1987)で初のアシスタントプロデューサーを務めたのち、『GS美神』(1993)よりプロデューサー。以降、数多くの作品でプロデューサー、スーパーバイザー、企画を務める。

### 主なフィルモグラフィ

＊補足のないものは全てテレビ作品かつプロデュース作品

⦿ロボット8ちゃん(1981–1982／脚本として)⦿レディレディ!!(1987)⦿ひみつのアッコちゃん[第2作](1988)⦿まじかる☆タルるートくん(1990)⦿スーパービックリマン(1992)⦿GS美神(1993)⦿ママレード・ボーイ(1994)⦿ご近所物語(1995)⦿花より男子(1996)⦿夢のクレヨン王国(1997)⦿おジャ魔女どれみ(1999–2003)⦿デジモンアドベンチャー(1999)⦿デジモンアドベンチャー02(2000)⦿映画おジャ魔女どれみ♯(しゃーぷっ)(2000／映画)⦿デジモンテイマーズ(2001)⦿デジモンフロンティア(2002)⦿明日のナージャ(2003)⦿金色のガッシュベル!!(2003)⦿劇場版 金色のガッシュベル!! 101番目の魔物(2004／映画)⦿うちの3姉妹(2008／企画)⦿フレッシュプリキュア!(2009／企画)⦿ハートキャッチプリキュア!(2010／企画)⦿デジモンクロスウォーズ(2010／企画)⦿スイートプリキュア♪(2011／企画)⦿トリコ(2011／企画)⦿京騒戯画(2013)⦿デジモンアドベンチャー LAST EVOLUTION 絆(2020／スーパーバイザー／映画)⦿魔女見習いをさがして(2020／映画)

# ドラマはドキュメンタリーのように、ドキュメンタリーはドラマのように

聞き手――岡室美奈子 Okamuro Minako
二〇一八年五月一九日

岸善幸 Kishi Yoshiyuki［演出家｜テレビディレクター｜映画監督］

**映画がかつての映画とは変わったとするのなら、テレビもまたかつてのテレビとは変わったはずだ。自身のキャリアをテレビディレクターとしてスタートした岸善幸監督は、その変化の只中で、テレビと映画という二つのメディアを往還する。差異を明確にするためでなく、そこから新たなクリエーションのチャンスを探るように。**

## 脚色でのコラボレーション

**岡室**　今日はテレビディレクター・映画監督の岸善幸さんにお越しいただきました。事前に『あゝ、荒野　前篇』(二〇一七)を観ていただいたのですが、これは前篇・後篇で一つの映画で、寺山修司の原作を大きく脚色された企画ですね。原作は一九六六年に発表されていますが、本作ではその時代設定を二〇二一年、二二年という近未来にされています。

**岸**　はじまりは二〇一六年に『二重生活』(二〇一六)という映画の公開準備をしていた時で、製作・配給会社スターサンズの河村光庸プロデューサーに、次回作に『あゝ、荒野』をやらないかと声をかけられまして、最初は配信ドラマの企画だったんですが、製作委員会のメンバーが増えるにつれ映画化を期待する声が出るようになり、配信ドラマと同時に前篇・後篇の映画にすることになりました。その十二年ぐらい前から、河村さんはこの原作の映像化を熱望して

資金集めなどに動いていたとおっしゃっていました。

『あゝ、荒野』に出演したヤン・イクチュンさんについては、監督・主演作『息もできない』(二〇〇八)の国内配給を河村さんが手掛けていた経緯があり、四年前に原作を韓国語訳してイクチュンさんに持っていったら、これは面白いということで、バリカン建二役がヤン・イクチュンさんに決まり、そうしたら『二重生活』を見たプロデューサーたちが興味を持ってくれて、菅田将暉さんが主演候補に挙がり、一気に企画は動き始めました。

ただ、最初にこの企画を打診されたときは「無理でしょう」と答えたんです。正直にいうと寺山さんの原作を映像化するということに不安があって、やはり文学だけでなく、映画においても多くの功績を残した方なので、きっと「これは寺山ワールドとはちょっと違うのではないか」という批判が出てくるだろうと予測したからなんですけど。そういう経緯があったので、脚本化の段階で脱・寺山修司を明確にしたいと河村プロデューサーに頼みました。寺山さんの小説が原作だけれども、あくまでもこの映画は僕たちの新解釈なんだと。そこで時代設定を変える方向に進んだんです。その段階で、僕から作品の核としてボクシング映画にしたいと伝えて、承諾してもらいました。

**岡室**　内容についても原作からはかなり大胆に脚色されていますよね。特に大きな点が、建二と新次の二人をダブル主役にされていることでしょうか。そして、原作では日本人の設定だった健二を日本人の父と韓国人の母を持つ人物とされています。

**岸**　建二は吃音症のある登場人物で、当然日本語を話すという設定なので、脚本を書く途中で役柄とか設定について、何度かソウルに通いヤン・イクチュンさんと話し合いました。「やはり自分は韓国人だから、韓国人の血を持っている役柄のほうがたぶん心情を理解できる」と言われて、それは取り入れた方がいいと考えるようになったんです。建二の韓国人の母はかつて日本でホステスをやっていたという、新宿歌舞伎町にまつわる裏設定をつくりました。

**岡室**　そのヤン・イクチュンさんが監督・主演をされた『息もできない』、これは本当に素晴らしい映画で、私にとっても生涯ベスト5に入るような作品なのでぜひ見ていただきたいのですが、ここでヤン・イクチュンさんが演じる主人公はすごく恐ろしい強面のヤクザみたいな役で、『あゝ、荒野』の健二とは別人にしか見えないですね。顔つきが全然違う。この二作でイクチュンさんが演じられた人物は、いずれもアニキと呼ばれていたり、殴るという行為をとることでは共通してはいるのですが。

**岸**　普段のヤン・イクチュンさんは本当に優しい方です。お酒は好きなんですけど、終始静かで、言葉少な。だから演技する彼と現実の彼とのギャップに驚かされました。『息もできない』の彼は、人を殴り続けていて、言葉も荒いし、粗暴。『あゝ、荒野』とは真逆の役で。イクチュンさんの演技はふり幅がとても大きい。実際現場でわかったのですが、その演技設計はかなり緻密でした。どの場面でも揺らぎがない。そういうことを考えて作品を選んで出演されるそうです。

**岡室**　『息もできない』はヤン・イクチュンさんの自伝的な映画だと言われています、お父さんと難しい関係が描かれている。これも『あゝ、荒野』と通じ合う点です。

**岸**　『息もできない』のことはもちろん強く意識していました。この映画ではヴェトナム戦争に従軍したお父さんがトラウマを抱えて帰国して、お母さんを殴り続けていたという設定になっていますが、実際の彼自身もそういう家庭に生まれて育っているんです。高校生の頃、お母さんを殴るお父さんをどうにか止めようとして、キッチンにおいてあるプラスチックのタッパーを取って、それで自分の頭を殴ったんだそうです。そうして延々と殴っていたら額が割れて流血し始めて、それで初めてお父さんの暴力が止まったんだと。これは、映画の『息もできない』からはこぼれたエピソードなんですが、ぜひこれを『あゝ、荒野』でやらせてほしいという申し出があり、タッパーはマグカップに変えましたけど、脚本の段階から彼の体験やアイディアを取り入れることにしました。

## リアルをカットインさせる

**岡室**　本日は前篇を見てもらっているのですが、やはり後篇の最後のボクシングシーン、私も見るたびに何回も泣いてしまうのですが、ここをやはり見ていただきたいと思います。

**上映——『あゝ、荒野　後篇』**

**岡室**　お尋ねしたいことがいくつもあるのですが、まずはここでの最後のシーンは原作通りに健二のモノローグですね。やはりこの場面が映画にも必要だったということでしょうか。

**岸**　イクチュンさんがこのオファーを受けてくれた最大の理由が、原作の最後で健二が新次に殴られ続ける八十九発なんです。八十九発という数字をどういう意図で寺山さんが書いたのか、調べてみたんですけど、結局わからなかった。でもヤン・イクチュンさんは、建二の人生はやはりこの八十九発の中に込められている、それは観ている人にも伝わるはずだと、ここの尺を短くするようだったら魅力はないと言っていました。

この最後のボクシングシーン以外は、舞台に後楽園ホールを使ったり、計量を含めたプロ試験を実際と同じように厳密にやったり、リアルなつくり込みをしていたんですが、最後のボクシングシーンだけは、八十九発を表現するためにファンタジーにするしかなかった。どう考えても普通のボクシングなら、レフリーストップだろうって意見もありましたから。でもそれはもう承知の上で、ファンタジーになったとしても、なんとしてでも八十九発を描ききらなければいけない、これをやりきることで彼らは二人きりの世界に没入していくのだと。原作ではホモセクシャルな印象も伝わってくるところですが、そうした印象はごく繊細に感じとってもらえればいいのかなと思っていました。

**岡室**　お互いにとってそれぞれがすごく大事な存在であり、本当に二人だけの世界に埋没していると感じます。実際、このシーンはどんなふうに撮影されたのでしょうか。本当に殴り合っているようにしか見えないんですけども。

『あゝ、荒野』©2017「あゝ、荒野」フィルムパートナーズ

**岸**　前篇最後の菅田将暉さんと山田裕貴さんの試合もそうですが、ボクシングシーンにはすべてアクション台本があるんです。それぞれのキャラクターにふさわしいボクシングスタイルと戦い方、それから得意なパンチの種類とかも全部決めています。映像のセオリーとしては、まず殴る人をカメラで捉えて、次のカットで殴られる側のリアクションを撮れば、殴ったというアクションは成立する。けれど、ここでは二人が本当に殴り合っているようなカットもつくりたくて、実際にパンチを当ててもらうことにしました。一番長いシーンで四十三秒あるんですけれども、ツーショットのミドルサイズのカットで本当に殴り合って、カットを割らずに同じ時間を観客に体感してもらおうと考えました。そのために『百円の恋』(二〇一四)でボクシングトレーナーをされた俳優の松浦慎一郎さんにお願いして、俳優たちの身体を半年間かけて鍛えてもらいました。

**岡室**　その段取りはやはり相当細かいのでしょうか。

**岸**　この山田さんと菅田さんの試合、イクチュンさんとの試合は、ディファ有明という格闘技の会場で五日間で撮影しました。普段うちの組の撮影は、朝七時くらいに始まって、遅くても二〇時くらいには終わるくらいで、かなり早撮りなんですが、山田さんとの試合は二日間、イクチュンさんとの試合は三日間、のべ五日間早朝から深夜までフルに時間がかかりました。なぜかといえば、欲しい映像、事前に決めていたカット数がかなり多かったからです。ボクシングを撮るには、アクション映画を撮るやり方しかないので、一つの決めた型を撮ったら、すぐにカットをかけて終わらないと危ないんです。役に没入した俳優が感情を引っ張ってしまうので、続けて撮ってしまうと覚えた型以上の打ち合いをしてケガをしてしまうんで、段取りが終わったらすぐにカットをかける、ということを徹底して撮る。だから、時間はかかりました。

**岡室**　この場面、やはり八十九発のパンチということもあって、あたかもひとつながりで撮影されたドキュメンタリーのようにも見えるんですが、細かく撮られているのですね。この映画では脇を固める俳優さんたちも本当に素晴らしい。かつてアイドルグループの男闘呼組にいらした高橋和也さんが演じる宮木さんという社長もすごくよいですよね。キャスティングもすべて岸さんがされているんですか?

**岸**　もちろんキャスティングプロデューサーがすすめてくる俳優が大部分ですが、主要な役どころは僕からも意見を出して決めています。

**岡室**　木村多江さんも素晴らしいのですが、特に最後の「殺せ」というセリフが強烈ですよね。

**岸**　これは原作にはないものですね。最後の試合はある種の祝祭、セレモニーにしたいと俳優全員に伝えていました。いろんな登場人物が一気にこの二人の試合会場に集まってくれれば、それぞれの思いが表情なり言葉なりに出るだろうと。ただ、具体的なセリフが浮かんでこなくてどうしようかとずっと考え続けていました。

このシーンは撮影の最終日で、早朝自宅でシャワーを浴びている時にふとイメージが浮かんできて、メイク室にいる木村多江さんと高橋和也さんのところに行って、木村さんに「殺せ」というセリフを吐いて欲しいと伝えたところ、木村さんが乗ってくれた。和也さんにもゴングを鳴らさないというイメージを伝えて話し合って、ゴングを摑んで「続けさせろ」というセリフにしました。二つとも本当に直前に決まったんです。ここはファンタジーだから、もうとことんいこうと。この場面では、実はWBC公認レフリーの福地勇治さんに実際にレフリー役として登場していただいているのですが、「ここから撮るシーンは全てファンタジーなのでリアルな動きが難しいかもしれません、でも協力してほしい」とお伝えしました。通常なら相手に戦意が感じられない状態になれば、TKOですから。でもそれでは八十九発までいけないんです。

## 制作者の覚悟

**岡室**　菅田将暉さんとは『二重生活』でご一緒されたのが最初ですね。

**岸**　『二重生活』の撮影で二日間だけ一緒に仕事したときに、僕らの撮影のやり方が印象に残ったようでした。彼はすでに錚々たる監督たちと仕事をしてきているのですけど、初めてこんな体験をした、次に機会があればまた出演させてほしいと、言ってくれていたんです。

僕はテレビで、ドキュメンタリー番組、ドキュメンタリードラマやドラマをつくってきたんですけど、カメラマンはどの企画も同じ夏海光造さんという方です。フィクションでも夏海さんと一緒にやっているうちに、今の撮影のスタイルができあがってきました。簡単に言うと、まずテストを極力やらない、カメラ割をしないということになります。シーンを冒頭から終わりまで全部一気に撮って、その後に必要最低限のカットを考えてアングルを決めていく。通常の現場では、アングルを決め、マスターショットを撮り、そこから細かくヨリのサイズやアップをつくるっていうやり方だと思うんですが、そうした方法は取っていない。かつてはフィルム撮影の費用が高くついたからだと思うんですが、照明も美術も演技も何度もテストを重ねて、極力NGにならないように、フィルムが無駄にならないようにしていた。僕たちは、普段ドキュメンタリー番組で使うようなデジタルの記録媒体で映画を撮るので、遠慮なくぶん廻せる。俳優が脚本を読んで、現場に立って感じた最初の芝居を準備なしに見せてもらう。それを記録していくというスタンスでいます。膨大な素材になってしまいますが、それを編集段階でチョイスしていく。一テイク目のお芝居と二テイク目のお芝居に違いがあっても、それでよし。とにかくモニター越しに見てどのシーン、どのカットがよかったか極力記憶しながら撮っていく。俳優がテストで何度も芝居を繰り返すうちに芝居が慣れてくるのを避けたいんです。言葉を選んで言いますけど、このやり方は力のある俳優さんには刺激的で面白いはずで、けっこう気に入ってもらっています。

**岡室** ドキュメンタリーのディレクターをなさっていた経験がフィクションの作品づくりにも生かされているということですね。ドラマなんだけれどもドキュメンタリー的。それはテレビマンユニオンという制作会社の伝統のようにも思えます。以前、テレビマンユニオンの創立者のお一人でもある今野勉さんにこの授業に登壇いただきました。今野さんもやはりドキュメンタリーとドラマの両方で素晴らしいテレビ作品をつくってこられたのですが、ドラマを撮るとドキュメンタリーのようになるし、ドキュメンタリーを撮るとドラマのようになる。是枝監督もテレビマンユニオンでドキュメンタリーを撮って、そこから映画の方に行かれていて、そうした伝統のなかに岸さんもおられるのですね。

**岸** なんせテレビマンユニオンは「アメリカ横断ウルトラクイズ」を制作していたプロダクションですから、バラエティーにドキュメンタリー性を取り入れた番組も多く、新しいものにチャレンジするというスピリットはずっとあるかもしれないです。かつて、テレビカメラはものすごく重いものだったんで、基本的にスタジオにしか置けなかった。ドラマやバラエティはそれでいいけど、ドキュメンタリーでその重いカメラを持っていっても、三脚を立てて撮るしかなかった。それが七十年代から、軽くて肩に担いでロケ撮影できるカメラが生まれ、それによってドラマもドキュメンタリーもすごく変わったんです。テレビマンユニオンには素晴らしい作品がたくさんありますが、それはやはり機材の進化とどこか結びついている。そういうことを取り入れながら、ドキュメンタリーのつくり方も変化してきて、新しい番組が生み出せてきたんだと思います。

**岡室**　同じテレビ作品でもドキュメンタリーとドラマではずいぶん撮り方が違うのでしょうか。

**岸**　撮影に臨むときのマインドは同じです。ディレクターや演出家とかプロデューサーが何か伝えたいことがあって番組はつくられるわけですから、伝えたいことの熱というか、思いがないと、いい映像も生まれないと思っています。ドキュメンタリーの場合の撮り方はテーマとか取材対象に合わせて臨機応変という感じです。僕らの組のスタンスとしては、ドラマはドキュメンタリーのように撮る、ドキュメンタリーはドラマのように撮る。ドラマをドキュメンタリーのように撮るというのは、僕とかカメラマンにはあるリアルさが欲しいわけです。なぜかといえば、セリフだけじゃなく俳優の芝居にドキュメンタリーの現場にあるようなリアルさが見えることで、共感が生まれてくるんじゃないかという狙いがある。逆に、ドキュメンタリーをドラマのように撮るというのは、どんなドキュメンタリーにも時間の制約があるわけで、どこかで構成・編集なしではつくることができない。そのために、僕がいるテレビでは、どうしてもドラマティックな構成が求められてきた、そういうことを念頭に置いて取材対象と関わりながらドキュメンタリーをつくってきました。

**岡室**　岸さんが演出された『ラジオ』というテレビドラマは、「某ちゃん。」と呼ばれる主人公の女子高生が震災後の女川町で地方ＦＭ局のパーソナリティーになって経験を積んでいく物語で、フィクションとドキュメンタリーの境界を強く意識させられます。このドラマはどのようにして成立したのでしょうか。

**岸**　ＮＨＫ総合チャンネルの東日本大震災のドキュメンタリードラマの企画募集があって、それに出した企画が始まりでした。当時テレビマンユニオンの杉田浩光プロデューサーが、脚本家の一色伸幸さんから相談を受けていた企画だったんです。すごく僕の関心と共鳴するブログを書いている十七歳の女の子がいるので、その子のことを何か作品にできないかと相談を受けていました。そこで杉田プロデューサーが彼女のことを書いた企画書を一枚ＮＨＫに提案して、ドキュメンタリードラマとしてやろうということになったんです。当初は一つの番組の中に、ラジオ局のスタッフのドキュメンタリー部分と、そのブログを書いた女の子の家族のドラマ部分で構成しようとしていて、一色さんがドラマ部分の脚本を第二稿、第三稿と書いているのと並行して、NHKのこの枠の時間編成が九十分から七十分に短くなり、NHK側のプロデューサーの判断でドキュメンタリーはドキュメンタリー番組でつくり、ドラマ部分はドラマだけでつくりましょうということになりました。

**岡室**　そういう経緯があったんですね。でも、作品としてはドキュメンタリードラマっぽいですよね。

**岸**　やはり実際の震災の現場で撮ったことが影響していると思います。なんと言ってもリアルでしたから。ドラマの脚本としては本当に素晴らしいものが仕上がっていたので、それをどこで撮るかというときに、ラインプロデューサーの河北穣さんが女川で全編撮っちゃいましょうと提案してくれたんです。彼の一言で、手持ちカメラの少数スタッフで、女川に実際にある仮設住宅を使わせてもらい撮影をすることになりました。ドラマの中にポリタンクを抱えているおじいさんが現れるんですけど、実際に仮設住宅に住んでいらっしゃる人で、ああいう一般の人にも出演していただきました。シナハン・ロケハンをしている時に、そうした地元の人たちがすごく協力してくれた。そういう人に登場してもらった方が、被災地のリアルさは伝わるんじゃないかと考えたんです。物語の途中、ラジオ局のスタッフになった主人公の某ちゃん。が街角インタビューみたいに仮設住宅で暮らす人たちに話を聞く場面があるんですけど、ここでは脚本家の一色さんが取材して書いたセリフではなく、彼女が引き出した──言葉の方がリアルなんじゃないかと考えたいた──という態で実際は僕らが話を聞きました。そうしたつくり方に一色さんも理解を示してくれて、そのシーンを見た今野勉さんからは「制作者の覚悟があそこに出ている」と言っていただきました。

**岡室**　震災を取り上げたドラマには、たとえば山田太一さんの『時は立ちどまらない』という大変な名作がありますけど、非被災者が被災者を描くのはかなり勇気のいることではないかと思います。

**岸**　それはもうかなりのプレッシャーでした。ですが、某ちゃん。のブログを読んだ時に、この企画なら被災者の内側を描くことができると思ったんです。被災者自身が語る言葉がドラマを貫くことで、被災者のリアルが視聴者に深く伝わるはずだと、感じました。当時の報道や震災関連の番組には、被災者である彼女が発信したような言葉がなかったですから。

撮影に行った時の女川では、瓦礫の一部撤去がすでに始まっていた頃でした。ただ、ドラマの設定上は瓦礫が山盛りになってなきゃいけない。だからCGでつけ足すことになるんですが、俳優を瓦礫の前で芝居させるには、背景にどうしてもある程度の瓦礫が必要になる。でも、美術の磯見俊裕さんが「絶対に元に戻しちゃあかん」と言ったんです。僕らにその権利はない、と。そこで、川の底に残っていた瓦礫の一部とトラックで運ぶために脇に置かれていたものを、作業は我々でやりますからもう一度だけ積ませてほしい、撮影が終わったら、原状復帰します、と役場に交渉しました。女川へ行く前に、被災地でドラマを撮る時には被災地の人を傷つけないというルール、いわば「憲法」のようなものをつくっていて、それだけは守ろうとしていたんです。スタッフ全員がそういう覚悟でのぞみました。

## テレビと映画という二つのメディア

**岡室**　『ラジオ』は本当に出ている人の姿がみずみずしい。『あゝ、荒野』は二〇二一、二二年の近未来を舞台にしていますが、震災の話がかなり扱われています。『ラジオ』での経験がやはりこの作品にも確実に繋がっているんですね。

**岸**　そうですね。震災については、機会があればまた描きたいと思っていました。僕は四十六歳からフィクションをやり始めているんで、どの作品も一本一本勉強しているという感じなんですけど、最初が震災ドラマだったので、震災を観てしまったというか、ずっと消えないリアルな出来事になってしまったような気がしています。

**岡室**　ベタな質問になりますけど、ご自身ではテレビと映画というメディアの違いをどんな風に意識されていますか?

**岸**　答えるのがちょっと難しいんですけど、これは決して自己批判ではないんですが、テレビの場合に僕自身がどこかで忖度するんです。公共放送であるNHKのプロデューサーから注文をもらう前に、自分の中で課題を予測して、処理する。それは取材対象も含めてです。これはどこかでプロデューサー的な目線になっているからだと思います。テレビをつくる時は、自分もプロデューサーをやってきた経験があるので、テレビの前の誰かを傷つけないよう注意しながらつくっています。でも自分が監督する映画の場合にはないことですね。映画の現場では監督に徹します。プロデューサーにダメ出しを受けることもありますけど。

**岡室**　NHKのドラマには民放よりも自由度が高そうな印象を受けますが、そこはどうなのでしょうか。

**岸**　いろんな意味合いがあるとは思うんですけど、今はNHKの方が高いかもしれないですね。民放の場合、やはりスポンサーのことを意識しないわけにはいきませんから。スポンサーなしではそもそも成り立たない産業構造なので、当たり前のことだと思っています。僕の扱う映画にはよくセックスシーンが入りますが、そういう部分はテレビではなかなか描けない。あとは犯罪や暴力ですね。顔が特殊メイクで膨れていたり、血があふれ出るみたいなことはできません。

**岡室**　それは地上波で一方的に流れてくる放送メディアと、観客が自分から観に行こうとする他の映像メディアとの違いかもしれませんね。今後はテレビと映画をどのように両立されていこうと考えておられますか？

**岸**　フィクションに関して言えば、僕は自分で映像の編集をしないと満足できない演出家なんです。撮影した場面を編集で再構築していると、現場になかったエネルギーのようなものが生まれてくることがあって、そういう意味で編集することに喜びを感じつつ、同時にクオリティに責任が取れるものにすることを考えると、どうしても長い時間がかかってしまう。一年に一本は厳しいと思います。『あゝ、荒野』の編集は前篇・後篇で五か月かかっていて、映画だけでご飯を食べて行こうとすると、なかなか厳しい現実がありますから、やはり並行してテレビの仕事もする必要があるわけです。

**岡室**　テレビよりも映画の方が人々の心の記憶に刻まれていくんじゃないか、ということをインタビューでお話しされていましたが、『ラジオ』のような力のあるテレビドラマは必ず残っていくと思います。

**岸**　そうなるように目指しています。テレビドラマって評価を受けると再放送される機会があるんです。たとえ初回放送の数字が低かったとしても、確実に届く人が増える。NHKの場合、再放送の回数は契約書に書いてあったりしますが、ほとんどのものは二回目の再放送までくらいだと思います。地上波を含めたくさんの番組がつくられている中で、再放送されて人々の記憶に結びつくところまでこぎつける作品はなかなかないんですよね。そんな中、『ラジオ』は評価を受けて再放送が八回くらいあったんです、恵まれていました。

## どこにスタートポイントを置くか

**会場質問**――『あゝ、荒野』では自殺を含めて生と死に関わるエピソードがあったと思うのですが、そうしたテーマについての監督の考え方についておうかがいしたいです。

**岸**　『あゝ、荒野』はプロデューサーの河村さんがSNS世代にすごくアピールしたかったそうなんですね。実際に人と向き合ってコミュニケーションするのではなく、ツールを通してコミュニケーションを取る世代って、自分たちと違う相当な孤独を感じているのではないか、その孤独とは何かを考える作品をつくりたい、と。生きることと死ぬことについては、原作にも自殺研究会というのが出てきますし、寺山さんご自身も他の作品も含めてそういうことをずっと見つめてきたんだと思うんですね。僕がヤン・イクチェンさんと話しながら脚本を仕上げる中で考えていたのは、アイデンティティの問題です。自分とは何者なのか、自分はどこにいるのか——そういう問いをいろんな本を読んだり、映画を観たり、音楽を聴いたりしながら皆さんも探っていると思うんですけれども、最終的には自分で自分を問いただしていくしか解決方法はない。孤独を超えるためにはそういう作業が必要なんだろうし、それはもしかしたら万人に付きまとう永遠の課題なのかもしれません。

　バリカン建二は、自分の家族関係や自身の吃音などに悩んでいるなかで、ボクシングに出会い生きているという実感を持てた。僕はそう捉えて演出したんですけど、最終的にチャンピオンを目指すわけではない彼が、アイデンティティの問題を解決するためにもがく、そうして出てきた叫びが「愛してほしい」ということだった。僕はここにいるよということを叫びたかったのだと。生きることと死ぬことについて考えることは、文学にとっても、映画にとっても重要なモチーフだと思うので、どうしたって向き合っていかなければならないテーマだと思っています。

**会場質問**——生々しいシーンにすごく時間をかけて撮影されたとお話しされていましたが、シーンの尺を削りこむことの匙加減はどのように考えられるのでしょうか。

**岸**　映画に詳しい人ならわかると思うんですけど、通常のカットはピントが合った映像を使うものだと思うんですけど、僕の編集では、最初からピントが合ってない、要はピンボケの状態、ピントがずれていて、しばらくしてからピントが合うような映像を使うことがあります。具体的にいうと、映画は一秒に二十四コマなので、一コマおよそ〇・〇四秒ぐらい。その間にピンが合う瞬間を使うんです。それを僕は自分の中でだけですけど、勝手に「岸サブリミナル」って名づけているんですが、これを使うとリアル感が増すような感覚で観てもらえる。そういうことも、ドキュメンタリーのような感覚の作品と捉えられているのかもしれません。編集ではそういう細かい編集をしています。なぜそんなことをするかというと、僕の中では、俳優の一番いい表情をできるだけリアルに感じてもらうためなんです。撮影現場も同じで、俳優の一番いい芝居を撮りたいと思ってのぞんでいます。今回最も大切だったのはラストシーン。最初からそれぞれのキャラクターの表情を決めて撮っていけば時間はかからないと思われるでしょうが、それでは僕が欲しいリアルが撮れないという過去の経験があって。俳優が脚本を読んで最初に考えたこと、現場で最初に出てきた衝動みたいなものを大切にしたいんですよね。俳優自身の内側から上がってくる力が、僕の作品にはすごく重要なんです。いい表情、芝居を撮るために、僕がいろいろ言うことを極力避けて、任せる。と、どうしてもカメラは廻ってしまう。『あゝ、荒野』でも、実際撮影した素材は七十時間にもなりました。そういう素材の中からいい表情が一つ見つかると、その表情を核にして、シーンの演技を拾うという視点で編集し尺を詰めていく。そうしたやり方で作品をつくっています。

## 岸善幸
きし・よしゆき

1964生まれ。テレビディレクター、映画監督。1987年にテレビマンユニオンに参加。「アメリカ横断ウルトラクイズ」など多くのバラエティ、ドキュメンタリー番組を手がけ、NHKを中心にドキュメンタリードラマやドラマを演出する。2009年の『少女たちの日記帳 ヒロシマ 昭和20年4月6日～8月6日』がATP賞テレビグランプリ2010総務大臣賞／ドラマ部門優秀賞、2012年の『開拓者たち』がギャラクシー賞テレビ部門奨励賞、毎日芸術賞、2013年の『ラジオ』は国際エミー賞ノミネート、文化庁芸術祭「テレビ・ドラマ部門」大賞、シカゴ国際映画祭テレビ賞長編テレビ映画部門金賞など数々の受賞を果たす。2015年に劇場公開映画デビュー作『二重生活』を発表。ウラジオストク国際映画祭最優秀監督賞、ニューヨークアジア映画祭審査員特別賞を受賞している。2017年の第2作『あゝ、荒野　前篇・後篇』では国内主要映画祭の作品賞と主演男優賞（菅田将暉）を受賞し、アジア・フィルム・アワードでヤン・イクチュンが助演男優賞を受賞している。劇場公開最新作は『前科者』（2022）。

**主なフィルモグラフィ**

⦿少女たちの日記帳 ヒロシマ 昭和20年4月6日～8月6日（2009／ドキュメンタリードラマ）⦿開拓者たち（2012／ドキュメンタリードラマ）⦿ラジオ（2013／テレビドラマ）⦿戦後70年 一番電車が走った（2015／テレビドラマ）⦿二重生活（2016）⦿あゝ、荒野 前篇・後篇（2017）⦿前科者（2022）

# VI

# 映画はどうして映画なのか

⊙諏訪敦彦［映画監督］
⊙黒沢清［映画監督］
⊙中島貞夫［映画監督］
⊙大林宣彦［映画作家］

# 弱さにおいて表現を生み出すこと

諏訪敦彦 Suwa Nobuhiro［映画監督］

聞き手——谷昌親 Tani Masachika
二〇二二年七月九日

**映画は虚構としての表現であり、それと同時に現実を映し出すメディアである以上、映画を見るという経験はつねに自身のもつリアリズムを揺るがすようなものであるだろう。諏訪敦彦監督の映画は、つねに観客を当惑させる。なぜならその経験とは、一本の映画を経験することのなかで、自分がそれまで拠り所にしていた確かで強固な足場が崩され、未知の弱さと出会うような時間であるからだ。**

## 他者と出会うこと

**谷** 本日は事前に『ユキとニナ』(二〇〇九)、『ライオンは今夜死ぬ』(二〇一七)、『風の電話』(二〇二〇)の三本を見てもらっています。これらを中心に話をしていただきたく思いますが、まず諏訪さんが映画を撮るようになったきっかけからお話しいただけますか。

**諏訪** 幼い頃から映画が好きで、テレビで放映されるアメリカ映画をよく見ていたのですが、やがてちょっと変な映画があることに気がついてくるわけなんですね。昔は、ゴールデンタイムには放送できないようなB級映画などを深夜に放送していました。ある日夜中にこっそりテレビをつけると、いきなりセクシーなブロンドの女優の身体が現れたんです。なんだか不機嫌そうで、旦那と口論ばかりしてる。でも何を考えているのかサッパリわからない。それで、いきなり別の男と車で走り出したかと思うと、唐突に事故で死んでしまうんですね。ペンキみたいな血を流して。その理解のできないということがすごく鮮烈に印象に残りました。後にそれがゴダールの『軽蔑』(一九六三)だったと知りました。

高校生のとき、所属していたバスケットボール部の先輩がなぜか八ミリ映画をつくっていて、内容は青春ドラマでした。映画は自分たちでつくれるものなんだと知って、翌年には僕も友人たちと学園ドラマをつくったんですよ。文化祭で上映したんですが、テレビドラマの真似っこみたいになっているのがすごく恥ずかしくて、上映後に思わず逃げ出してしまいました。これは違う、こういうことをやりたいんじゃないって思っていたときに、実験映画に出会いました。有名なものは『エンパイア』(一九六四)、アンディ・ウォーホルがエンパイア・ステート・ビルを八時間固定キャメラで撮りっぱなしにしてるだけの作品とかですね。そういう一般の物語映画とは違う種類の映画に関心を持ち始めて、一人で八ミリキャメラを回すようになりました。高校卒業して東京に出て、実験映画とかを中心にいろんな映画を勉強していく中でいくつかの出会いがあり、お前ちょっと現場手伝わないかと声をかけられて、助監督などの形で自主映画の現場に参加するようになったのが最初のきっかけです。

**谷** 今の諏訪さんの制作スタイル、大まかなあらすじがあるだけで、かっちりとした脚本がなく台詞も決めずに撮影に臨むかたちは、『2/デュオ』(一九九七)では当初からやろうと想定されていたわけじゃなかったとうかがっているのですが。

**諏訪** 当時、私は三十五歳ぐらいで、テレビ番組を演出したりしていました。これが初めての劇場公開作品ですが、実は自分から企画を持ち込んだわけではないんです。一緒に仕事をしていた仲間で、今は東京藝大でも一緒に教えている美術監督の磯見俊裕さんが「そろそろ諏訪も一本撮った方がいいんじゃないの?」と言いだした。彼がある実業家を口説いて三〇〇〇万円の制作費を取ってきてくれて、これで自分たちの映画をつくる、お前なんか考えろ、と。こうして『2/デュオ』という映画がスタートしたんです。

脚本を書く数か月間があったんですが、なかなかその作業がうまくいかなくて、書けば書くほど自分が撮りたい映画から離れていく印象が拭えなかった。西島秀俊くんが演じる男と柳愛里さんが演じるその彼女に優と圭というフィクションの名前をつけて、二人がさも会話しているかのようにセリフを自分が書く。そのことに、どうも違和感があった。考えてみると、自分はフィクションを構築していくことに関心があったわけではなくて、自分が知らない世界=謎を見たい、そういう欲求が映画づくりの初期衝動としてあったからなんだろうと思います。たとえばAがこう言ったらBはこう言うというふうに僕が一人でセリフを書くとすると、実はAもBも僕がすでに知っている人物だということになる。だけど、実際には自分の彼女のことだってよくはわからない。他者には絶対に私の想像が及ばない部分があるんです。もちろんそういう他者を書ける人もいる。ドストエフスキーみたいな人は、複数の人間が書いているのではないかと思えるくらい見事に他者性というものを描いている。だけど僕にはとても書けない。

あるとき、この脚本の作業を一旦ストップして、一度リセットしたい気持ちになった。一〇〇ページぐらいあった脚本を、一〇ページほどのアウトラインに戻してプロデューサーに持って行った。ゼロから書き直させてください、と言うつもりでした。でもプロデューサーがそれを見て、諏訪がやりたいことを知るにはこれが一番わかりやすいから、この脚本で撮れって言ったんです。そのプロデューサー(仙頭武則)もすごい大胆ですね。一〇ページくらいのアウトラインで撮れと言う人は他にいないと思います。

それを聞いて、そうか、これで映画を撮るのか、と僕はすごく落ち込みました。「自分はまともな脚本も書けなかったな」と。すでに何月何日に撮影に入らないと駄目だというリミットがあって、とにかくこの脚本で開始するしかない状況だった。でもギリギリのところでこれでも映画になるかもしれないと思えたのは、やはり学生時代にヌーヴェル・ヴァーグの監督たちの映画を見ていたからだと思います。フィクション映画の中でかなり実験的なトライをしていた六〇年代のフランスの若い映画作家たちは、脚本を事前に完成させないで、その日その日に書き継ぎながら即興的に撮影するということをやっていた。それでもいい、そういう映画のつくり方もあるという事実が、どこかで自分を支えてくれていたと思います。

クランクインしてしまうと、台詞も動きの指示もしていなくとも、みなが自ら動き始めた。西島くんが「さあ掃除掃除」とか言って散らかす演技なども彼の自発的な創意から生まれました。俳優二人が即興性の中で関係をつくりあげ、クリエイションを相乗的に高めさせてアクションを生み出していった。撮りながらスタッフ皆びっくりしました。

こんなシーンができちゃった、じゃあ明日どうすると、毎日話し合いをしながら撮っていくかたちになったんです。ただ、それが成功するとは誰も思っていませんでした。完成した『2／デュオ』はロッテルダム映画祭に出品されたんですが、まさか国際映画祭に出るなんて思ってもいませんでした。

## 子どもは小さな大人である

**谷**　『2／デュオ』はまさに他者を描こうとしている作品です。これは俳優たちの演技、スタッフらのいろんなサジェスチョンがあって成り立つもので、監督お一人では構築できない世界がそこに出来上がっていく。二作目の『M／OTHER』（一九九九）も、タイトルにも「other」とあるように他者を描くもので、次の『H story』（二〇〇一）ももちろんそうでしょう。そして『不完全なふたり』（二〇〇五）をフランスで撮影され、それに続くのが『ユキとニナ』になります。これは夫婦とその子どもの話で、夫婦という存在はそれまで諏訪さんが描いていた男女の他者性というテーマにあたるのだと思うのですが、この作品から子どもというものが入ってくる。そしてこの作品は諏訪監督単独のものではなくて、父親役をやってるイポリット・ジラルドさんとの共同監督になっています。

**諏訪**　実は二本目の『M／OTHER』に、八歳の子どもが出てくるんです。その子との作業も非常に面白かったんですけれども、この映画ではあくまで大人の視点がメインでして、子どもの視点を取り入れるのはできるだけ最小限にとどめていた。ただ、それからずっと自分の中に子どもを撮りたいという願望があったんです。というのは、やはり究極の他者性みたいなところが子どもにはあるから。今でもTikTokやInstagramなどで一番よく見られているのは動物と赤ん坊のハプニングの映像だったりするでしょう？　これはもう本当に映画が始まって以来の普遍的なテーマなんですね。動物とか赤ん坊は見てるだけで面白い。なぜなら彼らは他者だからです。簡単に言うことを聞いてくれるわけじゃない存在なだからです。

これはフランスのアンドレ・バザンという映画批評家も触れていることですけれども、多くの場合、子どもは「小さな大人」として扱われてしまうんです。通常、映画においては大人がこういうものを見たいと思うことを子どもが実現してくれた時に、観客は感動したりします。映画の中に現れる子どもは、あくまでも大人の抱くイメージの投影だということですね。でも実は子どもというのはそう簡単には理解することができないものです。フランソワ・トリュフォーのデビュー作に『大人は判ってくれない』(一九五九)という映画があって、これは十二歳の少年が主人公なんですけど、そこでは子どもの仕草とか話し方をそれまでの映画では見たことのないありのままの姿で描くことに成功しました。もう少し遡れば、ロベルト・ロッセリーニという監督の『ドイツ零年』(一九四八)という作品があります。戦争で廃墟となったベルリンが舞台で、ある少年が不幸な自殺をすることになるのですけれども、その死に至る前に十分間ぐらい街を歩くシーンがある。しかし、精神的に打ちのめされているはずの彼の内面に何が起きているのかはまったくわからない。まるで表情がないそんな少年がぶらぶらと廃墟を彷徨い、迷っているのか遊んでるのか見分けがつかない足取りで、破壊されたビルの上へ登り、ふっと飛び降りてしまう。子どもがこんなふうに簡単に大人には理解できない他者として現れてくるというのは、それまでの映画において起きていたことではなかったんです。

**谷**　『ユキとニナ』でもそれまでと同様、大まかな筋だけをつくり、そこから先は子どもたちに台詞などを任せていくかたちだったのでしょうか。

**諏訪**　台詞のみならず全部が即興ですが、子どもたちは何もわからないまま演じているのではありません。子どもたちにはシナリオの全体の構成を全部渡して、それぞれのシーンで何をするか、一緒に考えようみたいな感じでやるんです。だからユキを演じるノエちゃんもちゃんと考えて現場に来る。自分が何を演じるのかを理解して、自分と役を混同しない。大人ではこういう混同がときどき起きるんですけど、僕の経験では子どもはそれを明確に区別します。

　コインランドリーで「これからどうする?」みたいな相談をしているシーンは、ロケ場所も含めて二人の女の子のアイデアです。手紙の文面やその書き方とか、そういうのは全部彼女たちに任せました。映画の最後に、ユキが一人ぼっちになって森の中にどんどん入っていっちゃうシーンがあります。そこでの僕たちの思惑は、寂しくなって怖くなったユキは泣き崩れてしまい、それによってある意味での精神的な死を描くことでした。そのシーンを撮る前日に、僕とイポリットでユキを演じるノエちゃんと話をしていると、「私は泣かない」って言いだしたんです。「泣くと悲しくなるから泣きたくない。自分は演技で泣いたりすることはできない」と。それでこれは困ったなと。僕たちはまず泣いてほしいわけですからね。でも僕もイポリットも無理に泣かすような権力を振るう監督にはなれない。だから、ノエちゃんがやりたくないんだったらしょうがないと、考え方をこっちが変えるしかない。泣きもしない笑いもしない、ただ無表情のままふっと森の中に入っていくというふうに撮影をしたんです。現場では自信がなかった。これで本当にいいのかなと二人とも不安でしたけど、それが僕たちの選択だった。でも、彼女を泣かそうとしていたのは、さっき言ったように、大人の感情を子どもに投げかけることで観客から非常に安っぽい共感を得る期待があったからじゃないかと後になって思いました。完成した森のシーンでは、彼女は一人でぶつぶつなんか独り言を言いながら森を抜けていき、そうすると不思議なことに日本にたどり着くんです。感情的にはとても平板な演技ですが、逆にその方が観客に想像力を働かさせることができたんじゃないか、結果的にこの方が観客を信頼していることになったのではないかと思うようになりました。

**谷**　フランスにある森を出て行くとそこが日本になっているる、それまでの諏訪さんの作品では、このように現実からちょっとはみ出る描写はほとんどなかったと思います。ユキ役のノエさんは割と素直にこれを受け入れたのでしょうか。

**諏訪**　ノエちゃん自身は何の疑問もなく演じていました。面白いのは、ここでやろうとしているのはある種ファンタジーであり非現実で、文学であれば簡単なんですけども、映画の撮影行為はすべてが現実なので、もしこういう場面を撮るなら実際に皆で日本に行かなきゃならない。そのファンタジーなのに現実という感覚が面白かった。『2／デュオ』とか僕の初期の映画では、即興による日常的なやり取りからできている映画なので、すごく現実的なものとして見られています。でも映画ってやはり現実そのものではない。映画というのは、映画でしか実現できない現実を創造する行為なんだと思います。現実とそっくりであればいいわけではない。映画でしか到達することのできない現実感、だんだんと自分はそういうものを求めてきているような気がします。

## ドラマにまったく収まりきらない存在

**谷**　映画でしか到達できない現実感、あるいは他者性というもの。そして子どもの俳優に即興を任せてみるという試み。これら二つが繋がってくるのが、次の『ライオンは今夜死ぬ』という映画です。この映画ではジャン゠ピエール・

レオーという俳優が一番大きな存在です。言うまでもなく彼は『大人は判ってくれない』の主人公として子役でデビューした、ヌーヴェル・ヴァーグを代表する、その代名詞のような俳優です。彼はまだこれからも活躍するかもしれませんが、いまだに子どもというか、大人になりきれないイメージをまとっている。そのレオーが子どもたちと絡みながら、映画の中で映画をつくるという話が非常に面白い。

**諏訪**　最初にお会いしたときの彼は七十歳ちょっと前。とても魅力的でしたが、彼をどういう人として映画の中で描いていけばいいのか、迷ってしまってなかなか形にならない時期があったんです。その頃、僕は小学生の子どもたちと一緒に映画をつくるワークショップをやっていたんですが、その経験がすごく面白かったので、いつか子どもたちと一緒に実際に映画をつくる冒険をやってみたいという欲求がどこかにあった。その欲求をそのまま合体させて、子どもとジャン＝ピエール・レオーを一緒にしたらどうなるんだろうと考え、企画が進み出しました。両者がどういう化学反応を生むことになるのかを知りたくて、フランスで子どもたちのワークショップを開催して、そこにレオーを一回放り込んでみた。その時の五分ぐらいの記録映像があるのでお見せしましょう。子どもたちには〝嘘の自己紹介を考えてレオーの前で演ってみなさい〟という課題を与えました。

**参考上映**——ワークショップ記録映像

**谷**　『ライオンは今夜死ぬ』の中でも、子どもたちがいろいろと話し合って短編映画をつくります。あれは本当に子どもたちがつくったものなのでしょうか。

**諏訪**　そうです。今の映像に登場した子どもたちの中から十人ほど『ライオンは今夜死ぬ』に出演してもらったんですが、撮影前に彼らに「さあ僕たちはこれから二本の映画をつくります。一本は『ライオンは今夜死ぬ』っていう作品で、もう一本は君たちがつくる映画だ。君たちがつくる方の映画はあなたたちに任せるから全部お話を考えて」と伝えました。彼らから出てきたのはホラー映画みたいなアイディアで、脚本も撮り方も全部自分たちで決めてもらい、そこにジャン＝ピエール・レオーが出演することになり撮影するんですけれども、完成した映画はレオーが実は犬だったっていうとんでもない展開になりました。

**谷**　『ライオンは今夜死ぬ』の中にもそれがちょっと映ってます。見ていて皆すごく楽しそうですね。

**諏訪**　楽しかったんですけど、ジャン＝ピエール・レオーという人はやはりすごく特殊だなと思いました。あの人は大人じゃないんですね。お爺ちゃんと孫ぐらいの年齢差があれば、普通大人として子どもに接するでしょう。ご覧になった映像で、レオーも頑張って子どもたちと交流してるんですけれども、彼は共演者に実はまったく関心がないんです。『大人は判ってくれない』の頃からそうだと思います。監督、そしてキャメラにしか関心がない。どこにキャメラがあって、どういうふうに自分が映されているのかを常にすごく意識している。だから共演者と交流しようとか、子どもたちと仲良くしようとか、そういうことが一切ない。だから、子どもにとっても、ジャン゠ピエール・レオーにとっても、お互いはまったくの他者なんです。

レオーが子どもたちにつけ回されて追いかけっこになって、果物を投げるシーンがある。僕のイメージとしては、レオーが子どもたちに気が付いて、果物をふっと投げてやることで、それを介して互いの交流が始まる場面でした。そしたらレオーは猛烈な勢いで果物を子どもに投げつけるわけです。みんな「この爺さん狂ってるぜ」みたいなリアクションになっちゃった。これはまったく想像していませんでした。すごいなと、ふつうの子どもと大人の関係じゃないですよね。

**谷**　子どもたちがジャン゠ピエール・レオーを演出して「立ち上がって扉から出て」と指示するんですが、何度言われても出ていこうとしない。

**諏訪**　あの時の子どもたちは本当に辛かったと思います（笑）。役者が監督の言うことをぜんぜん聞いてくれないんですから……。撮影中はこのシーンは失敗だなって僕は思いました。子どもたちの撮影を通して老俳優と子どもたちの間に生まれる精神的な親密さというイメージが、まったく成り立たないわけですから。扉から出てゆくという簡単な演出なのに、レオーは何を言っても聞いてくれない。後で、「どうして」ってレオーに聞いたら、「なんか、ノらなかったんだよ」とか言うんです。彼はその場の状況の中でいろいろ変わっていく人で予測不能なところがありますが、でもそれは結果的に面白い場面だったと思います。まったく言うことを聞かない人に出会った子どもたちは、かなり衝撃的な思いをしたはずで、この事態はわかりやすい物語に収まるようなものではない。子どもたちにとって〝わけのわからない人〟と出会うというのはすごい経験だと思います。

## ドラマを支える力となるもの

**谷**　次の『風の電話』は、久しぶりに諏訪さんが日本で撮られた映画で、内容的には途中からずっと主人公のハルが旅をする、ロードムービー的な映画です。これは諏訪さんの作品の中では初めての形式ですね。

**諏訪**　「風の電話」というのは、実際に岩手県大槌町にある電話ボックスのことです。電話線がどこにも繋がってないその電話ボックスでは、受話器を使って死んだ人と話ができるという噂が広まって、震災で失った家族に語りかける場となった。それがＮＨＫのドキュメンタリーで取り上げられ、今回のプロデューサーがこれをぜひ映画にしたいと、そしてなぜか僕のところに監督の依頼がきたんです。僕は風の電話のことを知りませんでした。それまで被災地を舞台に映画を撮ろうと思ったこともありませんでした。でも、八年が経って、あの傷跡が消えかかっている今なら震災についての映画が撮れるような気がして、引き受けてみようと思ったわけです。二十年ぶりの日本映画でしたしロードムービーは初めての挑戦ではあるけれど、旅というモチーフに基づいて自分の視点で移動しながらもう一度現在の日本を見てみたい気持ちにもなりました。

原案では、熊本の地震で被災した女の子が何かのきっかけで風の電話の存在を知り大槌町まで旅をするという話でした。原作があったわけではなく、日本映画としては比較的自由に創作できるプロジェクトだったので、今は広島にいるけれどももともと大槌町にいた女の子が、自分の故郷に帰るというストーリーに変えさせてもらった。主演を務めてくれたモトーラ世理奈さんとの出会いはこの映画にとってとても大きかった。オーディションで会った瞬間にこの子しかないと思えたんです。モトーラさんはもともとモデルをされているんですが、彼女の演技は、見る側がいろんなことを想像しなくてはならない。オーディションで何かを質問すると、彼女は「……」ってなる。何かを考えてるんですが、沈黙が何分か続きます。でも、答えを待っているその時間が苦痛ではない。彼女を見てるだけでこっちが様々な想像をかき立てられてずっと見ていられるんですね。この人を撮影してるだけで映画になると思えて、このプロジェクトは彼女を中心に進んでいけばよいなと考えました。

**谷**　この映画についての批判的なコメントに「起承転結がない」、「団子の串刺し的なロードムービーである」というものがありました。しかし諏訪さんは意図的にそうした形を選択し、一つひとつの出来事が結びつかずに展開する映画にしたのではないかと思います。

**諏訪**　いわゆるクラシックな日本映画の脚本のセオリーでは、エピソードを羅列してただ繋げただけで、ドラマ的な展開がないもの、これを「団子の串刺し」と呼んで駄目な脚本の典型とされていますが、まさにその典型的な構造を持っているのがこの『風の電話』ですね。それに加えて、この映画にはあまり悪い人が出てこない。それもおかしいと言われました。通常のドラマツルギーでいえば、もっと彼女に危害を加えるような悪い人間が出てきたりして、その困難を乗り越えて主人公が成長していくみたいな仕組みが期待されます。古典的なドラマの構成では、葛藤とか闘争を乗り越えていくのが一つの原動力になるわけですね。でも、僕は震災後、すべてが流され荒野になった場所において、いったいどうやって人間が行動していくかを発見するために、そういうアリストテレス的な葛藤は必要ないと思ったんです。ハルはさすらい、さまよっている。寄って立つところがない、すべてを失ってしまった人びとは、その歩みを少しずつ回復していくしかない。だから彼女が出会う人たちは皆ちゃんとした大人であってほしい、どう行動すべきかということを示してほしいという気持ちがあった。ここにおいては、ドラマを支えているのは葛藤や闘争ではなく、ケアなんです。介護なんです。この傷ついた魂をどうやって扱えばよいのか、それを問うて接することが、一つのドラマツルギーになればいいと思った。映画が最後までしっかりと彼女に寄り添って運んでいく、そういうものにしたかったのです。そこに人間同士の葛藤はありません。葛藤があるとすれば、それは現在のハルと彼女の過去、記憶との間にあるのでしょう。

**谷**　そうやってハルに寄り添っていって最後に風の電話が出てくるとき、強く観客に訴えかけるものがありますね。

**諏訪**　風の電話の場面、彼女は十分間くらい一人で喋るんですけれども、ここもまったく台詞を決めずに、すべてモトーラさんに任せました。彼女があそこで喋れたのは、広島から順番通りに撮影していく中でハルを演じて経験したこと、西田敏行さんや三浦友和さんら俳優たちとの出会い、その記憶がシナリオのように経験されていたからだと思います。

風の電話の場面は最後に偶然たどりついた場所として登場していますが、これも構成としては変かもしれません。当初は風の電話は、あくまで旅の目的地に設定されていたからです。でもそのような構成にすると、そこに行ったらお父さんお母さんと話せるかもしれないという、ある種のファンタジーをハルが信じて行動するってことになる。もう思春期を迎えた女の子が、単純にそんな物語を信じるとは思えなかった。ハルには目的がないんです。行き場所のない主人公がさまよい、さすらう、そうしたプロセスそのものが旅の主題になるようにしたかったんです。

**会場質問**——高校生の時に初めて作品をつくって恥ずかしく感じられたという話がありましたが、それを踏まえて自分はこういうものをつくりたいのだと気づいたことがあったら、それはどのようなものか教えていただきたいです。

**諏訪**　映画に限らず音楽でも絵画でも、何かを表現するときって、最初は絶対に恥ずかしいんじゃないかな。なぜかというと、隠せないものがいっぱいあるから。自分自身という存在と、その作品はやっぱり不可分なところがある。どんな表現でも、何かを真似るとかあんなふうに撮ってみたいとか、いろんなまねっこをするように始めると思うんですが、どうやっても自分はこうなっちゃうってことがあるんですよ。違うことをやろうとしても、けっきょくこういう撮り方になってしまう、こういう人が出てきてしまう、こういうシーンを描いてしまう、という。それは自分に密接に結びついているある種のテーマの現れだと思うんです。映画をつくるにあたって「この作品のテーマは?」と聞かれることがよくありますが、そんなものは最初からわかっているわけではないと僕は思います。テーマは何かを制作する行為によって、生まれてくるんですよ。事後的なものだと思う。テーマがあるから作品をつくっているのではなく、つくるという行為において自分自身のテーマを発見することができる。何か特定の考えを伝えるために映画をつくってるわけではない。映画はもちろん、表現というもの自体はすべて単なるコミュニケーション(=情報伝達)ではないはずです。一方で表現者は、強力な権力を持ってしまうという構造があります。すごく強いイメージを持つ者が表現を行っていると思われていますし、実際そういう表現者がいます。小津とか、フォードとか。けど、これからの表現においては、やはり表現する人が弱さを持ってないといけないんじゃないかなという気がしています。弱さにおいて表現をしていくことが、とても大事になってくるんじゃないかと僕は考えているんです。今世界は壊れてしっかりとした基盤はありません。だから世界に対して絶対的な確信を持つ強さではなく、たじろぎ、悩みながら不安を抱えて彷徨ってしまう弱さこそが私と世界を結びつける唯一の糸なのではないでしょうか。

## 諏訪敦彦
すわ・のぶひろ

1960年生まれ。映画監督。大学在学中から山本政志や長崎俊一らの作品にスタッフとして参加、1985年に制作した『はなされるGANG』が第8回ぴあフィルムフェスティバルに入選。大学卒業後はテレビのドキュメンタリー番組を多数手がけ、1997年に『2/デュオ』で商業映画デビュー。同作はロッテルダム国際映画祭やバンクーバー国際映画祭などで高く評価され、1999年には『M/OTHER』で第52回カンヌ国際映画祭にて国際批評家連盟賞を受賞。2005年の『不完全なふたり』は第58回ロカルノ国際映画祭において審査員特別賞と国際芸術映画評論連盟賞を受賞。以後も映画製作を継続しつつ、東京藝術大学大学院映像研究科の映画専攻にて教授を務め、映画制作ワークショップ「こども映画教室」に講師として多数参加するなど、映画教育にも深く関わっている。長編最新作は『風の電話』(2020)。著書に『誰も必要としていないかもしれない、映画の可能性のために 制作・教育・批評』(フィルムアート社、2020年)など。

**主なフィルモグラフィ**

⊙2／デュオ(1997)⊙M/OTHER(1999)⊙H story(2001)⊙不完全なふたり(2005)⊙ユキとニナ(2009)⊙ライオンは今夜死ぬ(2017)⊙風の電話(2020)

# 映画だけが扉の向こうに何かがあることを撮ることができる

黒沢清 Kurosawa Kiyoshi［映画監督］

聞き手――谷昌親 Tani Masachika
二〇一九年七月二〇日

色彩を伴った映像が私たちの生活上のインフラと化した今日においてなお、「映画とは何か」という問いは解決を迎えていない。さまざまなジャンルを横断しながら、この世界にカメラを向けることによって、ときに自身の思惑を超えて生み出されてしまう、映画というもの。それに向き合い続ける黒沢清監督の方法について改めて話を聞く。

## 引用の他者性とオリジナリティ

**谷**　今日は黒沢さんのこれまでの仕事についてテーマを二つほど挙げつつ振り返りながら、みなさんに見てもらった『Seventh Code』（二〇一四）と『予兆 散歩する侵略者』（二〇一七）を中心にお話をうかがいます。では、最初のテーマとして、映画的記憶、あるいは引用についてうかがってみたいんです。というのも黒沢さんの映画には映画的記憶が喚起されるところが多分にあって、それは小説などではあまりない形式のもの、映像ならではの部分だと思うんですね。ひとまずこちらが用意した例として『蜘蛛の瞳』（一九九八）の終盤のシーンと、それと比較してベルナルド・ベルトルッチの『暗殺の森』（一九七〇）の終盤のシーンを見ていただきます。

**参考上映**――『蜘蛛の瞳』『暗殺の森』

**谷**　そっくりですね。他にもたとえば『ニンゲン合格』（一九九九)の最後はサム・ペキンパーの『砂漠の流れ者/ケーブル・ホーグのバラード』(一九七〇)の引用だと黒沢さんご自身がインタビューでおっしゃっています。ただ、こういうことは真似とかパロディではなく、黒沢さんにとっては自然に起きてしまったことなんではないでしょうか。かつて見た映画と同じようなシチュエーションを撮るときに、その記憶が蘇り、それが自然に流れ込んでくる。そういうことが起きているのではないかと思うのですが、いかがでしょうか。

**黒沢**　いろんなケースがありますね。まったく意識していなかったのにかつて見て影響を受けた何かにすごくよく似たシーンを撮ってしまい、あとで人に指摘されてびっくりすることも、過去の映画を教科書や型のように捉え、現代の日本映画でもそれは成立するのか、ある意味で実験的に模倣してみることもあります。ただ、この例であげていただいた『蜘蛛の瞳』では『暗殺の森』をはっきり真似しました。「あれやりてえな」という欲望が『暗殺の森』を最初に見たときからあって、自分の映画が海外の映画祭に行ったりすることもあるとか、どこかの偉い人が評論を書くかもしれないというようなことは何も考えず、Vシネマだし真似してやってしまえと思ってやってみたことです。

**谷**　たとえば小説なら「ここは明らかに夏目漱石ですよね、それはまずいんじゃないんですか」という剽窃のような話になりそうですが、映画はそうでもないような気がするんです。多かれ少なかれどんな作品も引用で成り立っているのが映画であって、それはやはり映像というものが記憶に働きかける何かだからなのかなと思います。

**黒沢**　分野によってはある作者のオリジナリティというものが大切にされる芸術もあると思います。ただ、映画を撮っていて感じるのは、これはもう他の何にも似ていない、作者の個性そのものがそこにある、なんてことが映画であり得るのかということ。映画ってそういうものを組み合わせているものなんです。それを観客に少しでも理解してもらおうと、自分がかつて観客として見たハリウッド映画のこういう瞬間がすごく楽しかった、だから自分の映画もそんなふうにつくろうとなった途端、当然作品の細部が似てきてしまう。でも映画ではそれによってオリジナリティがなくなってしまうとは考えません。もちろん集団でつくっているからということもあるでしょう。ひょっとするとアニメーションだと何もないところから絵を描いているので、まったくオリジナルな、今まさに生み出されつつあるものと感じられるかもしれませんが、僕がつくっている実写の映画は、俳優にしろ街にしろ、すでにそこにあるものをこちらの任意のかたちで切り取っていく作業ですから、オリジナリティというもののありかがほとんどわかりません。しかし逆に言えば、あるときある俳優をある場所で撮影するということは、どう転んでもかつての何かと同じでは絶対ない。同じことは二度とない。だからどうやってもオリジナルと言えばオリジナルであるし、どうやっても何かに似てきてしまうという。奇妙なんですが、映画はオリジナルと何かの記憶みたいなものとの境目がほぼないような表現形式だとしか言えないですね。

**谷**　実はそれに近いことをジャン＝リュック・ゴダールが言っていて、彼はたとえば「僕が湖の水や空の青をつくり出したわけではない。人はただ事物を互いに関係づけ、ある一定の方向に導くことができるだけなのだ」、あるいは「カメラが光を受けるようにして、事物を受け取り、やってくるがままにする。一本の映画の中ですべてのものが引用だ。もし木や車を撮るとなると、それらを映画の中で引用していることになるのだ」と言っている。それとつながるような気がします。

**黒沢**　なるほど。別の言い方をすると、ロケーションであれスタジオであれCG合成であれ、いわゆる実写映画である以上、あたかも現実であるかのように撮る。ここに映っているのはひとつの現実なんですよという建前でつくっていますから、現実の何かの引用・模倣になるのは当然でしょう。

**谷**　ゴダールの場合、引用というものをおそらく他者性みたいなものと関係付けている。つまり引用とは他者から借りてくるものであると。自分の中では完結しない、他者を経由することで、逆に自分の表現が深まるというようなことが映画にはあって、それが引用や映画的記憶といったものにつながってくるのかもしれません。

**黒沢**　ゴダールらしいなと思います。その通りだと思うんですが、もう少し通俗的なレベルの話をすると、映画をつくる以前から熱狂的に映画が大好きだった人、錯覚かもしれませんが映画によって世界と人生を知ったんだというぐらい映画にのめり込んだままいつの間にか撮る方になった人は、どう考えても自分のオリジナリティなどというものより、映画そのもの、映画史においてすでに達成されたことの方がはるかにすごいのだと、そういうことはわかってつくっている感じがあるのかもしれません。真似をするしないというレベルではなくて、何十年やっていても到達できないような本当にすごい映画が、どうしたことか世界のいろんな国にかつて山のようにあった。それをどこかで認識しながら映画をつくっている気がしますね。

## 扉と窓の向こうにある現実

**谷**　では次に、ホラーというテーマでちょっと話をしてみたいんですが、『回路』(二〇〇〇)のときに「人間の本質は幽霊なのだ」とお話になっていたことがありました。つまり黒沢さんは人間と幽霊を切り離して考えていない、その中間みたいなものを描こうとしている印象がある。黒沢さんの映画にはよく廃墟が出てきますが、そういう場所も人間の世界と幽霊の世界の中間地帯、緩衝地帯みたいなものとして捉えることができる。生きている人間と死んでいる人間の境、あるいは都市と地方の中間といった場所に惹かれて撮られている理由は、そういうところにあるのではないでしょうか。

**黒沢**　はい、自分でも自覚しています。ただ、本当に映画的に惹かれているだけで、普段からそうした場所に行くのが大好きというわけではないんですよ。おそらく映画でそういう場所を撮りたくなるのは、僕たちがよく知っている現代の、東京だったら東京の日常生活と隔絶した感じがあるからですね。もちろんそれは錯覚なんですが、幻想だとわかっていながらも、現代の日本というようなものに縛られない、映画だけの夢の国、映画の法則だけが成り立つ世界を、こういう場所だとなんとか設定できるのではないかと思って選んでいるんだと思います。世界のどこにあってもおかしくない無国籍な場所に見えるのではないかと。

**谷**　実はこういう廃墟的な空間と、映像や写真というものがどこか似ている気がするんですね。というのも、『ダゲレオタイプの女』(二〇一六)に登場するダゲレオタイプの写真というのは、独特な写真の撮影方法なんですが、そこでの写真は生きている人間より生々しい感じがすると同時に、どこか死者のような、どっちつかずの感触があります。その昔は死者をダゲレオタイプでよく撮っていたというエピソードもこの映画の中で出てきますが、生きている人間と死者の中間、あるいは生きている人間以上に生々しい死者というような、そんな感覚が呼び覚まされるように思います。

**黒沢**　そうですね。想像もつかないことですが、写真誕生以前に生まれて初めて写真というものを見た人の衝撃はやっぱりすごかったんだと思います。そのものがそのままの見え方で固定されるということは、たぶん何千年にかけての人類の絶対に叶わない夢のひとつだったんじゃないか。滅びつつある、移り変わっていく肉体や現在をなんとかして固定したい。だからこそ人類は肖像画を描いたり、自分そっくりの彫像をつくったり、ミイラにしたりしてきた。何千年と試行錯誤してきて、ある日突然写真で「あなたとそっくりなものがここにあります」と突き付けられたら、いや、それは衝撃だと思いますね。同時に、写真が本当に現実そのものであればあるほど、「ここにいる私自身はどうなるの」という一種の不安もあったでしょう。今からすると笑っちゃうかもしれませんが、実際にそうした不安をものすごく感じたという当時の文章が結構残っているわけですね。そういう感覚を映画で出したかったんです。

**谷**　黒沢さんの映画における幽霊は、ダゲレオタイプの写真のイメージに近いように感じます。現実にいるんだけれど、ある意味現実よりも生々しい、違う存在としてあるもの。それは映画というものが、先ほど言ったような引用によって逆に現実とは違うもっと生々しいものになったりすることと、どこかでつながってくる気もするんです。

**黒沢**　これは映画というか写真や動画ですが、デジタル化によって今膨大な量の映像が撮られていて、自分の小さい頃はもちろん、下手をしたら生まれてくる瞬間まで動く映像や音として記録されている人たちがいるわけですね。幼い頃の白黒写真が数枚残っているだけの僕のような世代の人間とは、まったく違う歴史観を持っておられるのではないでしょうか。

**谷**　たしかに映像に対する感覚そのものが変わってきているのかもしれません。続いて、今日みなさんに見てもらった『Seventh Code』について少しお話を聞きたいんですが、これは一種のスパイものです。この映画を見て、まずロバート・アルドリッチの『キッスで殺せ』(一九五五)を思い出したんですね。この映画と同じく道を走ってくる女性の画から始まる、核をめぐる一種のスパイものです。『Seventh Code』では、最終的に前田敦子さんが、鈴木亮平さんが持っていた何かを奪うわけですが、それが何なのかはよくわからない。ヒッチコックの用語で言うならマクガフィンのような、一種の口実のようにも見える。女性スパイが活躍するアクション映画というのも意外でしたが、まさかこういう展開になるとはと、見ていてあっと驚いたんですが、どういう経緯から発想を得られたんでしょうか。

**黒沢**　この作品、形式としては映画なんですけれども、最初から映画にするという発想でつくられたものではないんです。最後に前田敦子さんが歌う曲のプロモーション映像をつくってほしいという依頼がまず先にあって、一本の映画として扱われるとは思っていなかった。ですから日数も予算も限られてはいたんですけども、ものすごく気楽に、やりたいなと思うようなことを気軽に詰め込んでみたらこうなりましたというのが本音です。この歳になって「こんなことやりたいんだな」という自分の幼さが出ている気恥ずかしさがあり、自分でも呆れると同時に微笑ましい、そういう作品です。

ただ、いろんな人の意見が入っている作品ではありまして、たとえば最後のシーン、当初は鈴木亮平さんが演じる悪者をやっつけて前田さんが旅立つ、そういう気持ちいい終わり方にしようと僕は思っていたんですけど、妙に一九七〇年代くらいのアメリカのアクション映画が好きなプロデューサーが「せっかくやるなら、最後にいきなり前田さんが撃たれて終わる、みたいなのいいんじゃないですか」と言ってきた。「平気で人を拳銃で撃つような主人公なので、最後は天罰のようにいきなり撃たれて死ぬってのもかっこよくないですか」と。「本当にいいんですか、そんなことやって」と答えつつ、プロデューサーの意向を汲んでハッピーエンドにはしない、追っかけてきた車と銃撃戦になり自分の車ごと爆発するという終わり方にしてしまいました。撮っているときにも少しは気にしていたんですけど、観た人には『気狂いピエロ』(一九六五)ですね」とか言われてしまい、まずいものを安易に引っ張り出してきちゃったなとは思いましたね。このプロデューサーも通常の商業映画ではそんなこと言わないんでしょうけど、趣味的なものを気持ちよく提案してくれたので「ああ、わかりました」と取り入れることができた、そういう作品です。

**谷**　気になったのは、だんだん前田敦子さんがスパイであることがわかってくるあたりで、前田さんが振り返って何かを見るショットがあるんですけれども、普通はそこで彼女が見たものがカットが切り替わって映りますよね。でもそれがない。あれはたんに前田さんの振り返りを見せる、それによって画面外のものを意識させたかったということなんでしょうか。

**黒沢**　おそらくそうです。単純な狙いとして振り返ったときに、はっきりはしないけどこの女は只者ではなく、何か心に秘めたものがあるような感じがすると見せたかった。これはずばり言って、スティーヴン・スピルバーグがよくやるやり方で、「インディ・ジョーンズ」でも何度かやっているんですよ。ここぞというときにハリソン・フォードが何でもなく振り返って、次にはもう場面が動き出している。

何か思惑があるよということをほのめかす、振り返りショットというやつですね。

**谷** なるほど。その後のシーンでも、建物の入り口に前田さんが入っていくのを映してから、カメラがかすかに前進していくんですが、何でもないようですけれども、何か不気味な気がするんですね。ちょっと違う世界に入っていくぞ、という。

**黒沢** 自分の作品でこう言うのも何ですが、映画ってちょっとした方向にカメラが寄るだけで何かがありそうな気がしますよね。これを他の表現で可能なのかというと、小説や演劇ではまず無理でしょう。わからないですが、アニメーションでそういうことは可能なのだろうか。やらなくもないのかもしれませんけれども、僕の知る限り、アニメーションはゼロから人が描いたものだという大前提があるので、例えば何でもないドアか何かにカメラがスーッと寄っていったところで、それがどうしたという感じになるんじゃないか。唯一、そういう扉の先に向こうにもちゃんと現実がありますよ、このドアの向こうに間違いなく何かがありそうだという感じを出すことができるのは映画だけなんじゃないか。不思議なことにあるタイミングでこういうことをやると、何か秘密がある、物語そのものがこれまで語ってきたいくつかの事柄に裏がある、彼ら彼女らに知らなかった面があるというような緊張感を孕むんです。

**谷** 黒沢さんの映画にはよく窓にかかるカーテンが揺れているような場面が出てきますね。『予兆』もそういうカーテンのカットから始まるんですが、あれだけで何となく違う世界とつながってしまうような感じがします。

**黒沢** 『予兆』ではかなりやっちゃっていますね。これもなぜそうなるのかというちゃんとした理由はわからないんですが、カーテンが風で揺れているというだけで、当たり前ではあるんですけれども、ああ、あそこに窓があって外があるんだなと感じる。そして実際にある、撮っているときにもあったわけです。そこに何かあるわけでもないんですが、まぎれもない現実そっくりの世界なのだということが伝わってくる瞬間というか。語られているのはフィクションの物語であっても、その向こうに確かに世界があるということがふと感じることができるかと思って、こういうことをやってしまうんです。

## 映画における時間、唐突さ、理由

**会場質問** —— 映画と時間に関する質問です。映像はそもそも過去に撮られたものという原則があるので、リアルタイム性みたいなものをショットで意識させることは難しいのではないかと思うんです。でも『旅のおわり世界のはじまり』(二〇一九)を見ると、何もない道を前田敦子さんが歩いているところなど、時間がただ過ぎていくリアルタイム性のようなものを感じたりします。映画をつくるとき、そうした現実的な時間の流れ方みたいなものは意識されているのでしょうか。

**黒沢** これはなかなか難しいことで、僕も映画の中に流れている時間とは何なのか、ちゃんと人に説明できるほど考えがまとまっていません。ただ間違いなく言えるのは、撮影という行為をしているときには、実際に時間が流れます。「よーい、スタート」と言って、俳優がある演技をして、カメラがある動きをしたりして、しばらくしてカットの声が掛かる。そのワンカットに五分かかったとすると、五分の記録として残される。それが撮影ですよね。あとでそれを編集などで、三分にしたり十秒にしたりして、物語の流れの中に組み入れていく作業をするんですが、撮影の時の五分をそのまま五分として見せるということもやっていい。だからなんだということなんですけれども、映画をつくっている側は、時間を自由自在にコントロールしているとはまったく思っておらず、撮ってしまったその五分や十秒や一秒を、どうすればいいんだろうと悩むわけです。映画全体の長さは何の決まりもないんですけど、慣習的には通常の映画は二時間前後くらいですよね。そういう二時間くらいの長さの中に撮影した五分や十秒をどう並べていくのか、四苦八苦するというのが映画づくりなんです。

**谷** 『旅のおわり世界のはじまり』は、たしかに他の作品と比べると物語性がやや希薄なところはあるかもしれないですが、前田敦子さんが道を横切ったり、バスに乗ったり、路地に入ったりという動きを見ているだけで楽しいですね。ワンカットについていえば、やはりラストシーンの山の上で歌う場面、ここはワンカットで撮られているからこそ、見ている側に何か湧き上がるものがあるように思います。

**黒沢** そうあってほしいと思いながらやりました。先ほどの質問で、映画は過去に撮られたものだという話がありまして、それはその通りなんですが、たとえば映画にはときどき音楽が流れてきますよね。その音楽は観客には聴こえるけれど、スクリーンの中の世界には流れていない、向こうの人には聴こえない。でも突如、その音楽に合わせて人が歌い始めると、もちろん錯覚ではあるんですが、「あ、向こうの人にも聴こえているんだ」となる。もちろん過去に撮影された映像なんですけれども、その一瞬でものすごく現在的な、この曲が今まさに向こうでも響いているように聴こえる。たとえば演劇の舞台で流れている曲は観客にも俳優にも聴こえるわけで、演劇の現在性というものは他に例えようのないすごいもので、映画では絶対再現できないのですが、錯覚とはいえ映画の中で音楽が流れて人が歌い出す瞬間、あ、自分はスクリーンの中の人物と同じ時間を共有している、という奇妙な感動が生まれる。だからその時間はやっぱり大切にしたい、三分の場面なら三分続けたいですよね。編集をすると、曲に合わせてつくられた作為的な過去の映像であることがばれていくわけですが、ワンカットで続ければ——もちろんどうやったって映像は過去の記録なのですが——演劇的同時性が生まれる、映像の過去性がその瞬間消えるという、映画の中ではなかなか起こらないことが起こるのではなかろうかと、あんなことをしてしまいました。

**会場質問**——『アカルイミライ』(二〇〇三)で、浅野忠信さんがお化けとして現れたり、藤竜也さんが亡くなったはずの見えない浅野さんを撫でている場面など、いくらか唐突な表現にこだわられているように見えました。どうしてそういう表現を選ばれたのかおうかがいしたいです。

**黒沢**　どうしてあのようにしたのかは正直忘れました。ただ、映画表現って基本的に唐突なものだよなと思うんですね。ものすごく大雑把にいうと、ある物語があって、それに沿って何やら撮影されたものをつないでいくものが映画であると経験上言えるんですけど、つなぐという行為がとにかく唐突なんです。先ほど言ったように、一秒だったり十秒だったり五分だったりするカットが、ほとんどなんの脈絡もなく連なっている。脚本であれば「シーン1：早稲田のどこそこ」「シーン2：二人は喫茶店で喋っている」とわかりやすく書いてあるので、「シーン1はこれで、シーン2でこうなっていくんだな」と読めるんですけれども、いざ映画をつくるとシーン1とシーン2のあいだはまったくない。つまりシーン1の最後のカットとシーン2の頭のカットが突然つながってしまう。脚本には「三年後」とか書いてあっても、瞬間的に次になる。「一方、喫茶店では」とあっても、「一方」なんて映画では表現できない。「ところが」とか「そして」とかも無理。一つのカットとその次のカットで直接つながってしまう、本当に唐突なものなんです。娯楽映画をつくる歴史として、どうやったらこの唐突感をなくすことができるのか、演劇や音楽に近い、あるいは小説を読んでいる感覚に近いスムーズな物語の流れをつくることができるのかと、いろんな工夫をして発展していったのが映画なわけです。そうしたスムーズなつなぎがある種の商業的な映画では前提としてあって、そうした中で僕も仕事をしているわけですから、映画が本来持っている唐突感をなるべく消したり、あるいはその唐突さがストーリー的な狙いとして機能するように頑張っているものの、ときどきそういう要請が何もない仕事もあって、『アカルイミライ』はそういう作品でした。『旅のおわり世界のはじまり』もちょっとそれに近かったんですが、映画本来の唐突感が出ることはもう自然なことなので、あんまり自分の中で規制をせずに自然に撮っていたと思います。

**谷**　確かにハリウッド的な映画に慣れていると、黒沢さんの映画では唐突さを感じることがあると思うんですよね。でも唐突だと思いながらも見れてしまう。それだけ黒沢さんは観客を信頼しているのかなと思うんですが。

**黒沢**　ただ、付け加えると、今いかにも自分がそれを発見したかのように語ってしまいましたが、映画の唐突さに最も敏感で、唐突であることが映画であると突き詰めてずっと映画をつくり続けている人こそジャン＝リュック・ゴダールだと思います。最近のものはそうでもないかもしれませんが、昔のゴダールの映画はジャンル的な物語だったり、登場人物の設定も図式的でわかり易く、ひょっとすると脚本はすらすら読める簡単なものだったのかもしれないのです。ところが撮られたものはあまりに唐突で驚きます。映画とは唐突であって、それはすごいことなのだと初めて認識させてくれたのがゴダールの映画だったと思います。

**会場質問**——黒沢監督の作品は、サスペンスものによくあるどうしてそうなったのかという原因の紐解きを重視する映画からはかけ離れているような感じがします。何かが起こるときに理由は大して重要ではないという考えが一貫してあるのかなと思うのですが、そうすることで強調されたい部分が何なのかうかがえればと思います。

**黒沢**　映画では、たとえば誰かが人を殺した理由を伝えることの難しさ、というか面倒臭さったらないですね。小説なら「こういう理由です」と書けるでしょう。演劇でも、これはこれで難しいと思うんですが、多くの演劇では俳優に台詞で理由を説明させることも多い。でも映画の場合、ある俳優が突然「なぜ俺がこれをやったかというとだな」と話し出したら、まあつまらないですよね。何やってるんだ、早く先に進めとなる。どうしたことか映画というものは、先を見たくなる表現形式なんです。つまり理由というものは大概は過去であって、たとえば『リング』(一九九八)だったら「実は貞子というのは、昔々〜」と、かなり工夫はしていますけど、その存在理由が語られるところはあんまり面白くはなくて、「早く現代に戻って貞子がいっぱい人を殺せばいいのに」とか観客はみな思うわけですね。いろいろな作品がありますが、典型的な推理小説の映画化で面白かったものが一本でもあっただろうか。死体か何かが見つかって、刑事か探偵がやってきて、最後の山場でどうやって殺人が行われたか明かされて、「犯人はあなただ」となるわけですが、こういう形式の映画はほぼ一〇〇%つまらない。なぜなら最後に語られる一番重要な物語の山場が、全部過去の説明だからです。

それを見事にひっくり返したのがテレビシリーズの『刑事コロンボ』です。犯人がやろうとした巧妙な完全犯罪を刑事が暴く、一見すると推理小説と同じ設定なんですが、これは起きたことをぜんぶ最初に見せるんですね。この人が犯人で、こういう手口で殺人を犯したことを最初にまず見せる。「よし、これで大丈夫」と思っていると、そこに刑事のコロンボさんがやってきて、なんだかんだやっているうちに事件が発覚して逮捕されて終わる。物語は絶対には過去には戻らないんです。つまり時間軸通りに並べると推理小説もたちまち面白くなるということが、『刑事コロンボ』でもう実証されている。なので僕もなるべく過去に戻って説明するような語り方はせず、どうしても説明が必要なら最低限の台詞で入れるくらいで、どんどん先に時間を進めるよう心がけています。この先どうなるかだけに観客の関心が集中していれば、理由というものは映画の場合あまり必要でなくなるはずなんです。

# 黒沢清
くろさわ・きよし

1955年生まれ。映画監督。東京藝術大学大学院映像研究科教授。『CURE キュア』(1997)が国内外で大きな注目を集め、『回路』(2001)がカンヌ国際映画祭「ある視点」部門で国際批評家連盟賞を受賞。『トウキョウソナタ』(2008)が同部門審査員賞、『岸辺の旅』(2015)が同部門監督賞を受賞、『スパイの妻』(2020)がヴェネツィア国際映画祭コンペティション部門銀獅子賞を受賞。著書に『黒沢清の映画術』(新潮社、2006年)、『黒沢清、21世紀の映画を語る』(boid、2010年)など。

VI

### 主なフィルモグラフィ

⊙神田川淫乱戦争(1983)⊙ドレミファ娘の血は騒ぐ(1985)⊙スウィートホーム(1989)⊙地獄の警備員(1992)⊙CURE キュア(1997)⊙ニンゲン合格(1999)⊙大いなる幻影(1999)⊙カリスマ(1999)⊙回路(2000)⊙降霊(2001)⊙アカルイミライ(2003)⊙ドッペルゲンガー(2003)⊙LOFT ロフト(2006)⊙叫(2007)⊙トウキョウソナタ(2008)⊙リアル〜完全なる首長竜の日〜(2013)⊙Seventh Code(2014)⊙岸辺の旅(2015)⊙クリーピー 偽りの隣人(2016)⊙ダゲレオタイプの女(2016)⊙散歩する侵略者(2017)⊙予兆 散歩する侵略者 劇場版(2017)⊙旅のおわり世界のはじまり(2019)⊙スパイの妻(2020)

# 衰退の時期にこそ本格的なものをやりたくなる

中島貞夫 Nakajima Sadao［映画監督］

聞き手——藤井仁子 Fujii Jinshi
二〇二二年六月二五日

**日本映画の黄金時代が翳りを見せつつあった一九六〇年代初頭、名だたる名匠たちの助監督として撮影所に足を踏み入れた中島貞夫監督は、まぎれもなく革命を志向した映画監督であった。しかしその姿勢は、「時代劇」という伝統に秘められた可能性を思考したうえで形作られたものであることを、忘れてはならない。時代劇に何が可能か、その探究は今もなお継続している。**

## ちゃんばらとは何か

**藤井**　本日は正真正銘の「マスター・オブ・シネマ」、中島貞夫監督をお迎えしました。大変光栄に思っております。監督がお住まいの京都と東京の教室とを中継で結んではありますが、画面越しでも監督の熱い魂は必ず皆さんに伝わるものと期待しています。

今、『くノ一忍法』（一九六四）、『893愚連隊』（一九六六）、『大奥㊙物語』（一九六七）、『日本暗殺秘録』（一九六九）、『鉄砲玉の美学』（一九七三）、『狂った野獣』（一九七六）、『多十郎殉愛記』（二〇一九）からの抜粋を見ていただきましたが、事前に『多十郎殉愛記』の全篇も見てもらっています。中島監督は本当にたくさんの作品を撮っておられますが、必ずしも時代劇というイメージが強い方ではありませんでした。まずは現時点での最新作で、どうして時代劇をお撮りになろうと思われたのか、それについてうかがいます。

**中島**　もう一度時代劇を撮ってみたいなという気持ちが、十年くらい前からずっと強くありましてね。というのは、やっぱりテレビの時代劇の立ち回りでも人間の激しい動きは多いんだけど、やっぱりちょっと違う。なんとか映画で、スクリーンで、そういうものをやってみたいなと。僕は東映に入って映画を撮り始めたんですが、当時の東映は、東京撮影所では現代劇、京都撮影所では時代劇という棲み分けがはっきりしていたんです。僕の少し前には、たとえば今井正監督は東京撮影所に配属されていて、僕はそこへ行くつもりで東映に入ったんですけど、配属は京都だった。娯楽時代劇の全盛時代にそこへ放り込まれることで僕の映画人生は始まってしまったんですが、同時にその頃は映画界が少し斜陽に向かい始める兆しもあった。そういう時期に、東映は田坂具隆監督や今井正監督といった東京の監督たちを京都に呼んで映画を撮らせていたんです。そうした監督たちについていて、そこに何か一筋の光があった。やっぱり時代劇をやるんだったら本格的にやらなきゃダメだと。人間ってのはおかしなもので、むしろそういう衰退の時期にこそ本格的なものをやりたくなるんですよ。当時はもう時代劇もテレビが主流になってましたけども、テレビの題材ではないものを映画で狙ってみようと時代劇に取り組んできたんです。時代劇映画というものが一体何なのか。そんな真剣に考えたわけじゃないんだけど、せっかくやるんだったら現代劇では表現できないものを表現できるんじゃないか、ということでやってきた次第ですよ。

**藤井**　監督の有名な逸話で、大学時代にギリシャ悲劇を学ばれたせいで、東映に入社したとき、「ギリシャ悲劇っちゅうことは時代劇やな、ほな京都へ行け」と言われて、そのまま京都に行かされたというのがありますね(笑)。

**中島**　はい(笑)。新しく入った連中は京都の撮影所に行きたがらないという事情があって、東映の人たちもなんとか屁理屈を探して若い奴を京都へ行かそうという気持ちもあったと思うんです。ただ、東映って実は京都の方が大変な歴史を持っていて、満映時代からの歴史を背負う強者どもばかりがいる撮影所なわけで、映画にかける精神っていうんですかね、そういうものがそこにはしっかり残っていたんですよね。

**藤井**　監督のその後を考えると、本当によくぞ京都に行ってくださいましたという思いなんですけれども(笑)、今のお話をうかがっていてハッとさせられたのは、監督は東映に入られた当初から、つまり時代劇の元気がなくなりつつある時代に、時代劇を一から考え直さなきゃならないとすでに感じておられたんですね。

**中島** 『くノ一忍法』を撮ったときは、時代劇で現代劇よりも新しいものを、みたいな野心がどこかにありました。成功したかしないかは別として、そういう野心的なことができる、つまり新しい素材だからどう処理していいかわからないことをやろうとすると、こちらのやりたいことがある程度ならできるという、そういうことは学べたし、それが時代劇をやった変なきっかけですけどね。

**藤井** そうした長年の時代劇に向けたご苦労があって、二〇一五年には『時代劇は死なず　ちゃんばら美学考』というドキュメンタリーを撮られました。この作品は前半で時代劇の歴史を振り返り、後半はちゃんばらについていろんな方にインタビューして、最後はご自身でちゃんばらを実際にお撮りになるという構成になっています。そのインタビューで映画評論家の山根貞男さんが強調してらっしゃったのは、もともと時代劇というのは何でもありのすごく幅の広いジャンルだったはずなのに、戦後の勧善懲悪型の明るく楽しい娯楽時代劇の流行のせいでかえってスタイルが狭まってしまったのだと。中島監督の時代劇を見ていると、かつてのいろいろな可能性に開かれていた時代劇の形に戻ろうとしておられる印象を受けるのですが、いかがでしょうか。

**中島** 特に僕が所属した東映京都撮影所では、戦後、非常に娯楽作品的な、悪いやつをやっつけるという勧善懲悪ものが多かった。それは非常に単純な時代劇の作劇法で、その中では人をぶった斬るのが許されるわけです(笑)。あらゆる作品がこの考え方をベースにしちゃっていた。僕が東映へ入る頃に、内田吐夢監督が『宮本武蔵』(一九六一～一九六五)というシリーズものの映画をつくられていた。これは一年一作で五年かけて武蔵の成長を追いかけるというシリーズですが、僕らも途中から撮影所に入って、現場を見て、特に主役の中村錦之助くんと大変親しくなってその成長も見ながら、「ああ、こういう粘り強いやり方をすると何かができるんだな」と、やっぱり時代劇のつくり方ってまだまだあるぞということを少しずつ学んでいったんですよね。内田吐夢監督のとてもいい教えだったと思うんです。

**藤井** 『ちゃんばら美学考』では、一本の時代劇の中で大した理由もなくただ五分間ちゃんばらを見せるというようなショー的なちゃんばらを批判して、理由があるからこそ人を斬る、できることなら人を殺めたくないのだけれど、どうにも刀を抜くしかない理由がある、そういうちゃんばらを撮るべきだというお考えが打ち出されていました。これはまさに『多十郎殉愛記』に直結したところですね。

**中島**　僕らは時代劇で最後に派手なちゃんばらの立ち回りを見せるのを「ラス立ち」と言ってたけど(笑)、これをどう見せるかというのがちゃんばらについての会社の考え方であり、殺陣師の考え方であり、映画プロデューサーの考え方だった。でも、そのためだけに映画をつくってる感じもあって、だんだんドラマ部分と最後の立ち回りが遊離していくわけです。どんな映画でも最後の立ち回りは、物語の主人公の立場じゃなく、市川右太衛門さんの、中村錦之助くんの、つまりスター俳優の立ち回りになる。刀の使い方をはじめとした作法には、やっぱりスターとしての特徴が出るもので、その様式美をどうやって見せるか、映画づくりはそういうものになってしまっていた。僕らが撮影所に入ったのはそれがピークに達したころで、それに対しての虚しさと反感が底辺にあって、その気持ちだけはいつまで経っても消えなかったですね。何とかしてそれをぶち壊さないとこういう時代劇は終わらないぞ、いったいどうしたらいいのか、と。我々の世代の助監督のみんな、誰もが持っていた気持ちだと思いますよ。

**藤井**　中島監督が早くからそういうことを意識しておられたことは、『木枯し紋次郎』(一九七二)などでもわかります。この映画の紋次郎は「関わりござんせん」と、まさに人との斬り合いには関わりたくないと言いつつ、巻き込まれて仕方なく刀を抜くしかなくなるという作劇をされていて、人を斬る虚しさが見事に出ている。立ち回りそのものも、第二作『木枯し紋次郎　関わりござんせん』(一九七二)の最後の死闘などは砂埃が舞いあがる桑畑のなかで演じられていて、あえて観客にはっきり見せない工夫が凝らされているほどです。

監督が東映に入社されたのは一九五九年ですが、その前年の五八年が日本における映画観客総数のピークの年ですから、まさに映画界が下り坂に入ると同時に映画界に就職された世代で、撮影所にありながら撮影所に逆らうようにして映画を撮り続けてこられたわけですね。監督の東映時代の映画は、特にやくざの扱いを見ると顕著ですが、撮影所の約束事に一貫して逆らっています。

**中島**　『木枯し紋次郎』の原作者の笹沢左保さんとは大変親しくいろいろなことを話す仲になったんですが、僕の話に同感してくれて――ある意味ではそのかされた部分もあるんですけど――、やっぱり決して刀を使った舞踏としてじゃなく、人殺しとしての内面が動きにどう出てくるかをやってみようよ、と。人間の究極の一瞬の心の動きみたいなものを、刀を持った人間がどう表現できるか。主役の文ちゃん(菅原文太)もそれに乗ってくれた。紋次郎の立ち回りって、だからあんまり格好良くないんですよ。いかにその場から逃げるかしか考えていないんだから。でも、それでいいんだと。従来の綺麗事でできた時代劇がお客さんを呼べなくなってきたことに便乗したところもあるけれど、「本来はこれなんだ」ってふうにみんなと少しずつ意気投合していったのかな。文ちゃんにしてもね、時代劇はほとんど『木枯し紋次郎』が初めてなんです。時代劇づくりの約束事を知らなかったのが良かったんじゃないかね。

## 時代劇を考える／時代劇をつくる

**藤井**　中島監督は一九八七年から大阪芸術大学で教鞭を執られるようになります。ここからは現在ご活躍のいろいろな方が巣立っておられますが、そのお一人である熊切和嘉監督は『多十郎殉愛記』では監督補佐を務められ、共同脚本の谷慶子さんも監督の教え子とうかがっています。

**中島**　いろんな理由があって、山の中に一年間籠ってある作品を撮ってみようとしたことがあったんですが、そのときに京都撮影所の先人たち、キャメラマンの宮川一夫さんやシナリオライターの依田義賢さんといった方たちから、いっぺん大阪芸大に来てくれないかという話が持ち込まれてきまして。そのときは自分を少し客観的に見るためにそういう時間があってもいいのかなと、非常に不純な動機で始めたんです。でもやってみると、若い連中のやりたいことを何とかバックアップしてやりたいなと思った。彼らは非常に恵まれない状況の中で映画をつくっていて、その恵まれない状況をどう逆手にとったらいいのかということだけを教えるというのはいいことなのかなと(笑)。そんなふうに始まったのが大阪芸大の僕の仕事です。映画がつくりたくてしょうがない若い連中のために先生稼業が始まった。非常に勝手な先生で、自分の仕事があるとほとんど行かないとか、ずいぶん叱られもしましたけども(笑)。

**藤井**　さらに九七年に始まった京都映画祭では総合プロデューサーという全体を統括する重要なポストに就かれました。私もその頃、京都で大学院生をやっていましたので、一番下っ端の手伝いをやらせていただきました。それからKBS京都の『中島貞夫の邦画指定席』というテレビ番組でも映画解説を担当されて、十五年ほど続く人気番組になります。そうしたお仕事をされる中で、結果的にご自身が辿ってこられた歴史というか、映画史におけるご自身の立ち位置のようなものを強く意識されるようになったのではないでしょうか。

**中島**　人生の中で映画解説をやるなんてことはこれっぽっちも思っていなかったんですが、いざ足を踏み入れたら、意外に俺は京都の映画史を振り返ってんだな、みたいな気持ちが出てきちゃって。人様のおだてに乗ってスターの裏側をちょっと喋ってみたりとかね。京都の映画の歴史の中で本当に面白いものってなんなのか、それをみんなで探そうよと。でもそういうことをすると、映画界でいま京都の置かれている状況がひしひしとわかってきましてね。大映も松竹も撮影所は潰れちゃって、もう東映しか残っていないという状況で、京都の映画を再興しようって言ってもそんなの簡単にできるはずはない。だからもういっぺん京都の映画を認知してもらうためには、映画祭という面白がってもらえる機会をつくらないといけない、これも我々の仕事なんだと。だからそういう気持ちを持ってくれてる映画人と手を組んでね、京都の映画とは何だったのか、どれだけ面白かったのか。そういうことを考えてみようというのが京都映画祭の立ち上げだったんですね。

**藤井**　そうした活動があって、もう一回京都のスタッフで時代劇をつくろうということになり『多十郎殉愛記』につながった。ただ、実現までは本当に大変な道のりだったと想像します。昔だったら撮影所の方々がいくらでも助けてくださったでしょうが、今は中島監督の個人的なお知り合いをたどり、しかもベテランだけでは人数が足りないので、時代劇に関しては素人同然の人も交えて、となるわけですよね。

**中島**　でも若い俳優さんたちもね、取り組み始めると、目の色を変えてやってくれるわけです。現代劇しかやってなかった多部(未華子)ちゃんにしても、最初は時代劇の妖艶な演技には遠いなと思いながら、どんどん成長していってくれる、そういう面白さ。それから多人数でちゃんばらをやろうとしても、東映京都撮影所にさえできる人は少なくなっちゃったから、どうしても新しい人材を養成しなきゃいけない。じゃあ誰を養成するんだとなったとき、たまたま映画祭もやっていたので、そこで募集してみたら「やってみよう」という若い連中が集まってくれて、京都撮影所の道場を借りて一から徹底的に始めたわけですね。新しい殺陣をつくるということじゃなく、殺陣ってのはそもそもなんだったのか、何が一番面白いのか、何が一番迫力を持つのか、そこからやろうよって。格好良いということはあまり考えずにやる、そうすると、刀を振ることの恐さみたいなものが出る。そこからやろうよと。これにも若い連中が飛び込んできてくれて、そういうものに対する欲求を持っている人たちがまだまだたくさんいるんだなって、これを知ったのがずいぶん大きな力だったんですね。

**藤井**　主演の高良健吾さんも殺陣の経験はなかったんですよね。

**中島**　「高良ちゃん、これは刀握ったことのない奴が成長する話じゃないから、登場したときには一端になってないといけない、そのつもりでやってくれよ」と言いましたが、苦労してましたよ。刀の所作って足が短いやつの方がどっしりした感じがして迫力ある。でもやっぱり近頃の若者は足が長いもんですから、そこを気にすると何にもできない。逆にそれを気にしないで動けるようにしてみようよって伝えました。彼が一番苦労したんじゃないですかね、努力したと思います。

**藤井**　実際、出来上がりは見事だと思うんですけど、時代劇には顔が大きくて脚が短い、重心の低い体型のほうが似合いますから、本来、高良さんは決して時代劇向きの体型ではないですよね。ところが監督はむしろそれを隠さず際立たせるように、裾を割り、褌まで丸見えにさせて、足を見せる方向で行かれています。

多部未華子さんも時代劇は初めてだったと思いますが、役柄としてはいわくつきの女性で、普段のイメージからするとちょっと意外でした。だけど、映画の中でどんどん良くなっていく。これはやはり監督の演出抜きには考えられません。なぜこの女性が多十郎のような男に惚れているのか、それを言葉に出さずにさまざまなやり方で表現しておられます。

**中島**　こういうことはやっぱりマキノ（雅弘）のオヤジなんかは非常に長けていてね、腰の動かし方だとか手の位置とかでやる。助監督時代はそういう演出を横でつぶさに見ていて、「ちょっとそこ撮っとけ」と言われて、僕が代わりに実験的に撮ったりもしていたんですよ。ああいう世界で生きてる女性がどういう素振りをするのか、今まで自分が撮ったり見たりしながら自分に残ったものを、多部ちゃんにやってもらう。そういう考えでしたが、素直にふっとそれに乗ってくれる筋があったんで、非常にいい女優さんだなと思いましたね。

**藤井**　女優としての勘のよさは観ていても伝わってきます。たとえば多十郎が仲間の藩士からもらったお金を飲んで散財してしまい、明け方になってようやく長屋に帰ってくる場面。足音を聞いた途端に多部さんが飛び出してきて、酔いを覚まそうと井戸の水を高良さんに頭からかけ、朝ご飯まで用意してやる。それだけで彼女がやきもきしながら、多十郎の帰りを朝まで寝ずに待っていたことがわかります。最近の映画なら、もっと説明しちゃうような場面です。

**中島**　こういう時代劇的な男女の関係には、やはり現代劇の表現とはちょっと違う、時代劇なりの面白さがあると思うんです。それがなくなってしまうと、表現の幅ってのがうんと狭くなっちゃうんで、大切なことだと思うし、大事にしたいなと思いますけどね。

**藤井**　脇役が一人たりともおろそかにされていないところにも、マキノ調が生きていると感じます。厳しい詮議に口を割ってしまった同じ長屋の駕籠かきが、後で悔やんでいるところなどが抜かりなく挿入されている。

監督の狙い通り、この映画では人を斬ることに意味や理由があります。無差別にバッサバッサ斬るのではない。人を殺めたくはないんだけれども、どうしても斬らなきゃいけないところに追い込まれる。そこがこの作品の肝になっていて、具体的には自分の腹違いの弟と惚れた女を一緒に逃がすという大きな目的があり、そのために多十郎は戦っています。ちゃんばらの合間合間に逃げるおとよと数馬の場面が挟まりますが、これは下手をするとちゃんばらの勢いを削ぐことになりかねない編集です。しかし『多十郎殉愛記』は全くそうなっていない。二人の逃避行が挟まることで、それを受けて多十郎はさらにひと踏ん張りしなきゃいけなくなる。そんなふうに情念がどんどん多十郎の刀にのしかかってくる。そういう展開に胸が熱くなります。

**中島**　最後になって初めて「遊び」みたいなものを多十郎が見せる。多十郎は職業が武士なんだから当然なんだけど、それを最初から見せちゃうんじゃなくて、いざというときにだけちらちらっと見せる。そういうやり方が特にマキノのオヤジは上手で、自分なりに受け継いでいきたいなという気持ちはあります。ただ、そういうものをつくる機会がこれからもあるかどうか。テレビ映画ではなかなかそこまでの余裕が時間的にもないし。やっぱり映画という人間を追っかけることが可能なメディアじゃないと、同じ映像でもね。

## 人間と、それが生きる時代と

**藤井**　『多十郎殉愛記』は最初に「伊藤大輔監督の霊に捧ぐ」という献辞が出ますけれども、断片しか残っていない伊藤大輔監督の『長恨』(一九二六)という、大河内傳次郎と初めて組んだ無声映画の名作が下敷きになっているわけですね。

**中島** 何の機会にそれを観たのか……。

**藤井** 第一回京都映画祭で上映されています。

**中島** あ、一回目でしたか。そんときにぞくぞくするような感動を覚えた節があるんです。フイルムがないところにも想像力を働かせることで、なおさらそうなったんだろうと思うんですが、ああこれはすごいなと。ちゃんばらも上手だとかそういうことじゃなしに、ただただ刀をむちゃくちゃ振ってるだけなんですが、それがね、ものすごく感動的だったんですね。これこそがちゃんばらの原点だ、完成形だと思い、自分でもこの先で何かしてみたいという気持ちがずっとあったんです。

**藤井** 必ずしもリメイクということではなくて、『長恨』をきっかけに中島監督なりの想像力を膨らまされたということだと思うのですが、観る側としてはついつい二作品を比較してしまいます。しかし比較してみると、やっぱり中島監督の色がよく見えてくる。結果的に、伊藤大輔とはぜんぜん違うことをやっておられます。

まず、『長恨』というのは長州藩士が新撰組を相手にバッサバッサと斬りまくる映画なんですけれども、『多十郎殉愛記』は新撰組を京都見廻組に変更している。これは非常に大きな変更で、つまり寺島進さん演じる隊長がセリフで言うように、自分たちは新撰組みたいな無頼の輩とは違う、普通の町民に迷惑を掛けちゃいけないし、正々堂々と法に基づいて対処しなきゃいけないのだと。ですから、最後は隊長と多十郎との一対一の対決になる。お互いにそれぞれの言い分がある、敵役にも彼らなりの論理があるということがはっきり出ています。

**中島** 監督になる前、助監督の四年目だったかな、高杉晋作のテレビドラマで脚本を書いたことがあるんですね。そのときに初めてお金をもらってシナリオハンティングというのをやって、長州を回ったことがあるんです。歴史をハンティングするというのが非常に新鮮な経験で、自分なりに感じたことがいっぱいありましてね。この映画でも長州藩というのがどういう立場にあるのか、そこをきちっと考えないと、なかなかこの人物は作れないなと思った。時代劇をやろうとすると、その時代についてのある生きた部分、たとえば長州藩のある侍の家には夏みかんの木が生えていたというようなこと、そういうところでふっと生き方がわかってきたりするんですよ。

**藤井** 長州の回想の場面で夏みかんが映り、多十郎が絵に描いていた夏みかんとつながって、彼が完全に藩を忘れたわけじゃないということが見えるわけですね。

もう一つ、こちらがより重要な変更だと思うんですが、『長恨』は、主人公の弟と恋人が愛し合っているのを知って、自分はもう脱藩藩士としても先がない、どうにもならないのだと捨て鉢になり、破れかぶれで死に飛び込んでいく話だったようです。これを『多十郎殉愛記』ではタイトル通り、愛に殉じようとする男の物語に改変されている。初めは彼も自分自身が何のために戦っているのかわからない。でもがむしゃらに戦う中で、ああそうか、自分は惚れた女を弟と一緒に逃がすために戦っていたのかと気付いていく。ここがやっぱり中島監督らしいなと思います。

**中島** ある意味じゃ、限界かもしれません(笑)。

**藤井** ただいたずらに死に向かう悲壮美のようなものは、中島監督らしくないんだと思います。さらに言えば、この映画には時代劇では珍しいキスシーンもありますね。

**中島** 今の時代から過去の時代を回顧しながら書いているんだけど、生きている人間というのはそんなに大きく変わったわけじゃない。時代の空気もあるのでしょうが、そういうある時代の人物に共感できるかどうか。そういうものが一致しないと、みんなに喜んでもらえるような映画はつくれない。待っていたっていつ来るかわかんないし、つくりたいときにつくらにゃしょうがない。まだいくらでも方法はあるんだと思います。

**藤井** 天下国家のためには死ねない、これは全ての中島作品に共通するところです。

**中島** これは僕らの年代の価値観と思ってください(笑)。

**会場質問**――『多十郎殉愛記』の中で、多十郎が捕まった後の場面、栗塚旭さん演じる世捨て人の僧侶と一緒に暮らしてる女性が「かごめかごめ」を歌う場面がありますが、どのような狙いがあったのでしょうか。

**中島** 歌そのものには、あんまり意味はないんです。ただ、多十郎のように争いの中でたくさんものを背負って生きていかなきゃいけない人間に対し、そういうものを全部捨て去った人間の生き方もあるんだと最後に見せたかったんです。それを多十郎が見ることで、以前と同じ意識で戦いの場へ戻るんじゃなしに、刀を振る虚しさをもう一つ知った上で戻ってほしかった。なかなかこの意図はわかってもらえないんだけど(笑)、でもそういうところから何かが出てくる可能性があるんです。時代劇といっても平安時代から江戸時代まであるわけで、生き方の価値観はそれぞれ変わってきますよね。『多十郎殉愛記』なら江戸時代の最後、つまり世の中が騒然として新しい社会が生まれる雰囲気が

＊本講義の実現にあたって吉田馨さんにご協力いただきました。記して感謝します。（藤井）

あり、同時にこれまでの体制が完全に去るかどうかもわからない。そういう時代にぶつかったとき、人間ってどうするんだと。すべてハッピーエンドであればいい、みたいな考え方ではなしに、人間の生き方と時代との関係について、希望なり願望なり、自分なりの考え方を持たなきゃいけないと思っているんです。

**藤井**　最後に一つだけ。中島監督に私からぜひお伝えしたかったことがございます。先日、青山真治監督が亡くなられました。青山監督はこの授業にも昨年、ゲストで来てくださいまして、最後の監督作になった『空に住む』（二〇二〇）が多部未華子さん主演だったものですから、授業後のおしゃべりで自然と『多十郎殉愛記』の話になりました。青山監督はこの映画を途中から正座して見たそうです。そのとき、中島監督のようにいわば東映時代劇の伝統を壊した人がこんな正統的な時代劇を撮るなんてと私が言ったところ、青山監督は「いや、伝統を知っている人だけが伝統を壊せるんだよ」とおっしゃった。この言葉は中島監督に対する最高の批評だと思いましたので、お伝えする次第です。青山監督の言葉に私も完全に同意いたします。

**中島**　いやいや、ありがとうございます。

## 中島貞夫
なかじま・さだお

1934年生まれ。東京大学文学部在学中、倉本聰らと「ギリシャ悲劇研究会」を結成し、日比谷野外公会堂公演の演出を担当。大学卒業後、東映に入社し、京都撮影所に配属。『くノ一忍法』(1964年)で監督デビューし、京都市民映画祭新人監督賞受賞。1967年からはフリーとなり、幅広いジャンルの作品を手がける。1987年より大阪芸術大学の教授に就任し、熊切和嘉など後進の育成に尽力する。1997年、総合プロデューサーとして京都映画祭を設立・運営。1999年からはKBS京都のテレビ番組『中島貞夫の邦画指定席』がスタートし、同番組は2014年まで続く人気番組となる。京都市文化功労賞(2001年)、京都府文化功労賞(2002年)、牧野省三賞(2006年)、映画の日特別功労賞(2015年)、第41回京都府文化功労賞特別功労賞(2023年)など受賞歴多数。最新作は長編作品として20年ぶりとなる『多十郎殉愛記』(2019)。

### 主なフィルモグラフィ

⊙くノ一忍法(1964)⊙893愚連隊(1966)⊙大奥㊙物語(1967)⊙日本暗殺秘録(1969)⊙温泉こんにゃく芸者(1970)⊙木枯し紋次郎(1972)⊙木枯し紋次郎 関わりござんせん(1972)⊙鉄砲玉の美学(1973)⊙ポルノの女王にっぽんSEX旅行(1973)⊙唐獅子警察(1974)⊙実録外伝大阪電撃作戦(1976)⊙狂った野獣(1976)⊙沖縄やくざ戦争(1976)⊙やくざ戦争日本の首領(1977)⊙日本の首領野望篇(1977)⊙日本の首領完結篇(1978)⊙序の舞(1984)⊙瀬降り物語(1985)⊙新・極道の妻たち(1991)⊙極道の妻たち 決着(1998)⊙時代劇は死なず ちゃんばら美学考(2015)⊙多十郎殉愛記(2019)

# いつか見た映画の夢

大林宣彦 Obayashi Nobuhiko［映画作家］

聞き手――安藤紘平 Ando Kohei
二〇〇五～二〇一五年の講義および特別講座の採録より抜粋

**今は亡き大林監督は、あの日もスクリーンに一礼して、子どものように愛くるしい笑顔でみんなに話をしてくださった。大林さんの口をついて出るすべての言葉が、哲学を持ち、映画への愛、平和への願いに満ち満ちていた（本稿は、二〇〇五年から二〇一五年にかけての大林宣彦監督の授業を、聞き手の安藤紘平が一本に編集したものである）。**

## アマチュアであるということ

**安藤**　今日は、〝大林さんの考える映画〟についてお話ししていただこうと思います。

**大林**　いいよね、映画で一番楽しいのは、映画を語ること。いつの時代にも時代というものがあって、僕の時代は映画をつくる会社として東宝、東映、松竹などがあって、監督になろうと思ったらその会社に入って、年功序列のうえで才能を認められないと監督にはなれなかった。当時はデビュー作でも五十歳とかそのくらい。だからこそ黒澤（明）さんのような大きな映画だけじゃなくて、植木等さんが出ていたような小さな喜劇映画でも、画面はすごい。それは撮影所というしっかりしたシステム、大変な歴史と伝統があったからなんです。

でも僕は尾道という田舎の青年だったから、そんなことは知らない。僕は父の八ミリカメラで映画を撮っていれば幸せで、これを一生やっていきたいと思ったもんだから、会社に入って監督になるという道も夢も無縁だったんだよね。もちろん、黒澤さんの映画を見たりするとこれはこれで憧れのすげえ映画でね。それに比べたら、当時八ミリで映画を撮っている人なんか当然アマチュアですよ。でもね、みんなに言いたいのは、若者にアマチュアというくくりはないってことなんだ。

黒澤さんの映画は映画館にかかる、じゃあ僕らはギャラリーで上映しようということになってね。その当時の仲間は、赤瀬川原平さんとか小野洋子さんとかでした。それが評判になって、たくさんのお客さんが見に来てくれて。銀座七丁目の画廊だったけれど四丁目まで人が並んだんですよ。社会的な事件になっちゃって、そしたら新宿に出来たばかりの紀伊國屋ホールの支配人が、「これは映画じゃない、フィルムアートです。それをうちで上映しませんか」と言ってくれたんです。画家とか彫刻家とか詩人とかが参加して、映画人では東陽一さんくらいかな。そしたら当時できたばかりの電通や博報堂からCM演出の依頼を受けるようになって、自分の映画が撮りやすくなったんです。

君たちね、上の人の言う通りに撮って、役者さんのわがままをそのまま受け入れて映画を撮るなんて、つまらないよ。黒澤さんのような大きなカメラや、大人数のスタッフは使えなくても、大きな自由を武器にして映画を撮る、そんな楽しいことはないからね。だから俺、今でも楽しいよ。

そんなわけで僕は、映画監督とは名乗らずに、映画作家とかインディペンデント・フィルムメーカーと名乗っています。映画監督は職業として映画をつくっている人です。残念ながら僕は、映画を職業にしていませんからね。そういう意味では、ここにいる安藤さんも昔からの同士であり仲間です。安藤さんと初めてお会いしたのは、七〇年代中頃でしたかね？

**安藤** はい。大林さんの『ÉMOTION＝伝説の午後・いつか見たドラキュラ』(一九六六)に衝撃を受けて映画の世界に入りました。一九七六年に雑誌のインタビューで初めてお会いして、その頃企画されていた『HOUSE ハウス』(一九七七)の準備稿台本を記念に頂きましたね。僕の宝物です。妻は「あなたが大林さんにお会いして、映画の世界に行っちゃったおかげで、一生貧乏暮らしだわ……」といつも冗談でぼやいてます。

**大林** はっはっは(笑)。そう、あの頃は東宝から依頼されて企画した『HOUSE ハウス』がなかなか会議に通らなくて困っていたときでした。日本映画が斜陽の時代になって

『ÉMOTION＝伝説の午後・いつか見たドラキュラ』©株式会社大林宣彦事務所



いて、その打開策として個人映画作家として評判になっていた僕に、東宝映像の角田プロデューサーが声をかけてくれたのね。はじめ僕は『花筐』(二〇一七年に『花筐/HANAGATAMI』として映画化)という企画を提案したんだけど、「この企画だったら東宝の社員でも撮りますよ。東宝の社員じゃ誰も考えつかない途方もない面白い企画はないですか?」と言われたの。うちに帰って家族に話すと、十一歳の娘(千茱萸)が、「日本で商業映画撮るなんてダサいよ。でも、鏡に映った自分が自分を食べにくるなんて話は面白いかも」って言うんです。これはと思い、そこに、僕の考えている戦争のイメージを加えて企画したのが『HOUSE ハウス』だったのね。監督名も商業映画だからちょっと遊ぼうと思って、イタリアのホラー専門の映画監督で有名なマリオ・バーヴァをもじって「監督：馬場鞠男」としたんだよね。でも、これは後日「大林宣彦」に直されちゃったけど。

一方、企画を受けた東宝では大変だったらしい。労働組合との関係もあって、外部の僕が東宝のスタジオで撮るのはもってのほかと、社内で大騒ぎだったみたいでね。当時の企画部長の松岡功さん(修造さんの父)からは僕の脚本を見て「こんなバカな、理解できない脚本(ホン)は初めて見ました。でも、私が感動するような作品は、今のお客は観てくれませんし、これをつくることにします。ただ、わが社の社員は誰もやろうとはしませんから、大林さんだけでやってください」と言われましたよ。どうも職員組合の岡本喜八さんが応援して下さったみたいで、「大林さんがつくるような映画が世の中の人が待っているような映画だったら、一度東宝を明け渡して、大林さんに自由に撮ってもらおうじゃないか」と組合員を説得して下さったみたいなのね。岡本さんには感謝でした。

君たちに言っておくよ。他人の成功なんか真似しちゃだめだよ。失敗するにしても自分らしく失敗するの。最初にやったことなら失敗しても評価されるのよ。先輩の真似をしたんじゃ、成功しても真似で終わるし、失敗すればアホで終わっちゃう。だから僕は、黒澤さんや小津(安二郎)さんはとても尊敬するけれども、東宝でやるならこの二人とは全く違うことをやろうとしました。助監督が小栗康平君だったけれどね、彼は後の名監督ですが、映画が終わったときに「大林さん、あなたは日本映画の歴史を二十年遅らせました」と怒られたし、専門家の批評家の方々からは「こんなのは映画じゃない」と散々な言われ方をしましたよ。でも、ふだん映画を観ない若い人たちがわっと押し掛けてくれたのね。家が人を食べるなんて、黒澤さんでも小津さんでもつくりませんよ、そんなバカみたいな映画。でも、その自由さが若い人を惹きつけたのね。

そのとき僕を採用した東宝の松岡さんは、面白い人でした。「僕が良いと思う映画は皆コケてます。だから、私がわからないままこの映画をつくってください。我が社の監督たちは、タナボタを期待して、ただ口を開けて上を向いて待っているだけなんです。でも大林さんは、自分で牡丹餅を作り、自分で棚を作って、そこに牡丹餅をのせ、そして自分で棚を蹴って落ちてきた牡丹餅を食べて「うまい」と言ってる。そんな人がつくる映画が観てみたいんです。」とおっしゃった。これが、アマチュアがつくる魅力なのね。そしたら、すぐに松竹が大森一樹くん、東映が寺山修司さんに映画をつくらせて、翌年には森田芳光くん、ものの一年や二年で社員じゃない、いわばアマチュアが映画をつくったほうが面白いっていう時代になっちゃったんだよね。今でも、本当にプロといえるのは、山田洋次さんくらいかもしれないね。

ここで、みんな間違えちゃいけないよ。アマチュアって意味はね、自由だってことさ。インディペンデントであるってこと。日本を代表する松竹の監督小津安二郎さんは、勿論プロ中のプロだ。でも、『東京物語』(一九五三)では、プロのセオリーである目線を合わせたカットの繋ぎ〔いわゆる「イマジナリー・ライン」を守った切り返しの繋ぎ〕をしてないんだね。フランソワ・トリュフォーが日本映画の代表作というこことでこれを観て「日本映画ってこんなアマチュアがつくっているのか」って最初は思ったらしい。「目線のつなげ方も知らないのか」って。でもトリュフォーはその後よく考えると、あえて目線を外すことで小津が家族の崩壊を描いてることに気づいた。それでトリュフォーは自作で、これも当時のプロとしては禁じ手の「往復パン」〔カットを割らずにひとつづきの画面で左右のパン撮影を繰り返して場面を撮る手法〕を取り入れるんですよ。新しい映画のセオリーを、小津さんのアマチュアリズムから発見していくんですね。僕は、ずっとアマチュアだったから、セオリーに拘らず自由に画面を繋いできた。ただ、プロが考えてきたセオリーを学んだ上で、いかにそれを外して新しい表現を発見するかを試みるアマチュアとしての覚悟だけは持っているつもりです。

あの世界の黒澤明先輩でさえ、晩年、東宝を辞めて独立されたとき、僕に仰ったんです。「東宝にいたときはいつでも、つくっていいと言われたらつくりたい映画が三十本くらいはあったよ。でも、そう簡単に何をやるか、俺が決めるわけにはいかなかったんだ。でも今は、会社を離れてアマチュアになったからもう自由だ。アマチュアっていいね、大林くん」って。アマチュアでは、僕の方が先輩だからね。そして黒澤さんは、長崎に落とされた原子爆弾を真正面からとらえた映画『八月の狂詩曲』〔一九九一〕をつくりあげたんです。自由にね。

## 映画という暗闇の文化

**安藤**　それでは、大林さんにとって映画とはいったい何ですか?

**大林**　映画というのは、十九世紀最大の発明だと思うんだよね。十九世紀には蒸気機関車や電話が発明されて、これらが最大の発明だと思われている。確かに科学技術というのは文明の進化をもたらして世の中を便利にするものなんだね。だけど、映画というのは科学技術なんだけど文化なんだ。生活を便利にするものじゃないけど、でも豊かにするよ。これによって新しい芸術表現ができるようになったんだね。

人間は「止まった絵でも連続して見ると絵が動いて見える」ということを発見したんだね。動かないはずの写真が動き出す、面白いじゃないか。エジソンやリュミエールは考えたね、「じゃあまず連続して写真が撮れる機械を作ろう」と。そうして撮影機が生まれた。さらに「それを連続して映写する機械が必要だ」。それで映写機が生まれた。

映画というのは、真っ暗闇の中でなきゃ上映できない。しかも、一秒間に二十四枚の絵が流れてしまわないために、二十四回コマを止めて映写するんだ。止めた後、次のコマを送って映写するまでの間はシャッターを閉じておく。だから、その間、スクリーンには暗闇しか映っていない。それを一秒間に二十四回繰り返す。丁度、人が瞬きをするのと同じなんだ。目を開けて映像を見て、目を閉じて暗闇を見て、また目を開けて映像を見て……と繰り返す。映画は、瞬きのメディアなんだね。目を開けているときは、そこに映る映像を知的に理解し、目を閉じたときには感性でイマジネーションを働かせる。昼間に恋人に会って顔のあばたを認識し、夜に目を閉じて恋人の可愛いえくぼを思い出す。そんなメディアなんだ。目を開けたときはリアリストで、目を閉じたときは、ロマンチストだと言える。一秒間に二十四回のきわめて客観的な情報を映し出しながら、二十四回の極めて主観的な暗闇の情緒のなかで、それがどう変化するかを表現するのが映画なんです。ちょうど詩人が行間という空白の想像力を信じているように、映画作家は、実は暗闇のなかに存在するイマジネーションという映像力を信じて描こうとしているんですね。映画は暗闇のなかでしか存在できない、まるでドラキュラのようだね。

映画が語ることができる〝ウソからでたマコト〟というのがあるんです。ありのままをそのまま描いたら現実の世の中なんて、どこかで戦争があって人が殺し合い、赤ん坊を捨て、自分の親を殺し、絶望ばかりだよね。平和なんて絵空事みたいだよね。でも、平和という〝ウソ〟を描くことで、人々がその〝ウソ〟を願い、世の中が平和に向かってゆくという〝マコト〟が生まれないとも限らない。それこそが映画の力なんです。僕の映画では、死んだはずの人が普通にコーヒーを一緒に飲んだり、おしゃべりしたりするのね。確かに目を見開いてみれば生きている人しかそこには存在していないんだけれども、目を閉じればみんなそこにいるんです。生者も死者も、人の想いのなかでは一緒に生きているんだよね。そんな〝想い〟を描けるのが映画なんです。その方が楽しいだろ。

淀川長治さんという素敵な映画評論家がいたことをみんな知っているかい？　おや、けっこうな人数の手があがったね。淀川さんは、「私は、スピルバーグのつくる映画がどうも好きじゃない」とおっしゃる。「スピルバーグは才能があるのに、『プライベート・ライアン』(一九九八)なんかも、なんで、首が飛んだり手足がもぎれたりするシーンを出さなければいけないのかしらね。それじゃあホラー映画じゃない」と。そして防空壕を描いたイギリス映画の話をされた。防空壕に夫婦と赤ん坊がいる。外では、ずっと爆発の音、泣き叫ぶ声などの戦争の殺戮の音が聞こえている。見えるのはずっと暗い防空壕の中だけ。赤ん坊は外の殺戮の音にも慣れて、すやすやと眠る。やがて戦争が終わり、殺戮の音は止んで、やがて小鳥の声や川のせせらぎ、人々の笑い声などの平和な音がする。突然、赤ん坊が激しく泣き出す。観客は凍り付く。赤ん坊にとっては、殺戮の音が子守唄だったんだね。なんて怖いんだろう。戦争は嫌だね。赤ん坊の泣き声ひとつで戦争のむごたらしさを描ける、それが映画のすばらしさなんだね。

オリヴァー・ストーンが来日してシンポジウムがあったときにね、ストーン監督は、「映画は事実をありのままに見せることが大事で、ファンタジーで描くなんて愚の骨頂だ」といった趣旨の事を発言したんです。同席した僕はそのことに同調しかねた。そこで「映画は、事実をファンタジーとして美しく描いてこそ、むしろそこにある怖さが迫ってくるんじゃないか」と反論したんだよ。結局最後まで話はかみ合わなかったんだ。その場に、淀川さんがいらして、オリヴァー・ストーンの考え方に偉く怒ってらした。「あんな考え方をした人にいい映画が撮れるわけがない。考えが下品だから、映画も下品になるのよ」って。淀川さんは、盛んに〝映画は学校だ〟と仰っていて、イランやイラクの映画もとても好きだったね。そういう異文化の人の考え方を理解したいと思っていらしたんだね。だけど、ご自分が譲れない価値観もお持ちだったのだと思う。

## 映画と戦争

**安藤**　大林さんは、一貫して作品の中で戦争に対するメッセージを発せられておられますが、なぜですか?

**大林**　僕は戦時中、「勇敢に敵と戦うことが勇気」と教わってきたんですよ。軍国少年だよね。でも戦争が終わってみると「待てよ。本当の勇気というのは、敵と戦わないことだ。平和を手繰り寄せる精神だ」と思うようになったんです。映画をつくりながら考えると、僕たちのような映画作家こそが本当の勇気を示さなきゃいけない。

9・11でビルに飛行機が突っ込むニュース映像を見て、「あっ、これは昔映画で何度も見た光景だな」って思ったんだよね。あの映像は、単にテロリストたちが起こしたんじゃない。俺たち映画人が、殺戮や破壊を娯楽のために映画にしたから、テロリストたちにそういう映画の夢を盗まれてああいうことになっちゃったんだよな。俺たちにも大いに責任があるんだよ。

「スター・ウォーズ」のジョージ・ルーカスもきっと同じことを考えたんだね。「スター・ウォーズ」は、当初、全部で九作品のエピソードをつくる予定だったんだ。最初に三本、その後、三本をつくったんだけれども、9・11を機に残りの三本は止めてしまったね〔実際には二〇一五年以降に続三部作が製作された、ただしいずれも監督はルーカスではない〕。ルーカスはもう長編は撮らないで、今後は庭のテントウムシなんかを撮るんだって。みんなはもったいないって言うけど、俺は拍手送ったよ。ルーカス偉い。素晴らしい英断だよ、尊敬するね。これからは、「スター・ウォーズ」ではなく「スター・ピース」を撮るんだね、きっと。

まあ、二人以上の人がいれば考え方は違うし、宗教が違えば信ずるものが違うし、それぞれ価値観も違ってくる。そこでお互いが、自分の考え方を「これが正義だ!」と主張すれば喧嘩になるよね。それが世界ともなれば、戦争になってしまう。日本が誇る黒澤明さんは、良くおっしゃっ

『花筐／HANAGATAMI』©株式会社大林宣彦事務所

てた。「映画人は、プラカードを担いじゃいけないんだ」って。「〝プラカードを担ぐ〟っていうのは、〝正義をかざす〟ってことだ。映画人が正義をかざしたら政治家や運動家になってしまう。それじゃいけない、あくまでも芸術の表現者でなければ。その方が自然に平和を手繰り寄せられる」とね。

戦争を身をもって体験して軍国少年だった僕は、いまさら〝反戦〟などと口にすることはできないけれども、しかし「戦争は二度とごめんだ」とは言えるんです。正義などというものは、しょせんは人間の都合でしかありません。戦争中、映画は軍が仕切っていました。「こんなシナリオでこんな映画を撮れ」って、戦意高揚の映画を撮らされるわけなのね。松竹の代表的な監督だった小津さんも、軍部の命令で仕方なく、『ビルマ作戦 父母の国』という脚本を仕上げるのだけれども、こんな軟弱な映画はダメだと製作中止になるんです。ところが今度は、戦地のシンガポールに派遣されるのね。まあ、日本国民としては行かないわけにはいかないよね。「嫌だ」と言ったら国賊になっちゃうから。そこで小津さんたちはインド独立をテーマに、国策映画『デリーへ、デリーへ』を撮ることになるわけ。でも、そんな映画を撮るわけにはいかないと、ほとんどカメラを廻さない道を選ぶんですよ（実際はカメラマンの厚田雄春とジャワでのロケは少しだけ行われた）。ところが戦況が悪化して、撮影は中止となり、小津さんはシンガポールで暇になっちゃったわけ。そこで映写機の検査と称して、接収したアメリカ映画を一〇〇本くらい観られたそうです。その中には、『風と共に去りぬ』（一九三九）とか『嵐が丘』（一九三九）、『ファンタジア』（一九四〇）、『怒りの葡萄』（一九四〇）、『レベッカ』（一九四〇）、『市民ケーン』（一九四一）といった名画がそろっていて、「こんな映画をつくっている国と戦争したのでは、負けても当たり前だ」と思われたそうです。

そうこうしているうちに終戦を迎えて、小津さんは撮影したわずかなフィルムと脚本をすぐに自ら焼却してしまう。やがてスタッフは引き上げ船で復員することになったんだけど、定員をオーバーしていたんで、くじ引きになったの。小津さんは当たりくじを引いたんだけど、「俺は後でいいよ」と、妻子ある仲間たちを先に帰らせて自分はしばらく残るんだね。このあたりにも、小津さんの哲学というかフィロソフィーが感じられるね。

山田洋次監督とお話ししたときに、山田さんが「大林さん、『東京物語』を改めて観ると、どのシーンにも戦争が感じられるんですよね」とおっしゃってたんだ。小津さんといえば、一見すると戦後日本に何も言わず、家族のことばかり撮っていると若い人たちにはあまり評判が良くなかった。しかし実は小津さんは家族映画を通して「戦争が終わり、高度成長期を迎えた日本という国が、はたして本当に幸せな国になったのか？」という疑問を投げかけたんだね。

『秋刀魚の味』（一九六二）では、かつて上官だった笠智衆さんに部下だった加東大介さんが「もし、日本が勝っていたら……」という問いかけをして、笠さんが「けど、負けてよかったんじゃないか」と答えるのね。素晴らしい敗戦のメッセージだよね。戦争なんてなかったことにして忘れてしまおうとする戦後日本人にとって、「負けてよかった」という言葉は、誰もが口にすべき言葉だよ。小津さんは、「戦後の高度成長期の日本は本当に幸せになったの？　家族がバラバラになって、老人になっても子どもや孫たちと一緒に暮らせないこんな社会が、日本人が求めた本当の幸せや平和なの？」と、お亡くなりになるまで訴え続けたんだよね。「家族が崩壊し、日本はとんでもない国になるぞ、戦争中と同じだぞ」って、小津さんは映画を通して能天気な日本に警告していたんです。そういう先輩たちの心意気に僕たちは学ばなければいけません。映画は学校です。

## 映画とはフィロソフィーである

**安藤**　最後に大林さんがみんなに伝えたいことをお話しください。

**大林**　皆さんに是非とも伝えたいことは、〝映画とはフィロソフィーである〟ということです。

フィロソフィーとは何か？　哲学です。自分の伝えたいと思うフィロソフィーをどうすればうまく伝えられるか……。黒澤明監督は、フィロソフィーのない映画は映画じゃないとおっしゃっていた。というか、決してフィロソフィーのない映画を撮ることのない作家だったね。黒澤さんは『生きる』（一九五二）で、自分のやるべきことを見つけた主人公の志村喬さんに〝瞬き〟を禁じたのね。「かっと目を見開いてしっかり現実を見据える。それが、〝生きる〟ということだ」というのが黒澤さんのフィロソフィーでした。真夏の公園の工事で彼が倒れ、近所の主婦たちが柄杓で水を飲ませてくれるところで、わずかに瞬きをするんだけど、それ以外は、役場に押し掛けてすごむやくざに目を見開いて薄笑いを浮かべ、そして最後の公園のブランコで死を迎えたときもかっと目を見開いたまま瞬き一つしません。これが『生きる』ということの黒澤さんの哲学なのです。

『羅生門』（一九五〇）でも同じフィロソフィーがみられます。ここでは、志村喬さんのみならず出演者全員が瞬きをしないのね。こうして、黒澤さんは狂気の世界を描こうとしたんです。ところが、話が進んで、突然志村さんが瞬きを続けざまにし始めるの。夢から覚めて正気を取り戻したということなのね。すると、他の出演者も瞬きを始めます。そして、映画のラスト、正気の人間の象徴として泣くことしかできない赤ん坊に未来を託して映画は終わります。黒澤さん独特のフィロソフィーとしてのハッピーエンドなんだね。

『七人の侍』（一九五四）は、たんなるアクション映画ではないよね。侍と百姓を比べて、どちらが人間らしく生きているかがテーマだ。農民たちは、味方になってくれた侍たちに米を出し、自分たちはひえを食べる。それを知った侍の志村喬さんが「この飯、おろそかには食わんぞ」という。日本人の精神性を描いた黒澤さんのフィロソフィーが表現されているね。

しかし、フィロソフィーは、映画で撮るということだけで発揮されるものではないんだよ。撮らないということも大事なフィロソフィーだ、小津さんのようにね。現実の社

会ではハッピーエンドなんて絵空事だよね。ハッピーエンドは、ハリウッドで映画をつくり始めた人たちが願ったせめてものフィロソフィーなんだ。だから僕たちは、せめて映画ではハッピーエンドを夢見たいと思います。

現実の世の中ではいつもどこかで戦争が起きていて、平和なんて大ウソかもしれない。でも、〝ウソからでたマコト〟、平和を信じてそれを描き続ければ、きっといつか手にすることができる。それを信じて、僕は、『HOUSE ハウス』からずっと「原爆は嫌だ！」「戦争は嫌いだ！」と作品のどこかで言い続けてきました。それが、僕のフィロソフィーです。映画と言うのは、人の世の鏡です。これまでに人間が犯してきた過ちを記録して、もう、こんな間違いは犯すまいと思わせてくれるのが映画なんです。それが、映画を作ってきた君たちの先輩たちの歩んできた道なんです。君たちもその道を歩んで欲しい。これが僕の、君たちへの願いです。

＊本採録にあたっては大林恭子夫人にご了解をいただきました。記して感謝します。（安藤）

## 大林宣彦
おおばやし・のぶひこ

1938年生まれ。映画作家。広島県尾道の医家に生まれ、幼少の頃から映画に親しみ、大学入学とともに上京後、8ミリカメラにて映画制作を開始。1964年には飯村隆彦らと実験映画製作上映グループ「フィルム・アンデパンダン」を結成。『ÉMOTION＝伝説の午後・いつか見たドラキュラ』が多くの若者の支持を得る。1964年からその手腕を駆られテレビCF監督としても活動。ソフィア・ローレン、カトリーヌ・ドヌーヴら世界的俳優と仕事をともにした。2011年には初の全編デジタル撮影によるインディペンデント映画『この空の花――長岡花火物語』を発表し、高い評価を得る。2020年4月10日に肺がんのため死去。同年7月31日より、自身の生まれ故郷である尾道を舞台とした遺作『海辺の映画館――キネマの玉手箱』が公開された。

**主なフィルモグラフィ**

⊙ÉMOTION＝伝説の午後・いつか見たドラキュラ（1966）⊙HOUSE ハウス（1977）⊙瞳の中の訪問者（1977）⊙ねらわれた学園（1981）⊙転校生（1982）⊙時をかける少女（1983）⊙廃市（1984）⊙天国にいちばん近い島（1984）⊙さびしんぼう（1985）⊙彼のオートバイ、彼女の島（1986）⊙野ゆき山ゆき海べゆき（1986）⊙漂流教室（1987）⊙異人たちとの夏（1988）⊙北京的西瓜（1989）⊙ふたり（1991）⊙青春デンデケデケデケ（1992）⊙はるか、ノスタルジィ（1993）⊙あした（1995）⊙SADA～戯作・阿部定の生涯（1998）⊙あの、夏の日 ～とんでろ じいちゃん～（1999）⊙理由（2004）⊙その日のまえに（2008）⊙この空の花 -長岡花火物語（2012）⊙野のななのか（2014）⊙花筐／HANAGATAMI（2017）⊙海辺の映画館――キネマの玉手箱（2020）

# 謝辞

本書は、早稲田大学の授業「マスターズ・オブ・シネマ」より、二〇一八年度から二〇二二年度にかけて行われた講義を幾つか選び、本科目を立ち上げられた安藤紘平先生がかつてご担当された回を加えて採録したものです（二〇二〇年度は休講）。二〇一六年度、二〇一七年度の講義を中心に編集された『映画の言葉を聞く早稲田大学「マスターズ・オブ・シネマ」講義録』（フィルムアート社、二〇一八年）の続編に位置づけられるものといえるかもしれません。出版に際しては、担当教員をはじめとして、登壇者の方々や関係者の方々に加筆・修正をして頂いてこの書籍は編まれることになりました。改めて、採録にご同意くださり、校正作業にご協力いただいた皆さまに御礼申し上げます。

授業「マスターズ・オブ・シネマ」は、早稲田大学基幹理工学部およびグローバル・エデュケーション・センターに設置され、春クォーター（八回）、夏クォーター（八回）によって構成され、毎年、およそ三五〇名程度の学生が履修をしています。大教室、大人数の講義、かつゲストの方をお招きして教員や学生と言葉を積み上げていくという形式であるがゆえに、この数年間は、新型コロナウィルス感染症を防止する意味において、授業の運営には細心の注意や配慮を必要としました。けれども、本書の副題にもあるように、お招きした方々と直接的に「対話」する空間を作りたい、その場で生まれ、紡がれていく言葉を追いかけていきたいという担当教員に共通する想いを大切にして、対面形式で授業を行うことを続けてきました。こうした状況のなかで、ご登壇くださったゲストの方ばかりでなく、授業の実現にご尽力くださった大学の職員、歴代の授業TA、講義の文字起こしを担当してくれた学生の皆さんには大きなご負担をおかけしました。感謝の念に堪えません。
　また、日頃より早稲田大学の映像教育に深いご理解を賜り、温かい目で見守ってくださる方々のご協力なしには、この科目を維持し、本書を刊行することはできませんでした。とりわけ、本学の映画・映像分野に対してご寄付いただいているフジテレビジョン株式会社、松竹映画劇場株式会社にはこの場を借りて厚く御礼申し上げます。この科目は、必ずしも映画・映像の領域に進む学生だけを対象としているものではありませんが、彼らが作り手の真摯な姿勢に向き合い、自らさらに思考することを期するものです。そのことによって、他者を発見し、社会のなかで新しい対話の場を築く力を映像が持つと私たちは信じています。授業を履修した学生の皆さんにも、改めてこの書籍を手に取って、読み返してほしいと願っています。

二〇二三年三月

「マスターズ・オブ・シネマ」担当教員一同

『映画の言葉を聞く』に続いて、フィルムアート社編集部、特に田中竜輔さんには本書の企画が成立するためにご尽力いただきました。ここに深く感謝の意を表します。

# 編者略歴

**是枝裕和**
○これえだ・ひろかず
一七六頁参照

**土田環**
○つちだ・たまき
一九七六年生まれ。早稲田大学理工学術院講師。専門は映画学・文化政策(映画)。編著書に『ペドロ・コスタ　世界へのまなざし』(せんだいメディアテーク、二〇〇五年)、『嘘の色、本当の色：脚本家 荒井晴彦の仕事』(川崎市民ミュージアム、二〇一二年)、『こども映画教室のすすめ』(春秋社、二〇一四年)など。

**安藤紘平**
○あんどう・こうへい
一九四四年生まれ。映画監督、早稲田大学名誉教授、早稲田大学在学中に寺山修司主宰の演劇実験室「天井桟敷」に入団。独創的な表現力で知られる映画作家。『息子たち』(一九七一／トノン=レ=バン国際映画祭グランプリ)、『アインシュタインは黄昏の向こうからやってくる』(一九九四／ハワイ国際映画祭銀賞)、『フェルメールの囁き』(一九九八／モントルー国際映像祭グランプリ)など。多くの作品が海外、国内の美術館に収蔵。二〇〇一年、二〇〇五年にはパリで「安藤紘平回顧展」が開催された。著書に『映像プロフェッショナル入門』(フィルムアート社、二〇〇四年)、『フェルメールの囁き』(文芸社、二〇一一年)、翻訳監修に『映画を書くためにあなたがしなくてはならないこと シド・フィールドの脚本術』(フィルムアート社、二〇〇九年)などがある。

**岡室美奈子**
○おかむろ・みなこ
早稲田大学坪内博士記念演劇博物館館長・文学学術院教授。文学博士(ユニバーシティ・カレッジ・ダブリン)。専門はテレビドラマ論、現代演劇論。主な編著書に、『ベケット大全』(白水社、一九九九年)、『サミュエル・ベケット！――これからの批評』(水声社、二〇一二年)、『六〇年代演劇再考』(水声社、二〇一二年)など、翻訳書に『新訳ベケット戯曲全集1　ゴドーを待ちながら／エンドゲーム』(白水社、二〇一八年)などがある。

**谷昌親**
○たに・まさちか
一九五五年生まれ。早稲田大学法学部教授。専攻はフランス現代文学・映像論。一九八七年にパリ第三大学第三期課程博士号を取得。一九九〇年に早稲田大学法学部専任講師、一九九九年より現職。主著に『詩人とボクサー　アルチュール・クラヴァン伝』(青土社、二〇〇二年)、『ロジェ・ジルベール＝ルコント——虚無へ誘う風』(水声社、二〇一〇年)、共著(分担執筆)に『世界×現在×文学　作家ファイル』(国書刊行会、一九九六年)、『CineLesson 3　ゴダールに気をつけろ』(フィルムアート社、一九九八年)、『シュルレアリスムの射程』(鈴木雅雄編／せりか書房、一九九八年)、『We Can't Go Home Again　ニコラス・レイ読本』(土田環編／boid、二〇一三年)、『クレオールの想像力——ネグリチュードから群島的思考へ』(立花英裕編／水声社、二〇二〇年)、訳書にミシェル・レリス著『オランピアの頸のリボン』(人文書院、一九九九年)、ジャン・エシュノーズ著『ピアノ・ソロ』(集英社、二〇〇六年)、ミシェル・レリス著『ゲームの規則IV　囁音』(平凡社、二〇二〇年)、共訳(分担翻訳)に『「新」映画理論集成2　知覚／表象／読解』(フィルムアート社、一九九九年)、ジル・ドゥルーズ著『批評と臨床』(河出書房新社、二〇〇二年)、共著・共訳(分担執筆・分担翻訳)に『ジャン・ルーシュ——映像人類学の越境者』(千葉文夫・金子遊編／森話社、二〇一九年)などがある。

## 長谷正人

◎はせ・まさと

一九五九年生まれ。早稲田大学文学学術院教授。映像文化論・文化社会学。著書に『悪循環の現象学』(ハーベスト社、一九九一年)、『映像という神秘と快楽』(以文社、二〇〇〇年)、『映画というテクノロジー経験』(青弓社、二〇一〇年)、『ヴァナキュラー・モダニズムとしての映像文化』(東京大学出版会、二〇一七年)ほか、翻訳書に『アンチ・スペクタクル』(共編訳、東京大学出版会、二〇〇三年)、トム・ガニング『映像が動き出すとき——写真・映画・アニメーションのアルケオロジー』(編訳、みすず書房、二〇二一年)、リサ・カートライト『X線と映画——医療映画の視覚文化史』(監訳、青弓社、二〇二一年)ほか多数。

## 藤井仁子

◎ふじい・じんし

一九七三年生まれ。早稲田大学文学学術院教授。専門は映画学。編著書に『入門・現代ハリウッド映画講義』(人文書院、二〇〇八年)、『甦る相米慎二』(共編、インスクリプト、二〇一一年)、『森﨑東党宣言!』(インスクリプト、二〇一三年、ともに共編、インスクリプト)、共訳書にスーザン・レイ編『わたしは邪魔された——ニコラス・レイ映画講義録』(みすず書房、二〇〇一年)。

# 協力

- 株式会社フジテレビジョン
- 松竹映画劇場株式会社
- 早稲田大学基幹理工学部
- 早稲田大学グローバル・エデュケーション・センター
- 一般社団法人PFF／ぴあフィルムフェスティバル事務局
- 株式会社大友啓史事務所
- 株式会社大林宣彦事務所
- 株式会社キノフィルムズ
- 株式会社クープ
- 株式会社ソニー・ミュージックアーティスツ
- 株式会社テレビマンユニオン
- 株式会社バップ
- 株式会社分福
- 東映株式会社
- 東映アニメーション株式会社
- 東京テアトル株式会社
- 名古屋テレビ放送株式会社
- 有限会社猿と蛇
- 青山真穂
- 大林恭子
- 小出大樹
- 小室直子
- 西ケ谷寿一
- 宮崎彩
- 吉田馨

［**編集協力**］

- 衣笠真二郎
- 高木佑介

［**採録協力**］

- 上岡博雄
- 黄昱
- 佐藤恵太
- 趙宏毅
- 鶴田晃大
- 早坂苑子
- 八杉美月
- 石橋亜美
- 小材真生
- 權智熙
- 許辰雪
- 中野陽介
- 遠藤愛子
- 大串悠人

◎岡本香音
◎佐々木隆吾
◎佐藤優里奈
◎菅野綾音
◎野村翔琉
◎三宅章
◎大河原諄

◎相馬航佑
◎山口あいり
◎梅村泰成
◎田口智崇
◎古川開
◎漆原千聖
◎竹内羽香

◎新倉拓樹
◎梶和佳奈
◎本川達也
◎遠藤文乃
◎平光永人
◎高橋未夢生
◎見延英俊
◎佐々木瞳

# いま、映画をつくるということ
## 日本映画の担い手たちとの21の対話

二〇二三年三月二五日　初版発行

◎編著
是枝裕和
土田環
安藤紘平
岡室美奈子
谷昌親
長谷正人
藤井仁子

◎デザイン
小沼宏之
[Gibbon]

◎編集
田中竜輔

◎発行者
上原哲郎

◎発行所
株式会社フィルムアート社
〒一五〇-〇〇二二
東京都渋谷区恵比寿南一-二〇-六
第21荒井ビル
Tel. 〇三-五七二五-二〇〇一
Fax. 〇三-五七二五-二六二六
http://filmart.co.jp/

◎印刷・製本
シナノ印刷株式会社

Printed in Japan
ISBN978-4-8459-2146-1　C0074